Diogenes Taschenbuch 24600

W0170923

Willst Du
mich heiraten?

Mit Geschichten zum schönsten Tag
im Leben von Eve Harris, F. Scott Fitzgerald,
Doris Dörrie u. v. a.

Ausgewählt von
Shelagh Armit

Diogenes

Originalausgabe

Inhalt

MARIE-SABINE ROGER

Das Brautpaar

Sie sind allein. Inmitten des Festes allein auf der Welt. Alle sind nur ihretwegen gekommen und haben ihnen Glück gewünscht. Glück und ein langes, schönes, süßes Leben, alles, was man sich nur wünschen kann.

Sie haben gelächelt, gedankt, Hände geschüttelt, Wangen geküsst, und manchmal landeten die Küsse in der Luft – Sie wissen schon, diese hingehaltenen Wangen, die trotz allem Distanz wahren und unerreichbar bleiben. Diese Küsse, die ein bisschen zu laut neben dem Ohrläppchen schmatzen. Oder diese Wangenknochen, die unerwartet zusammenprallen, überraschend, unangenehm und peinlich.

Hin und wieder schauten sie einander an, um sich wortlos der Wärme des anderen zu vergewissern: Du bist nur zehn Meter von mir entfernt, aber das ist schon zu weit! Diese nur füreinander bestimmten Blicke waren wie ein Geschenk – manchmal fing jemand einen davon auf und war plötzlich geblendet von diesem Lichtstrahl, der nicht ihm galt. Nur ganz kurz, aber lang genug, um sich an die Liebe erinnert zu fühlen, vor langer Zeit. Oder lang genug, um zu hoffen, dass das Glück auch ihm bald lachen würde, dass das Leben ihm die gleichen Gewissheiten, die gleiche Zärtlichkeit schenken würde.

Die Frischvermählten sind glänzende Kieselsteine, die von weit, weit oben in den See der Menge fallen. Sie verursachen kleine Wellen der Freude, die sich bis an den Ufersand ausbreiten.

Niemand bleibt gleichgültig. Die zwei bewegen die Herzen aller, sie wühlen sie auf.

Vorher hat die Trauung stattgefunden, die Älteren wurden von den Jüngeren die paar Stufen zum Hochzeitssaal hinaufgeführt.

Die einlullende Rede des Bürgermeisters. Lachen hier und da, das leise Weinen eines erwachenden Babys, Gemurmel.

Dann das Halbdunkel der Kirche, ihre willkommene Kühle nach der Gluthitze auf dem marmornen Vorplatz.

Die einlullende Predigt des Pfarrers.

Der Auszug aus der Kirche, der Reis, die Blumen, der Applaus, das überdrehte Kreischen der Kinder. Das Blau des Himmels, das blendende Weiß der Steine, das laute Zirpen der Sommerinsekten. Grüppchen, die sich herausbilden, sortiert nach Familien, nach Alter. Und nach Gewohnheit.

Dann das Essen, hübsch gedeckte Tische im Schatten der großen Bäume, weiße Tischtücher, Blumen und Zuckermandeln, Federn, verflochtene Bänder und Blätter auf den Tischen, nutzlos, aber schön wie vergängliche Kunstwerke.

Dieses Glück des Augenblicks, das man auskosten muss. Kaum da, schon wieder vergangen. Das letzte Surren der Wespen am Abend. Schwüle Hitze der Hundstage, wedelnde Fächer. Klirrende Gläser, duftende Appetithäppchen.

Das Brautpaar, Königin und König des Festes. Ihr lärmender, ausgelassener Hofstaat.

Es wurde getrunken, gelacht, geredet, fotografiert. Es wurde gesungen, immer sehr laut, manchmal sehr falsch. Das Festmahl dauerte lange. Schließlich wurden die Ältesten nach Hause begleitet, die Babys in ihre Sitze gebettet, auf den Rückbänken der Autos mit den weit offenen Fenstern. Immer in Hörweite der wachsamen Mütter.

Dann konnte der Ball beginnen.

Die nicht tanzten, blieben auf ihrem Stuhl sitzen, verspeisten kleine Windbeutel und leerten die letzten Flaschen. Sie amüsierten sich über die Verrenkungen der anderen. Schaut sie euch an! Und der da! Wie machen sie das nur? Ich könnte das nicht mehr. Ich wüsste nicht wie!

Die Sitzenden redeten über alles und nichts, über wesentliche Dinge, das teure Leben, die Erdölpreise, wohin soll das noch alles führen? Die Kinder – und Ihr Sohn, wie alt ist er inzwischen? Schon dreißig? Mein Gott, kaum zu glauben, wie die Zeit vergeht!

Sie redeten über das Brautpaar – nein, im Ernst, wer hätte das gedacht? Tja, aber die Liebe, Sie wissen ja, die Liebe fällt, wohin sie will und wann sie will … Wie auch immer, eine wirklich schöne Geschichte! Eine komische Geschichte, ja! Ehrlich gesagt, ich kann es immer noch nicht fassen!

Die Brautleute haben mit dem einen oder anderen Walzer getanzt, mit einer Oma, einer Freundin, einem Verwandten.

Und jetzt tanzen sie zusammen, mitten auf der Tanzfläche.

Ab und zu beugt er den Kopf hinab, und im gleichen Augenblick schaut sie zu ihm auf. Sie lächeln einander an. Sie flüstern sich Geheimnisse ins Ohr, und alle schauen sie an.

Sie lieben sich. Das ist offensichtlich. Man kann es nicht übersehen. Von ihnen gehen Schwingungen aus.

Selbst die am wenigsten Gefühlsseligen wirken gerührt, von einer süßen Eifersucht erfüllt.

Verliebte Paare sind schön anzusehen.

Sie tanzen. Und nach und nach bilden sich in diesem Strom, in dieser Sturzflut von Zärtlichkeit weitere Paare. Ein samtener Tsunami, der langsam alles auflöst und neu zusammenfügt.

Hände suchen einander, Blicke treffen sich. Man sieht Augen, die feucht werden, Köpfe, die sich einer Schulter überlassen, umschlungene Taillen, vergessen oder verloren geglaubtes Verlangen, das wieder zum Leben erwacht.

Aber sie, die beiden, sehen nichts. Sie sind inmitten des Festes zusammen allein, Herz an Herz, umschlungen, verheiratet, verbunden. Nie haben sie so jung gewirkt wie in diesem Augenblick.

Sie sind wirklich sehr schön, das sagen alle.

Er mit seinen weißen Haaren. Sie mit ihrem grauen Schopf.

Die Hochzeitsparty

I

Es kam das übliche verlogene Briefchen, das besagte: »Ich wollte, dass du es als Erster erfährst.« Für Michael war es ein doppelter Schock, denn da wurden zugleich die Verlobung und die unmittelbar bevorstehende Heirat angekündigt; und die sollte obendrein nicht in New York stattfinden, taktvoll entfernt von ihm, sondern hier in Paris, genau vor seinen Augen oder zumindest fast, nämlich in der Protestant Episcopal Church of the Holy Trinity in der Avenue George V. Der Termin war in zwei Wochen, Anfang Juni.

Zuerst wurde Michael angst und er fühlte eine Leere im Magen. Als er an diesem Morgen das Hotel verließ, spürte die *femme de chambre,* die in sein gutgeschnittenes Profil und in sein munteres Wesen verliebt war, sogleich, dass ihn etwas beschäftigte und bedrückte. Er ging wie betäubt zu seiner Bank, kaufte bei Smith in der Rue de Rivoli einen Detektivroman, betrachtete eine Weile bewegt ein ausgeblichenes Panorama der Schlachtfelder im Fenster eines Reisebüros und verfluchte einen griechischen Straßenhändler, der ihn mit einem halb vorgezeigten Päckchen harmloser Postkarten verfolgte, die angeblich sehr unanständig waren.

Aber das Angstgefühl blieb, und nach einer Weile erkannte er darin die Angst, dass er nie wieder glücklich sein würde. Er hatte Caroline Dandy kennengelernt, als sie siebzehn war, hatte ihr junges Herz während ihrer ganzen ersten Ballsaison in New York besessen und es dann langsam auf tragische, sinnlose Weise verloren, weil er kein Geld besaß und nicht zu Geld kommen würde; weil er bei aller Anstrengung und allem guten Willen nicht zu sich selbst finden konnte; weil Caroline, die ihn immer noch liebte, kein Vertrauen mehr hatte und ihn allmählich als mitleiderregend, unfähig und heruntergekommen empfand, ausgeschlossen von dem großen glänzenden Lebensstrom, zu dem es sie unwiderstehlich hinzog.

Da er sich einzig und allein darauf stützen konnte, dass sie ihn liebte, suchte er darin seinen Halt; die Stütze zerbrach, dennoch klammerte er sich an sie, wurde aufs Meer hinausgetrieben und an die französische Küste geschwemmt, die Bruchstücke immer noch in seinen Händen. Er schleppte sie mit sich herum in Form von Fotos und gebündelten Briefen und der Schwäche für einen rührseligen Gassenhauer, der *Among My Souvenirs* hieß. Er hielt sich von anderen Frauen fern, als würde Caroline das irgendwie spüren und es aus treuem Herzen vergelten. Ihr Brief aber sagte ihm, dass er sie für immer verloren hatte.

Es war ein schöner Morgen. Vor den Läden in der Rue de Castiglione standen die Ladeninhaber und ihre Kunden auf dem Bürgersteig und blickten nach oben, denn der »Graf Zeppelin«, Symbol von Rettung und Zerstörung – von Rettung notfalls durch Zerstörung –, schwebte silberglänzend und prächtig am Himmel von Paris. Michael hörte eine

Frau auf Französisch sagen, es würde sie nicht überraschen, wenn er jetzt Bomben fallen ließe. Dann hörte er eine andere Stimme, die von einem kehligen Lachen begleitet war, und die Leere in seinem Magen erstarrte. Er fuhr herum und stand Auge in Auge mit Caroline Dandy und ihrem Verlobten.

»Nein, Michael! Wir haben uns schon überlegt, wo du wohl steckst. Ich fragte beim Guaranty Trust an und bei Morgan & Co, und dann schickte ich eine Nachricht an die National City …«

Warum wichen sie nicht zurück und verschwanden? Warum gingen sie nicht einfach rückwärts die Rue de Castiglione hinunter, über die Rue de Rivoli, durch die Tuilerien und immer weiter rückwärts, so schnell sie konnten, bis sie undeutlicher wurden und jenseits des Flusses verschwanden?

»Das ist Hamilton Rutherford, mein Verlobter.«

»Wir haben uns schon kennengelernt.«

»Bei Pat, nicht wahr?«

»Und voriges Frühjahr in der Bar vom Ritz.«

»Michael, wo haben Sie sich denn herumgetrieben?«

»Hier in der Gegend.« Was für eine Qual! Frühere Begegnungen mit Hamilton Rutherford blitzten vor ihm auf – eine rasche Folge von Bildern, Aussprüchen. Er erinnerte sich, gehört zu haben, dass Rutherford 1920 für ein Darlehen von hundertfünfundzwanzigtausend einen Landsitz gekauft und ihn unmittelbar vor dem Fälligkeitstermin für mehr als eine halbe Million verkauft hatte. Er war nicht so gutaussehend wie Michael, aber von anziehender Vitalität, selbstsicher, gebieterisch und für Caroline gerade richtig groß – Michael war immer etwas zu klein für sie gewesen, wenn sie tanzten.

Rutherford sagte gerade: »Und ich fände es sehr nett, wenn Sie zu dem Junggesellenabschied kämen. Ich habe die Ritz-Bar dafür gemietet, von neun Uhr an. Und dann gleich nach der Hochzeit gibt es einen Empfang und Frühstück im Hotel George v.«

»Und, Michael, George Packman gibt übermorgen eine Party im Chez Victor, und ich möchte, dass du unbedingt kommst. Und auch am Freitag zum Tee bei Jebby West; sie würde dich bestimmt dabeihaben wollen, wenn sie wüsste, dass du hier bist. Welches ist dein Hotel, damit wir dir eine Einladung schicken können? Der Grund, weißt du, warum wir es hier machen, ist, weil Mutter hier in einer Privatklinik gepflegt wird, und der ganze Clan ist in Paris. Schließlich ist auch Hamiltons Mutter gerade hier …«

Der ganze Clan! Mit Ausnahme ihrer Mutter hatten diese Leute ihn immer gehasst, hatten sein Werben stets missbilligt. Was für eine kleine Münze war er doch in diesem Spiel um Familien und Geld! Unter seinem Hut schwitzte er vor Demütigung darüber, dass er bei all seinem Unglück noch so vieler Einladungen für wert befunden wurde. Halb von Sinnen murmelte er etwas von Abreisen.

Da geschah es – Caroline sah tief in ihn hinein, und Michael spürte das. Sie sah hindurch bis auf den Grund seiner tiefen Verletztheit, und etwas regte sich in ihr und erstarb in ihren Mundwinkeln und ihren Augen. Er hatte sie angerührt. Alle unvergesslichen Regungen der ersten Liebe stiegen noch einmal in ihr auf; ihre Herzen hatten sich über zwei Fußbreit dieses sonnigen Pariser Morgens hinweg berührt. Sie nahm plötzlich den Arm ihres Verlobten, als müsse sie sich dadurch wieder einen Halt geben.

Sie verabschiedeten sich. Michael entfernte sich zügigen Schrittes; nach einer Minute blieb er unter dem Vorwand, ein Schaufenster zu betrachten, stehen und sah sie weiter oben in der Straße, wie sie schnell zur Place Vendôme gingen – Leute, die viel vorhatten.

Auch er hatte etwas vor – er musste seine Wäsche abholen.

›Nichts wird je wieder, wie es war‹, sagte er zu sich. ›Sie wird in ihrer Ehe niemals glücklich sein, und ich werde überhaupt nie mehr glücklich sein.‹

Die beiden lebhaften Jahre seiner Liebe zu Caroline bewegten sich rückläufig um ihn wie Jahre in Einsteins Physik. Quälende Erinnerungen stiegen in ihm auf – an Fahrten im Mondschein auf Long Island; an eine schöne Zeit am Lake Placid, als ihre Wangen so kalt waren, aber innerlich glühten; an einen hoffnungslosen Nachmittag in einem kleinen Café in der 48th Street in den letzten traurigen Monaten, als ihre Heirat schon unmöglich erschien.

»Herein«, sagte er laut.

Es war die Concierge mit einem Telegramm. Sie war unfreundlich, weil Mr. Curlys Anzüge ziemlich abgetragen waren, weil Mr. Curly wenig Trinkgeld gab und weil er ganz offensichtlich nur ein *petit client* war.

Michael las das Telegramm.

»Eine Antwort?«, fragte die Concierge.

»Nein«, sagte Michael, und dann aus einem plötzlichen Impuls: »Hier, lesen Sie.«

»Sehr bedauerlich«. »Ihr Großvater ist gestorben.«

»Nicht allzu bedauerlich«, sagte Michael. »Es bedeutet, dass ich eine Viertelmillion Dollar erbe.«

Einen einzigen Monat zu spät; nach der ersten Aufregung über die Nachricht fühlte er sich unglücklicher denn je. Wach im Bett liegend, hörte er in dieser Nacht endlos die lange Karawane eines Zirkus durch die Straßen fahren.

Als der letzte Zirkuswagen außer Hörweite gerumpelt war und die Winkel des Zimmers sich mit der Morgendämmerung pastellblau lichteten, dachte er immer noch an den Ausdruck in Carolines Augen – ein Blick, der zu sagen schien: »Oh, warum hast du nicht etwas tun können? Warum konntest du dich nicht als stärker erweisen, mich dazu bringen, dich zu heiraten? Siehst du nicht, wie unglücklich ich bin?«

Michael ballte die Fäuste.

»Ich darf jetzt noch nicht aufgeben«, flüsterte er. »Ich hatte bis jetzt alles erdenkliche Pech, und vielleicht wendet sich am Ende das Blatt noch. Man nimmt, was man kriegen kann, soweit man die Kraft dazu hat, und wenn ich Caroline nicht haben kann, so wird sie wenigstens etwas von mir im Herzen tragen, wenn sie in diese Ehe geht.«

II

Und so ging er zwei Tage später zu der Party im Chez Victor, oben in den kleinen Salon neben der Bar, wo man sich zum Cocktail versammeln sollte. Er war früh dran; außer ihm war nur noch ein großer magerer Mann von etwa fünfzig Jahren da. Sie kamen ins Gespräch.

»Sind Sie auch wegen George Packmans Party hier?«

»Ja. Mein Name ist Michael Curly.«

»Mein Name ist …«

Michael hatte den Namen nicht richtig mitbekommen. Sie bestellten einen Drink, und Michael gab der Vermutung Ausdruck, dass Braut und Bräutigam sich dieser Tage wohl bestens amüsierten.

»Viel zu sehr«, meinte der andere stirnrunzelnd. »Ich weiß nicht, wie sie das durchhalten. Wir kamen alle zusammen mit dem Schiff herüber; fünf verrückte Tage und dann zwei Wochen Paris. Sie werden …«, er zögerte lächelnd, »Sie werden es mir nicht übelnehmen, wenn ich sage, dass Ihre Generation zu viel trinkt.«

»Nicht Caroline.«

»Nein, Caroline nicht. Es scheint, sie nimmt nur einen Cocktail und ein Glas Champagner, und dann hat sie genug, Gott sei Dank. Aber Hamilton trinkt zu viel, und dieses ganze junge Volk trinkt zu viel. Leben Sie in Paris?«

»Im Augenblick, ja«, sagte Michael.

»Ich mag Paris nicht. Meine Frau – will sagen, meine Ex-Frau, Hamiltons Mutter – lebt in Paris.«

»Sie sind Hamilton Rutherfords Vater?«

»Ich habe diese Ehre. Und ich leugne nicht, dass ich stolz bin, wie weit er's gebracht hat; das hört man jetzt allgemein.«

»Natürlich.«

Michael blickte nervös auf, als vier weitere Gäste kamen. Es wurde ihm plötzlich wieder bewusst, dass sein Smoking alt und abgetragen war; er hatte am Morgen einen neuen bestellt. Die Neuankömmlinge waren reich und alle in ihrem Reichtum zu Hause – ein hübsches dunkelhaariges Mädchen, das manchmal hysterisch auflachte und das er schon früher getroffen hatte; zwei vorlaute Männer, deren Scherze sich ausschließlich um den Klatsch des gestrigen und um die Möglichkeiten des heutigen Abends drehten, als spielten sie wichtige Rollen in einem Stück, das sich unendlich in die Vergangenheit und in die Zukunft erstreckte. Als Caroline ankam, sah Michael sie kaum, aber der Bruchteil eines Augenblicks genügte ihm, um festzustellen, dass sie, wie alle anderen auch, abgespannt und müde war. Sie war blass unter ihrem Rouge und hatte Schatten unter den Augen. Mit einer Mischung aus Erleichterung und verletzter Eitelkeit fand er sich weit von ihr an einem anderen Tisch platziert; er brauchte einen Augenblick, um sich auf seine Umgebung einzustellen. Dies hier war nicht der unreife Kreis, in dem er und Caroline verkehrt hatten; die Männer waren über dreißig und wirkten so, als hätten sie die besten Güter dieser Welt für sich gepachtet. Neben ihm saß Jebby West, die er schon kannte, und auf der anderen Seite ein jovialer Mann, der sogleich von einer ulkigen Überraschung zu reden anfing, die man sich für den Junggesellenabschied ausgedacht hatte: Sie würden eine Französin engagieren, die mit einem echten Baby auf dem Arm zu erscheinen und zu jammern hatte: »Hamilton, du kannst mich doch jetzt nicht verstoßen!« Michael fand die Idee abgestanden und gar nicht witzig, aber ihr Erfinder schüttelte sich schon im Voraus vor Lachen.

Weiter oben am Tisch war die Rede vom Aktienmarkt – wieder ein Kursrückgang heute, der empfindlichste seit dem Börsenkrach; man zog Rutherford damit auf: »Pech für dich, alter Knabe. Du tätest besser, erst gar nicht zu heiraten.«

Michael fragte den Mann zu seiner Linken: »Hat er viel verloren?«

»Das weiß niemand. Er steckt tief drin, aber er ist einer der gerissensten jungen Männer der Wall Street. Und schließlich sagt einem keiner je die Wahrheit.«

Es war von Anfang an ein Champagner-Dinner, und zum Ende hin entwickelte sich eine muntere Geselligkeit. Aber Michael sah, dass alle diese Leute zu müde waren, um durch irgendein normales Stimulans in Stimmung zu kommen; seit Wochen tranken sie vor den Mahlzeiten Cocktails wie die Amerikaner, Weine und Cognacs wie die Franzosen, Bier wie die Deutschen und Whisky Soda wie die Engländer, und da sie nicht mehr in den Zwanzigern waren, diente dieses einem alptraumhaften Riesencocktail gleichende, absurde Gemisch höchstens dazu, dass sie sich ihres schlechten Benehmens vom Abend zuvor zeitweilig weniger bewusst waren. Womit gesagt sein soll, dass es nicht eigentlich eine lustige Party war; wenn von fröhlicher Stimmung die Rede sein konnte, so nur bei den wenigen, die überhaupt nichts tranken.

Aber Michael selbst war nicht müde, und der Champagner möbelte ihn auf und machte sein Unglück weniger fühlbar. Er war schon länger als acht Monate von New York weg, und die Tanzmusik war ihm zum größten Teil fremd, aber bei den ersten Takten von *Painted Doll,* wonach er und Caroline sich im vergangenen Sommer durch so viel Glück und Verzweiflung hindurchgetanzt hatten, ging er zu Carolines Tisch hinüber und forderte sie zum Tanz auf.

Sie war reizend in ihrem luftig blauen Kleid, und die Nähe ihres knisternden blonden Haars, ihrer kühlen und zugleich zärtlichen grauen Augen hemmte ihn und machte ihn ungeschickt; er stolperte bei den ersten Schritten auf dem Parkett. Einen Augenblick schien es, als gebe es nichts weiter zu reden; er wollte ihr von seiner Erbschaft erzählen, aber das erschien ihm zu abrupt und unvermittelt.

»Michael, wie schön, wieder einmal mit dir zu tanzen.«

Er lächelte grimmig.

»Ich freue mich so, dass du gekommen bist«, fuhr sie fort. »Ich fürchtete schon, du wärst so töricht, dich fernzuhalten. Jetzt können wir gute Freunde sein und ganz natürlich miteinander umgehen. Michael, ich möchte, dass ihr, du und Hamilton, Freunde seid.«

Die Verlobung ließ sie offenbar verblöden; noch nie hatte er von ihr eine solche Reihe von Plattitüden gehört.

»Ich könnte ihn kalt lächelnd umbringen«, sagte er freundlich, »aber er sieht wie ein guter Mensch aus. Er ist in Ordnung. Nur wüsste ich gern: Was geschieht mit Leuten wie mir, die nicht vergessen können?«

Indem er das sagte, konnte er nicht verhindern, dass sich sein Mund verzog, und aufblickend sah es auch Caroline, und ihr Herz erbebte ebenso heftig wie an jenem anderen Morgen.

»Nimmst du es denn so schwer, Michael?«

»Ja.«

Er sagte das mit einer Stimme, die tief von unten heraufzukommen schien, und in dem Augenblick tanzten sie nicht; sie hielten einander nur fest. Dann lehnte sie sich in seinem Arm zurück und schürzte den Mund zu einem reizenden Lächeln.

»Ich wusste zuerst nicht, was tun, Michael. Ich erzählte Hamilton von dir – dass ich dich schrecklich gern hätte –, aber es machte ihm nichts aus, und er hatte recht damit. Weil ich jetzt darüber hinweg bin – ja, das bin ich. Und du wirst eines Morgens aufwachen und ebenso darüber hinweg sein.«

Er schüttelte trotzig den Kopf.

»Oh, doch. Wir waren nicht füreinander bestimmt. Ich bin etwas flatterhaft und brauche jemand wie Hamilton, der für mich entscheidet. Das war es und nicht so sehr eine Frage von – von …«

»Von Geld.« Wieder war er kurz davor, ihr zu sagen, was geschehen war, doch wieder sagte ihm eine innere Stimme, dass dies nicht der rechte Augenblick sei.

»Wie willst du dann erklären, was geschah, als wir uns vorgestern begegneten«, fragte er hilflos, »und was jetzt eben wieder geschah? Wenn wir nur so aufeinander zuströmen, wie wir es immer taten – als wären wir eine Person, als flösse das gleiche Blut durch uns beide hindurch?«

»Oh, lass das!«, flehte sie. »Du darfst nicht so reden; alles ist jetzt entschieden. Ich liebe Hamilton von ganzem Herzen. Es ist nur, dass mir gewisse Dinge aus der Vergangenheit immer wieder einfallen und dass es mir leid tut um dich – und uns – und wie wir waren.«

Über ihre Schulter hinweg sah Michael einen Mann, der herankam, um Caroline aufzufordern. Panisch tanzte er mit ihr weiter fort, aber der Mann kam ihnen nach.

»Ich muss dich unbedingt allein sprechen, nur eine Minute«, sagte Michael rasch. »Wann geht das?«

»Ich bin morgen bei Jebby West zum Tee«, flüsterte sie, und schon legte sich eine Hand höflich auf Michaels Schulter.

Aber auf Jebby Wests Tee konnte er auch nicht mit ihr sprechen. Rutherford stand neben ihr, und jeder zog den anderen überall ins Gespräch. Sie gingen frühzeitig. Am nächsten Morgen kam die Heiratsanzeige mit der ersten Post.

Michael geriet, während er in seinem Zimmer auf und ab ging, in eine verzweifelte Stimmung und entschloss sich zu einem kühnen Streich; er schrieb an Hamilton Rutherford und forderte ihn zu einer Begegnung am folgenden Nachmittag auf. In einem kurzen Telefongespräch erklärte Rutherford sich dazu bereit, aber erst für einen Tag später, als Michael gewünscht hatte. Und bis zur Hochzeit waren es nur noch sechs Tage.

Sie wollten sich in der Bar des Hotel Jena treffen. Michael wusste, was er sagen würde: »Hören Sie, Rutherford, sind Sie sich der Verantwortung bewusst, die Sie auf sich nehmen, wenn Sie auf dieser Heirat bestehen? Ist Ihnen klar, welches Leid und welche Reue daraus erwachsen werden, dass Sie eine junge Frau zu etwas überreden, das im Widerspruch dazu steht, was ihr Herz begehrt?« Er würde ihm erklären, dass die Schranke zwischen Caroline und ihm rein künstlich gewesen und jetzt beseitigt sei, und würde verlangen, dass die Sache freimütig mit Caroline besprochen werde, bevor es zu spät sei.

Rutherford würde in Wut geraten, und natürlich würde es eine Szene geben, aber Michael war sich bewusst, dass er hier um sein Leben kämpfte.

Er traf Rutherford im Gespräch mit einem älteren Mann an, dem er schon mehrmals bei den Partys begegnet war. »Ich habe gesehen, wie es den meisten meiner Freunde ergangen ist«, sagte Rutherford gerade, »und ich habe beschlossen, dass mir das nicht passieren soll. Es ist gar nicht so schwierig; wenn man ein Mädchen mit gesundem Menschenverstand nimmt und ihr sagt, wo's langgeht, und seine Sache gut macht und halbwegs aufrichtig mit ihr ist, dann ist das eine Ehe. Wenn man aber von Anfang an jeden Unsinn mitmacht und sich nur so arrangiert – dann springt der Mann nach spätestens fünf Jahren ab, oder aber sie buttert ihn unter, und wir haben den üblichen Schlamassel.«

»Richtig!«, fiel sein Gesprächspartner begeistert ein. »Hamilton, Junge, Sie haben recht.«

Michaels Blut kochte allmählich.

»Ist Ihnen noch nicht aufgefallen«, fragte er kühl, »dass Ihre Einstellung vor etwa hundert Jahren aus der Mode gekommen ist?«

»Nein, keineswegs«, sagte Rutherford freundlich, aber leicht gereizt. »Ich bin so modern wie nur irgendwer. Ich würde mich nächsten Samstag im Flugzeug trauen lassen, wenn es meiner Braut gefiele.«

»Diese Art, modern zu sein, habe ich nicht gemeint. Sie können nicht eine empfindsame junge Frau –«

»Empfindsam? Frauen sind nicht so verdammt empfindsam. Männer wie Sie sind empfindsam; Männer wie Sie werden von den Frauen ausgenutzt – eure ganze Ergebenheit und Gutherzigkeit und all das. Frauen lesen ein, zwei Bücher und sehen ein paar Filme, weil sie sonst nichts zu tun haben, und dann sagen sie, sie wären von Grund auf feiner geartet als ihr, und um das zu beweisen, fegen sie alle Skrupel beiseite und sausen mit einem ›Mach's gut‹ ab – etwa so empfindsam wie ein Feuerwehrgaul.«

»Caroline ist aber nun mal empfindsam«, sagte Michael scharf.

An diesem Punkt machte der andere Mann Anstalten zu gehen; nachdem der kleine Disput ums Bezahlen geregelt und sie allein waren, wandte sich Rutherford wieder Michael zu, als sei ihm eine Frage gestellt worden.

»Caroline ist nicht nur empfindsam«, sagte er. »Sie hat Verstand.«

In seinen kampflustigen Augen, mit denen er Michael anblickte, flackerte ein graues Licht. »Das alles erscheint Ihnen wohl ziemlich grob, Mr. Curly, aber ich habe den Eindruck, dass der Durchschnittsmann von heute geradezu darauf aus ist, sich von irgendeiner Frau zum Affen machen zu lassen, und dabei macht es ihr nicht einmal Spaß, ihn auf dieses Niveau hinunterzudrücken. Es gibt verdammt wenig Männer, die noch Macht über ihre Frauen haben, aber ich bin entschlossen, einer von ihnen zu sein.«

Michael schien es an der Zeit, die Rede wieder auf die Situation zu bringen. »Sind Sie sich über die Verantwortung klar, die Sie auf sich nehmen?«

»Selbstverständlich«, konterte Rutherford. »Ich habe keine Angst vor Verantwortung. Ich werde die Entscheidungen treffen – anständig, wie ich hoffe, aber in jedem Fall endgültig.«

»Und was ist, wenn Sie falsch angefangen haben?«, fragte Michael heftig. »Wenn Ihre Ehe nicht auf gegenseitige Liebe gegründet ist?«

»Ich glaube zu sehen, was Sie meinen«, sagte Rutherford, immer noch freundlich. »Und da Sie es zur Sprache gebracht haben, lassen Sie mich Ihnen sagen, dass es, falls Sie und Caroline geheiratet hätten, keine drei Jahre gehalten hätte. Wissen Sie, worauf Ihre Beziehung zueinander gegründet war? Auf Leid. Sie taten einander leid. Den meisten Frauen macht es ungeheuren Spaß, sich zu sorgen, und manchen Männern auch, aber mir scheint, eine Ehe sollte auf Hoffnung gegründet sein.« Er sah auf seine Uhr und stand auf.

»Ich bin mit Caroline verabredet. Und vergessen Sie nicht, übermorgen zu dem Junggesellenabschied zu kommen.«

Michael spürte, wie ihm die Sache zu entgleiten drohte. »Also zählen Carolines persönliche Gefühle für Sie nicht?«, fragte er grimmig.

»Caroline ist übermüdet und ganz verwirrt. Aber sie hat, was sie sich wünscht, und das ist die Hauptsache.«

»Meinen Sie damit sich?«, fragte Michael ungläubig.

»Ja.«

»Darf ich fragen, seit wann Sie das Ziel von Carolines Wünschen sind?«

»Seit etwa zwei Jahren.« Ehe Michael noch antworten konnte, war Rutherford gegangen.

Während der nächsten zwei Tage schwebte Michael hilflos am Rande eines Abgrunds. Ihn verfolgte der Gedanke, etwas unterlassen zu haben, das diesen unter seinen Augen immer fester geschlungenen Knoten durchgetrennt hätte. Er rief Caroline an, aber sie beteuerte, es sei ihr praktisch unmöglich, ihn bis zum Tag vor der Hochzeit zu treffen;

für diesen Tag indessen stellte sie ihm ein Rendezvous in Aussicht. Dann ging er zu dem Junggesellenabschied, teils aus Furcht vor einem Abend allein in seinem Hotel, teils in dem Gefühl, durch seine Anwesenheit Caroline irgendwie näher zu sein, sie im Auge zu behalten.

Die Ritz-Bar war für die Veranstaltung mit französischen und amerikanischen Fahnen geschmückt, und vor die eine Wand war eine große Leinwand gespannt, auf die die geschätzten Gäste ihre Neigung zum Gläserwerfen konzentrieren sollten.

Beim ersten Cocktail, der im Stehen an der Bar eingenommen wurde, sah man viele Gläser in ebenso vielen zittrigen Händen leicht überschwappen, beim Champagner dann schwoll das Gelächter an, und gelegentlich erklang schmetternder Gesang. Michael entdeckte zu seiner Überraschung, was für einen Unterschied sein neuer Smoking, sein neuer Zylinder und seine neue prächtige Wäschegarnitur für sein Selbstvertrauen ausmachten; sein Ressentiment gegenüber all diesen Leuten wegen ihres Reichtums und ihrer Selbstsicherheit schwand zusehends. Zum ersten Mal seit seiner College-Zeit fühlte auch er sich reich und selbstsicher; er fühlte sich alledem zugehörig und ließ sich sogar von Johnson, dem Hauptspaßmacher, in dessen Komplott hineinziehen, das den Auftritt jener eigens dafür engagierten verratenen Frau vorsah, die in einem Raum hinter der Hotelhalle gelassen wartete.

»Wir wollen den Scherz nicht zu weit treiben«, sagte Johnson, »denn ich kann mir vorstellen, dass Ham heute schon Sorgen genug hatte. Haben Sie gesehen, Fullman Oil ist heute Morgen um sechzehn Punkte gefallen.«

»Ist er davon betroffen?«, fragte Michael, bemüht, sich seine Neugier nicht anmerken zu lassen.

»Natürlich. Er ist dicke drin; er ist stets überall dicke drin. Bis jetzt hat er Glück gehabt; jedenfalls bis vor einem Monat.«

Die Gläser füllten und leerten sich jetzt rascher, und Männer prosteten einander laut über den Tisch hinweg zu. Vor der Bar wurde eine Gruppe von Brautführern fotografiert, und der Rauch von dem Blitzlicht trieb als stickige Wolke durch den Raum.

»Jetzt kann's losgehen«, sagte Johnson. »Sie müssen bei der Tür stehen, denken Sie daran, und dann müssen wir beide uns sichtlich bemühen, die Frau am Hereinkommen zu hindern – nur so lange, bis alle auf uns aufmerksam werden.«

Er ging hinaus in den Korridor, und Michael wartete gehorsam an der Tür. Mehrere Minuten vergingen. Dann erschien Johnson wieder, mit einem verdutzten Gesichtsausdruck.

»Da ist was Komisches passiert.«

»Wieso? Ist das Mädchen nicht da?«

»Sie ist schon da, aber da ist noch eine andere, und zwar eine, die wir nicht engagiert haben. Sie will Hamilton Rutherford sprechen, und sie sieht so aus, als führte sie etwas im Schilde.«

Sie gingen beide hinaus in die Halle. Da saß kerzengerade in einem Sessel ein amerikanisches Mädchen, ein bisschen unter Alkohol, aber offensichtlich finster entschlossen. Sie blickte mit einem Ruck zu ihnen auf.

»Also, Sie rich'n's ihm aus«, verlangte sie. »Mein Name

ist Marjorie Collins, das wird ihm schon was sag'n. Ich bin weit gereist, und ich will ihn sprechen, jetzt sofort, oder es gibt mehr Ärger, als Sie je erlebt haben.« Sie erhob sich leicht wankend.

»Sie gehen hinein und sagen es Ham«, flüsterte Johnson zu Michael. »Vielleicht macht er sich besser aus dem Staub. Ich halte sie inzwischen hier fest.«

Wieder am Tisch, beugte sich Michael dicht an Rutherfords Ohr und flüsterte einigermaßen grimmig: »Eine junge Frau draußen mit Namen Marjorie Collins sagt, sie will Sie sprechen. Sieht aus, als wollte sie Schwierigkeiten machen.«

Hamilton Rutherford blinzelte, und sein Unterkiefer fiel herab; dann schlossen die Lippen sich wieder zu einer strengen Linie, und er sagte in forschem Ton:

»Bitte haltet sie dort auf. Und schickt gleich den Geschäftsführer der Bar zu mir.«

Michael sprach mit dem Barkellner und ließ sich dann, ohne an den Tisch zurückzukehren, unauffällig Mantel und Hut herausgeben. Wieder draußen in der Halle, ging er wortlos an Johnson und dem Mädchen vorbei und hinaus in die Rue Cambon. Er rief ein Taxi und gab die Adresse von Carolines Hotel an.

Sein Platz war jetzt an ihrer Seite. Nicht um schlechte Nachrichten zu bringen, sondern einfach um bei ihr zu sein, wenn ihr Kartenhaus über ihr zusammenfallen würde.

Rutherford hatte ihm zu verstehen gegeben, dass er ein Weichling sei – nun, er war immerhin hart genug, die Frau seiner Liebe nicht aufzugeben, und er würde sich jede Chance in den Grenzen der Ehrbarkeit zunutze machen.

Sollte sie sich von Rutherford abwenden, dann würde er zur Stelle sein.

Sie war im Hotel; sie war überrascht, als er sich meldete, aber sie war noch angezogen und würde sogleich herunterkommen. Dann erschien sie in einem Abendkleid mit zwei blauen Telegrammen in der Hand. Sie ließen sich in der verlassenen Hotelhalle in zwei Sesseln nieder.

»Aber Michael, ist das Essen schon vorbei?«

»Ich wollte dich sehen, deshalb kam ich vorbei.«

»Das freut mich.« Ihre Stimme klang freundlich, aber sachlich. »Ich habe nämlich soeben dein Hotel angerufen, um zu sagen, dass ich morgen den ganzen Tag mit Anproben und Vorbereitungen zu tun habe. Nun kommen wir doch noch zu unserem kleinen Gespräch.«

»Du bist müde«, vermutete er. »Vielleicht hätte ich nicht kommen sollen.«

»Nein. Ich bin noch auf und warte auf Hamilton. Es sind Telegramme gekommen, die womöglich wichtig sind. Er sagte, vielleicht ginge er noch weiter irgendwohin mit, und das kann Stunden dauern, also bin ich froh, mich mit jemandem unterhalten zu können.«

Michael zuckte bei dieser unpersönlichen Phrase zusammen.

»Kümmert es dich denn nicht, wann er nach Hause kommt?«

»Natürlich«, sagte sie lachend, »aber ich kann ihm ja keine Vorschriften machen.«

»Warum nicht?«

»Ich kann doch nicht damit anfangen, ihm zu sagen, was er tun darf und was nicht.«

»Warum nicht?«

»Er würde sich das nicht gefallen lassen.«

»Anscheinend wünscht er sich nur eine Haushälterin«, sagte Michael ironisch.

»Erzähl mir von deinen Plänen, Michael«, sagte sie rasch.

»Meine Pläne? Ich sehe überhaupt keine Zukunft für mich nach dem übermorgigen Tag. Der einzige wirkliche Plan, den ich je hatte, war, dich zu lieben.«

Ihre Blicke streiften einander, und sie sah ihn auf die Weise an, die er so gut kannte. Ein Strom von Worten brach aus seinem Herzen hervor:

»Lass mich dir nur noch einmal sagen, wie sehr ich dich geliebt habe, ohne einen Augenblick zu wanken, ohne je an ein anderes Mädchen zu denken. Und jetzt, wenn ich an all die Jahre vor mir denke, ohne dich, ohne irgendeine Hoffnung, dann – Caroline, Liebste – will ich nicht mehr leben. Ich hatte immer diesen Traum von unserem Heim, unseren Kindern und davon, wie ich dich in meinen Armen halte und dein Gesicht berühre, deine Hände und dein Haar, alles mein Eigen, und jetzt bringe ich es einfach nicht fertig, aus diesem Traum aufzuwachen.«

Caroline weinte still vor sich hin. »Armer Michael – armer Michael.« Sie streckte die Hand aus und strich mit ihren Fingern über seinen Rockaufschlag. »Du hast mir gestern Abend so leid getan. Du sahst so kümmerlich aus und so, als brauchtest du einen neuen Anzug und jemanden, der sich deiner annimmt.« Sie schniefte und besah sich seinen Smoking näher. »Nein, du hast ja einen neuen Anzug! Und einen neuen Zylinderhut! Nein, Michael, wie fabelhaft!« Sie lachte auf einmal fröhlich durch ihre Tränen hindurch. »Du musst zu Geld gekommen sein, Michael; nie sah ich dich so in Schale.«

Jetzt, da sie so reagierte, hasste er einen Moment lang seine neue Kleidung.

»Ja, ich bin zu Geld gekommen«, sagte er. »Mein Großvater hat mir rund eine Viertelmillion Dollar hinterlassen.«

»Nein, Michael«, rief sie, »wie fabelhaft! Ich kann dir gar nicht sagen, wie ich mich freue. Ich habe immer gedacht, du gehörtest zu der Sorte Mensch, die Geld haben müsste.«

»Ja, nur eben zu spät, nun kommt es nicht mehr darauf an.«

Die Drehtür von der Straße setzte sich ächzend in Bewegung, und Hamilton Rutherford kam in die Halle. Sein Gesicht war gerötet, und seine Augen blickten unstet und ungeduldig.

»Hallo, Darling; hallo, Mr. Curly.« Er beugte sich herab und küsste Caroline. »Ich habe mich für eine Minute weggestohlen, um zu sehen, ob irgendwelche Telegramme für mich da wären. Ich sehe, du hast sie dabei.« Während er sie in Empfang nahm, bemerkte er zu Curly: »Das war eine vertrackte Geschichte in der Bar, nicht wahr? Zumal einer von euch, wie ich hörte, einen ganz ähnlichen Ulk vorbereitet hatte.« Er öffnete eins der Telegramme, faltete es wieder zusammen und wandte sich mit dem zerstreuten Ausdruck eines Mannes, der zwei Dinge gleichzeitig im Kopf hat, zu Caroline.

»Ein Mädchen, das ich zwei Jahre nicht mehr gesehen habe, tauchte auf«, sagte er. »Anscheinend handelte es sich um irgendein plumpes Erpressungsmanöver, denn ich habe und hatte nie irgendeine Art von Verpflichtung ihr gegenüber.«

»Wie ging es aus?«

»Der Geschäftsführer hatte binnen zehn Minuten einen Mann von der *Sûreté générale* da, und die Sache wurde in der Hotelhalle erledigt. Neben den französischen Gesetzen gegen Erpressung nehmen sich unsere wie gutgemeinte Wünsche aus, und ich vermute, sie haben ihr einen Denkzettel verpasst, an den sie sich noch erinnern wird. Aber es war wohl richtiger, es dir zu sagen.«

»Nehmen Sie etwa an, ich hätte die Sache schon erwähnt?«, sagte Michael steif.

»Nein«, sagte Rutherford bedächtig. »Nein. Sie wollten sich nur zur Verfügung halten. Und da Sie einmal da sind, sollen Sie etwas hören, das Sie mehr interessieren wird.«

Er reichte Michael das eine Telegramm und öffnete das andere.

»Das ist verschlüsselt«, sagte Michael.

»Dieses auch. Aber ich habe in dieser Woche all die Code-Wörter recht gut gelernt. Die beiden Telegramme zusammen besagen, dass ich mein Leben ganz von vorn anfangen muss.«

Michael sah, wie Carolines Gesicht um einen Grad blasser wurde, aber sie blieb mäuschenstill.

»Es war eine Fehlinvestition, und ich habe zu lange daran festgehalten«, fuhr Rutherford fort. »Sie sehen also, ich habe das Glück nicht gepachtet, Mr. Curly. Übrigens sind Sie, wie ich höre, zu Geld gekommen.«

»Ja«, sagte Michael.

»So steht es also mit uns.« Rutherford wandte sich Caroline zu. »Du verstehst, Darling, ich scherze oder übertreibe nicht. Ich habe nahezu jeden Cent, den ich besaß, verloren, und ich werde mein Leben ganz neu anfangen müssen.«

Zwei Augenpaare richteten sich auf sie – Rutherford blickte unverbindlich und nichts verlangend, Michael wie ausgehungert, tragisch und flehend. Doch einen Augenblick später sprang sie aus dem Sessel auf und warf sich mit einem leisen Aufschrei in Hamilton Rutherfords Arme.

»Oh, Liebling«, schluchzte sie, »was liegt daran! Es ist besser so; es ist mir lieber, ehrlich! Ich möchte so anfangen; ja, das möchte ich wirklich! O bitte, mach dir keine Gedanken und sei jetzt nicht traurig!«

»Schon recht, Baby«, sagte Rutherford. Seine Hand strich für einen Moment zärtlich über ihr Haar; dann löste er den Arm, den er um sie gelegt hatte.

»Ich habe versprochen, noch mal auf eine Stunde zur Party zu kommen«, sagte er. »Also sage ich gute Nacht, und ich möchte, dass du sogleich zu Bett gehst und schön schläfst. Gute Nacht, Mr. Curly. Tut mir leid, dass ich Sie in all diese Geldangelegenheiten eingeweiht habe.«

Aber Michael hatte schon Hut und Stock genommen. »Ich komme mit Ihnen«, sagte er.

III

Es war solch ein schöner Morgen. Michaels Cut war nicht geliefert worden, und so fühlte er sich einigermaßen unbehaglich, als er vor der kleinen Kirche in der Avenue George v an den Fotografen und Filmkameras vorbeimusste.

Die Kirche war so blitzblank und neu, dass es unverzeihlich schien, nicht passend angezogen zu sein, und Michael, blass und zittrig nach einer schlaflosen Nacht, beschloss, sich im Hintergrund zu halten. Von dort blickte er auf den Rücken von Hamilton Rutherford, auf den zarten, in Spitze gehüllten Rücken von Caroline und den feisten Rücken von George Packman, der zu wanken schien, als wollte er sich an Braut und Bräutigam anlehnen.

Die Zeremonie zog sich lange hin, freundlich überdacht von Fähnchen und Wimpeln, unter den breiten Strahlen der Junisonne, die schräg durch die hohen Fenster auf die festlich gekleidete Menge herabfielen.

Als der von Braut und Bräutigam angeführte Zug sich durch das Kirchenschiff in Bewegung setzte, merkte Michael mit Schrecken, dass er genau da stand, wo jedermann sich aus der steifen Prozession lösen, die Förmlichkeit ablegen und ihn ansprechen würde.

So kam es denn auch. Als Erste begrüßten ihn Rutherford und Caroline; Rutherford etwas finster unter dem Druck des Verheiratetseins und Caroline lieblicher, als er sie je gesehen hatte – sanft schwebte sie an Freunden und Verwandten aus ihrer Jugend vorbei, schwebte durch ihre Vergangenheit und weiter durch das sonnenbeschienene Portal in die Zukunft hinaus.

Michael raffte sich zu einem gemurmelten »Wundervoll, einfach wundervoll« auf, und dann kamen andere und redeten ihn an – die alte Mrs. Dandy, die geradewegs von ihrem Krankenlager kam und bemerkenswert gut aussah oder das nur zuwege brachte, weil sie so eine feine alte Dame war; und Rutherfords Vater und Mutter, seit zehn

Jahren geschieden, aber Seite an Seite, wie füreinander geschaffen und mächtig stolz. Dann Carolines sämtliche Schwestern nebst Gatten und ihre kleinen Neffen in Eton-Anzügen, und dann eine lange Reihe von Leuten, die alle Michael begrüßten, weil er immer noch wie gelähmt genau dort stand, wo der Zug sich auflöste.

Er fragte sich, was als Nächstes käme. Es waren Einladungskarten für einen Empfang im George V ausgegeben worden; ein teures Lokal, weiß der Himmel. Würde Rutherford das durchstehen wollen, nach diesen katastrophalen Telegrammen? Offenbar, denn draußen strebte der Zug in Dreier- und Viererreihen durch den Junimorgen dorthin. An der Straßenecke flatterten die langen Kleider von fünf Seite an Seite gehenden Frauen vielfarbig im Wind. Die Frauen waren wieder zu hauchzarten Wesen geworden, wandelnde Flora; so reizend wehten die Kleider in der hellen Mittagsbrise.

Michael brauchte einen Drink; er würde diesen Empfang nicht überstehen ohne einen Drink vorher. Er schlüpfte in einen Seiteneingang des Hotels und fragte nach der Bar, worauf ein Page ihn einen halben Kilometer durch neue, amerikanisch ausstaffierte Korridore führte.

Aber – wie denn das? – die Bar war voll. Da standen zehn oder fünfzehn Männer und zwei oder vier Frauen, und alle kamen von der Hochzeit, und alle brauchten einen Drink. Es gab Cocktails und Champagner in der Bar – Rutherfords Cocktails und Champagner, wie sich herausstellte, denn er hatte die ganze Bar sowie den Ballsaal, die zwei großen Empfangssalons und die hinauf- und hinabführenden Treppen gemietet samt dem Ausblick über die rechtwinkligen Häuserblocks von Paris. Michael kam nur allmählich voran und reihte sich in das endlose, langsame Defilee des Empfangs ein. Durch einen Nebel blumiger Redewendungen wie »So eine reizende Hochzeit«, »Meine Liebe, Sie waren einfach reizend«, »Sie glücklicher Mann, Rutherford« bewegte er sich an der Reihe entlang. Als Michael bei Caroline ankam, trat sie einen kleinen Schritt vor und küsste ihn auf die Lippen, aber er fühlte nichts bei dem Kuss, er war unwirklich, und Michael ließ sich weiter davontragen. Die alte Mrs. Dandy, die ihn immer gern gemocht hatte, hielt eine Minute lang seine Hand und dankte ihm für die Blumen, die er ihr auf die Kunde, dass sie krank sei, geschickt hatte.

»Es tut mir so leid, Ihnen nicht geschrieben zu haben; wissen Sie, wir alten Damen sind ja so dankbar für …« Die Blumen, die Tatsache, dass sie nicht geschrieben hatte, die Hochzeit – Michael begriff, dass dies alles ihr gleich viel oder wenig bedeutete; sie hatte schon fünf Kinder verheiratet und zwei der Ehen in die Brüche gehen sehen, und diese Szene, so schmerzlich, so bestürzend für Michael, war für sie lediglich eine vertraute Scharade, in der sie auch früher schon ihre Rolle gespielt hatte.

An kleinen Tischen wurde bereits ein Champagnerfrühstück serviert, und in dem leeren Ballsaal spielte ein Orchester. Michael setzte sich zu Jebby West; er war immer noch etwas gehemmt, weil er keinen Cutaway anhatte, aber er bemerkte jetzt, dass er mit dieser Unterlassung nicht allein war, und fühlte sich besser. »War Caroline nicht hinreißend?«, sagte Jebby West. »So vollkommen selbstbeherrscht. Ich fragte sie heute Morgen, ob sie nicht etwas ängstlich sei bei einem solchen Schritt. Und sie sagte: ›Warum sollte ich? Ich bin seit zwei Jahren hinter ihm her, und jetzt bin ich einfach glücklich, das ist alles.‹«

»Das muss wohl wahr sein«, sagte Michael düster.

»Was?«

»Was Sie eben sagten.«

Man hatte ihm einen Dolchstoß versetzt, aber fast zu seinem Kummer fühlte er die Wunde nicht.

Er forderte Jebby zum Tanzen auf. Draußen auf dem Parkett tanzten Rutherfords Vater und Mutter miteinander.

»Das macht mich ein bisschen traurig«, sagte Jebby. »Die beiden haben sich jahrelang nicht gesehen; beide hatten wieder geheiratet, und sie wurde ein zweites Mal geschieden. Sie ging zum Bahnhof, um ihn abzuholen, als er zu Carolines Hochzeit anreiste, und lud ihn ein, in ihrem Haus in der Avenue du Bois mit einer Menge anderer Gäste zu wohnen, also ohne Hintergedanken, aber er fürchtete, seine Frau könnte davon hören und es nicht gerne sehen, und deshalb ging er in ein Hotel. Finden Sie das nicht irgendwie traurig?«

Nach einer Stunde oder so merkte Michael plötzlich, dass es Nachmittag war. In einer Ecke des Ballsaals hatte man Wandschirme wie zu einem kleinen Filmatelier arrangiert, und Fotografen waren dabei, offizielle Aufnahmen von der Hochzeitsparty zu machen. Die Hochzeitsgesellschaft, totenstill und wachsbleich unter den hellen Lampen, erschien den im Halbdunkel des Ballsaals kreisenden Tanzpaaren wie jene lustigen oder unheimlichen Gruppen, auf die man in der Geisterbahn eines Vergnügungsparks stößt.

Nachdem die ganze Hochzeitsgesellschaft fotografiert

worden war, kam eine Gruppe von Brautführern an die Reihe; dann die Brautjungfern, die Familien, die Kinder. Caroline hatte die mit ihrem fließenden Gewand und dem großen Brautbouquet verbundene Würde längst abgelegt und eilte nun voller Tatendrang aufgeregt auf Michael zu und holte ihn vom Parkett.

»Jetzt wollen wir ein Bild nur mit alten Freunden machen lassen.« Dies in einem Ton, der besagte, das würde die beste und intimste aller Aufnahmen werden. »Kommt her, Jebby, George – du nicht, Hamilton; nur meine alten Freunde – Sally …«

Etwas später schwand auch der letzte Rest von Förmlichkeit, und die Stunden flossen auf dem verschwenderischen Strom von Champagner leicht dahin. Hamilton Rutherford saß am Tisch, hatte, wie es jetzt üblich war, den Arm um eine verflossene Freundin gelegt und versicherte seinen Gästen, darunter nicht wenige verdutzte, aber begeisterte Europäer, dass die Party noch längst nicht zu Ende sei; die Gesellschaft würde sich nach Mitternacht bei Zelli wieder zusammenfinden. Michael sah, wie Mrs. Dandy, noch nicht ganz von ihrer Krankheit genesen, aufstand, um zu gehen, aber in eine höfliche Gruppe nach der anderen hineingezogen wurde, und er sagte es einer ihrer Töchter, die daraufhin ihre Mutter unter leichtem Zwang abführte und ihren Wagen rufen ließ. Michael kam sich sehr umsichtig vor und war stolz auf sich, nachdem er das getan hatte, und trank noch mehr Champagner.

»Es ist unglaublich«, ließ sich George Packman begeistert vernehmen. »Diese Veranstaltung wird Ham etwa fünftausend Dollar kosten, und soviel ich weiß, werden das seine letzten sein. Aber hat er auch nur eine Flasche Champagner zurückgehen lassen oder ein Blumenarrangement abbestellt? Er nicht! Er hat eben Klasse – dieser Junge. Wissen Sie, dass T. G. Vance ihm heute Morgen, zehn Minuten vor der Hochzeit, ein Jahresgehalt von fünfzigtausend Dollar angeboten hat? Schon in einem Jahr wird er wieder zu den Millionären gehören.«

Die Unterhaltung wurde durch den Vorschlag unterbrochen, Rutherford auf vereinten Schultern hinauszutragen – ein Plan, den sechs Gäste auch in die Tat umsetzten, um dann im Vier Uhr Sonnenschein dazustehen und Braut und Bräutigam zum Abschied nachzuwinken. Aber irgendwo musste es ein Missverständnis gegeben haben, denn fünf Minuten später sah Michael beide, Braut und Bräutigam, feierlich die Treppe zur Rezeption herabsteigen, beide mit einem Glas Champagner in der hocherhobenen Hand.

›Das ist unsere Art, die Dinge anzupacken‹, dachte er. ›Großzügig und frisch und frei; die Gastfreundlichkeit von Virginia-Pflanzern, nur einfach im heutigen Tempo, nervös tickend wie ein Fernschreiber.‹

Während er so ganz unbefangen mitten im Raum stand, um zu sehen, wer nun wohl der amerikanische Gesandte sei, wurde ihm mit einem Mal klar, dass er tatsächlich schon seit Stunden nicht mehr an Caroline gedacht hatte. Nahezu bestürzt blickte er um sich, und dann sah er sie auf der anderen Seite des Saales, sehr munter und jung und strahlend glücklich. Und neben ihr Rutherford, der sie ansah, als könnte er sie gar nicht lange genug ansehen, und während Michael die beiden noch beobachtete, schienen sie zurückzuweichen, ganz so, wie er es sich an jenem Mor-

gen in der Rue de Castiglione gewünscht hatte – zurückzuweichen und dahinzuschwinden in ihre eigenen Freuden
und Kümmernisse, in die Jahre, die von Rutherfords stolzer
Kühnheit und von Carolines junger, anrührender Schönheit ihren Zoll fordern würden; weit zu entschwinden, so
dass er sie jetzt kaum noch sehen konnte, als hüllte etwas
so Nebelhaftes wie Carolines weißes wogendes Gewand sie
ein.

Michael war geheilt. Die ganze Zeremonie mit ihrem
Pomp und ihrer Schwelgerei war für ihn gleichsam zu einer
Initiation geworden, zur Einweihung in ein Leben, in dem
er den beiden nicht einmal mehr nachtrauern konnte. Alle
Bitterkeit in ihm schmolz plötzlich dahin, und die Welt
formte sich wieder neu aus der Jugend und dem Glück,
das ihn verschwenderisch wie der Frühlingssonnenschein
überall umgab. Er versuchte sich zu erinnern, mit welcher
der Brautführerinnen er sich für den Abend zum Essen
verabredet hatte, während er nach vorne ging, um sich von
Hamilton und Caroline Rutherford zu verabschieden.

Von Glücksmomenten

Vor vielen Jahren, als ich noch in einem kleinen Provinzstädtchen lebte, hatte ich mich in ein blondes Mädchen mit dunkler Haut verliebt, das mir schon seit Langem gefiel. Auch sie hatte sich in mich verliebt. Zwischen ihr und mir gab es zwei Unterschiede: dass ich ein Fahrzeug besaß und sie nicht; dass ich in der Innenstadt wohnte und sie nicht.

Ein Unterschiedspaar, das, im Nachhinein betrachtet, einen reinen Widerspruch darstellt. Und zwar aus folgendem Grund.

Wenn einer am Stadtrand wohnt und ein Auto hat, ist gut.

Wenn einer im Zentrum wohnt und kein Auto hat, ist gut.

Wenn einer am Stadtrand wohnt und kein Auto hat, ist das extrem schlecht.

Aber das ist noch nicht alles. Das Zentrum und der Stadtrand waren in meiner Stadt durch eine Art Mauer in Form eines doppelten Bahnübergangs voneinander getrennt. Meine Stadt ist eine kleine Stadt, aber als Knotenpunkt für den Schienenverkehr durchaus von Bedeutung; das erkennt man an der Anzahl von Gleisen, die in den Bahnhof hinein und aus ihm herausführen. Derart viele, dass nicht ein, sondern zwei Bahnübergänge in der Umgebung nötig waren. Weil sich die Gleise trennen und in zwei unterschiedliche Teile Italiens führen. Entgegengesetzte würde ich sagen, wenn ich wüsste, wohin sie führten, aber so genau habe ich das nie verstanden. Die Stadt wird von diesem Gleisbündel durchquert. Hier waren wir von der Altstadt, dort die vom Stadtrand. Der Stadtrand lag also sehr am Stadtrand, und meine Freunde aus der Altstadt meinten, als sie hörten, dass ich mit dem blonden Mädchen mit der dunklen Haut ging: Du gehst ja mit einer vom Stadtrand.

Allerdings hatte das Mädchen aber ziemlich blondes Haar und ziemlich dunkle Haut, und ich war ziemlich verliebt; und sie auch. Ich war also enthusiastisch und willig: Am Abend fuhr ich mit dem Auto vom Zentrum los, um sie am Stadtrand abzuholen, dann fuhren wir ins Zentrum zurück, da alles, wo man abends hingehen konnte, im Zentrum lag und nicht am Stadtrand. Am Ende des Abends fuhr ich sie vom Zentrum wieder an den Stadtrand und kehrte ins Zentrum zurück, wo ich wohnte. Insgesamt fuhr ich viermal hin und zurück. Insgesamt überquerte ich achtmal die Bahnübergänge.

Ziemlich oft ist es vorgekommen, dass die Bahnübergänge alle acht Male geschlossen waren. Nie ist es vorgekommen, dass die Bahnübergänge alle acht Male offen waren. Statistisch gesehen war die Wahrscheinlichkeit gleich hoch, dennoch ist der eine Extremfall viele Male eingetreten, der andere nie. An den meisten Tagen waren sie sechs- oder siebenmal geschlossen, auch fünf- oder viermal. Das heißt: Ich fuhr sie abholen, und der Bahnübergang war geschlossen. Ich wartete, bis die Bahn vorbei war. Er öffnete sich. Ich fuhr ein paar Meter vor, da der andere auch geschlossen war. Ich stellte wieder den Motor ab und wartete, bis der Zug vorbei war. Die Schranke öffnete sich, und endlich konnte ich zu dem blonden Mädchen mit der dunklen Haut. Wenn sie herunterkam, versuchte ich, schnell den Bahnübergang zu erreichen, und manchmal gelang es mir, den ersten zu überqueren, aber den zweiten nicht, oder andersherum. Oder alle beide. Und war der Abend zu Ende, ging alles von Neuem los.

Am Anfang war es mir egal. Ich wartete geduldig ab. Und fuhr weiter, bis ich schließlich bei ihr war. Sie kam herunter, wir küssten uns, fragten uns, wie geht's, habe ich dir gefehlt, worauf hast du Lust, liebst du mich wirklich so doll. Dann warteten wir auf die Züge und fuhren ins Zentrum. Auf dem Rückweg, während wir warteten, küssten wir uns. Vor ihrem Haus blieben wir stehen, redeten, küssten und berührten uns. Wir beteuerten uns, du wirst mir fehlen, fragten, was machen wir morgen und liebst du mich wirklich so sehr. Dann stieg sie aus dem Auto, und ich schaute ihr hinterher, bis sie im Haus verschwunden war. Liebestrunken fuhr ich wieder nach Hause, wartete, dass ein oder zwei Züge passierten, und dachte daran, wie sehr ich sie liebte.

Seit etlichen Jahren hieß es, es solle eine Unterführung gebaut werden. In den Lokalzeitungen war hin und wieder die Rede davon, und die Leute, die an den Bahnübergängen wohnten, sprachen darüber. Bislang hatte mich das wenig interessiert. Dann aber äußerte sich das erste Anzeichen von Unruhe in mir: Wenn ich in den Lokalzeitungen von dem Projekt der Unterführung las, wurde ich neugierig, versuchte alles zu erfassen und verschlang den gesamten Artikel. Denn seit ein paar Jahren gab es wenige hundert Meter entfernt einen abgezäunten Baustellenbereich, und das Schild kündigte den Bau einer doppelten Unterführung an. Allerdings – fiel mir damals auf – sah man nie jemanden dort arbeiten, sodass wir die Baustelle für die Unterführung am Ende alle nicht mehr als etwas Reales ansahen, wo tatsächlich etwas geschehen würde.

Das zweite beunruhigende Anzeichen war ein innerer Stoß, den ich mit der Zeit spürte, sobald das Glöckchen am Bahnübergang läutete, als Warnhinweis darauf, dass in wenigen Sekunden die rot-weißen Schranken heruntergingen: als würden die Nervenenden sich bemerkbar machen und alle zusammen losschreien.

Das dritte beunruhigende Anzeichen war der hypnotische Zustand, in den ich fiel, während der Bahnübergang geschlossen war und ich die rot-weißen Streifen anstarrte und dachte, dass es gar keine rot-weißen Streifen wären, sondern rote Streifen auf weißem Grund. Und ich dachte, wie sehr sie nachts hervorstachen, denn nachts setzte der hypnotische Zustand tatsächlich in dem Moment ein, wenn ich den Motor ausstellte und die roten Streifen auf weißem Grund anzustarren begann, die meiner Ansicht nach die Schranke nur wie rot-weiß gestreift wirken ließen.

Die Tage zogen ins Land, die Schranken senkten und hoben sich, die Liebe festigte sich, aber damit kam auch die Gewöhnung. Langsam, aber sicher verschob sich meine Konzentration von dem blonden Mädchen mit der dunklen Haut auf die Bahnübergänge.

Wenn es Abend wurde, bekam ich schlechte Laune. Ich nahm das Auto und fuhr los. Wenn ich vor dem geschlossenen Bahnübergang ankam, presste ich die Kiefer zusammen und ballte die Fäuste. Ein paar Mal habe ich ihn sogar mit Vollgas noch überquert, während sich die Schranke schon senkte. Einmal habe ich abrupt gebremst, und wäre ich nur zwanzig Zentimeter später zum Stehen gekommen, wäre die Schranke auf meine Motorhaube geknallt.

Ich rief in den Türsprecher: Komm runter. Und gleichzeitig lauschte ich mit gespitzten Ohren nach dem Glöckchen in der Ferne. Sobald ich es hörte, pressten sich die Kiefer zusammen und ballten sich die Fäuste, und wenn das blonde Mädchen mit der dunklen Haut herunterkam, fragte sie verwundert: Was ist denn los, warum bist du so nervös?

Was ich herausgefunden hatte, war, dass kein Anwohner vom Stadtrand den Bahnübergang als ein Problem ansah. Sie ignorierten ihn. Wahrscheinlich hatten sie das mit der Zeit gelernt, hatten das Problem überwunden oder verdrängt, und nun war es unmöglich, es ihnen zu erklären. Das ständige Hoch und Runter kümmerte sie nicht. Ich konnte mich also nicht einmal abreagieren.

Auf dem Rückweg war ich abgelenkt, während ich sie küsste und wir auf das Öffnen des Bahnübergangs warteten, weil ich mitbekommen wollte, ob der Zug vorbeifuhr und das Glöckchen bereits für den nächsten klingelte. Vor dem Haus angelangt, warf ich das blonde Mädchen mit der dunklen Haut aus dem Auto, schubste sie förmlich, um mit quietschenden Reifen zurückzusetzen und mit einhundertfünfzig Stundenkilometern auf die Bahnübergänge zuzurasen, bevor sie wieder zugingen. Ich blieb nur dann noch ein bisschen bei ihr, wenn ich das Glöckchen bereits gehört hatte, aber abgelenkt war ich trotzdem, denn mit halbem Ohr lauschte ich schon wieder nach dem vorbeifahrenden Zug. Sie sagte: Du bist merkwürdig. Ich beruhigte sie, aber wenn der Zug vorbei war, warf ich sie raus und haute ab.

Langsam gefielen mir auch die Mädchen, die im Zentrum wohnten. Da war eine, bei mir aus dem vierten Stock, die ich immer wieder anrief, so lange, bis ihr Freund versuchte, mich zu verprügeln. Aber ich verprügelte ihn. Keiner hätte es in jener Zeit mit mir aufnehmen können, dermaßen nervös war ich, in mir hatte sich eine geballte Ladung Frust angestaut, und ich hatte den Eindruck, als ginge während der Hypnose etwas Ähnliches mit mir vor wie mit Hulk, wenn er sich in Hulk verwandelt – ich konnte es kaum erwarten, dass mich jemand verprügeln wollte, um ihn dann selbst ordentlich zu verprügeln.

Die Sache nahm eindeutig besorgniserregende Züge an, als meine Hände, wenn sich der Abend näherte, zu zittern begannen, sich meine Sätze in Fragmente auflösten und meine Laune sich verfinsterte. Bis sie eines Abends beschloss, Klartext zu reden: Du liebst mich nicht mehr. Die Wahrheit konnte ich ihr nicht sagen: dass ich sie noch immer liebte, und wie. Und dass unsere Geschichte, wäre sie ein Mädchen aus der Altstadt gewesen, nie zu Ende gegangen wäre.

Ich sagte: Stimmt, ich liebe dich nicht. Und es war zu Ende.

In den folgenden Monaten ging es mir blendend. Ich ging mit meinen Freunden aus der Altstadt aus und auch mit dem einen oder anderen Mädchen aus der Altstadt. Ab und zu ging ich sogar zu Fuß aus und sagte Sachen wie: Wie schön das Leben doch sein kann. Manchmal kam das blonde Mädchen mit der dunklen Haut in die Altstadt, und wenn wir uns begegneten, überkam mich eine große Sehnsucht, aber dann hörte ich wieder den Klang des Glöckchens, den ausgehenden Motor und sah die herabsinkenden Schranken vor mir, diese roten, leicht diagonalen Streifen, und ich wehrte mich dagegen, meine Gefühle irgendwie ernst zu nehmen.

Dann kam das Jahr 1990. Einige meinten, dass es der Fußballweltmeisterschaft in Italien zu verdanken sei, andere, dass alles seine Zeit brauche, wiederum andere, dass die Politiker endlich nicht mehr nur an sich dächten. Auf jeden Fall ist 1990 ein Großteil sowohl der städtebaulichen Probleme meiner Stadt gelöst worden als auch der Probleme meines Lebens in Liebesdingen. Im März wurde die Unterführung eingeweiht, und seitdem sind die Bahnübergänge halb verwaist und öffnen und schließen sich unbeirrt, ohne dass es jemand mitbekommt. Ich habe mich wieder häufiger mit dem blonden Mädchen mit der dunklen Haut getroffen und in meinem Inneren keinen Widerstand mehr gegen meine Liebe gespürt. Es hat lange gedauert, sie davon zu überzeugen, dass ich es ehrlich meinte, dass ich nie aufgehört habe, sie zu lieben, denn für sie ergab es keinen Sinn, dass ich mich, obwohl ich sie geliebt habe, so lange von ihr getrennt hatte. Nie hat sie die Bahnübergänge oder die Unterführung in Verdacht gehabt, aber am Ende hat sie eingesehen, dass es stimmte, dass ich nie aufgehört habe, sie zu lieben, und sie sagte: Ich auch nicht.

Später sind wir nach Rom gezogen, haben geheiratet und zwei Kinder bekommen. Wenn wir zurückkehren, um die Großeltern zu besuchen, fahren wir in die Unterführung hinein und wieder hinaus. Und jedes Mal sage ich: Schön, diese Unterführung, nicht wahr? Meine Tochter schaut sie sich an, in der Hoffnung, irgendetwas Weltbewegendes daran zu entdecken, zuckt mit den Schultern und sagt: Wenn du meinst.

Zur Erklärung sage ich dann, dass man vor 1990 zwei Bahnübergänge überqueren musste, um in den anderen Teil der Stadt zu kommen. Nicht einen, zwei.

Nachdem sie mir mit gebührendem Respekt zugehört haben, sehen sie sich an, als meinten sie: Ja und? Denn meine Erklärung ist nicht schlüssig.

Also füge ich halblaut hinzu: War nur so, zum Spaß.

Geschenk für eine Braut

Horacio Fortunato war gerade sechsundvierzig Jahre alt geworden, als die Frau in sein Leben trat, die imstande war, ihm seine Rüpelallüren auszutreiben und die Aufschneiderei abzugewöhnen. Er gehörte zum Geschlecht der Zirkusleute, zu diesen Menschen, die mit Gummiknochen geboren werden und einer natürlichen Fähigkeit, Saltos zu drehen, und in einem Alter, in dem andere Kinder noch auf der Erde krabbeln, hängen sie sich kopfunter ans Trapez und putzen dem Löwen die Zähne. Bevor sein Vater aus seinem bislang eher komischen Unternehmen ein seriöses machte, hatte sich der Zirkus Fortunato mehr schlecht als recht durchgeschlagen. In manchen Katastrophenzeiten hatte sich die Truppe auf zwei, drei Mitglieder des Familienclans vermindert, die in einem klapprigen Karren über die Straßen zockelten und in armseligen Dörfern ihr zerschlissenes Zelt aufschlugen. Horacios Großvater nahm allein die ganze Last der Vorführung auf sich: Er lief auf dem Schlappseil, jonglierte mit brennenden Fackeln, schluckte toledanische Säbel, zauberte ebenso viele Orangen wie Schlangen aus einem Zylinderhut und tanzte ein anmutiges Menuett mit seiner einzigen Partnerin, einer mit Matrosenkleid und Federhut aufgeputzten Äffin. Aber der Großvater schaffte es, mit dem Elend fertigzuwerden, und während mancher andere Zirkus einging, von moderneren Vergnügungsstätten besiegt, rettete er den seinen und konnte sich am Ende seines Lebens in den Süden des Kontinents zurückziehen und Spargel und Erdbeeren züchten, nachdem er seinem Sohn ein schuldenfreies Unternehmen übergeben hatte. Fortunato II. hatte weder die Anspruchslosigkeit seines Vaters geerbt, noch neigte er zu Gleichgewichtsübungen auf dem Seil oder zu Pirouetten mit einem Schimpansen, dafür aber verfügte er über einen tüchtigen Geschäftssinn. Unter seiner Leitung nahm der Zirkus an Umfang und Ansehen zu, bis er der größte des Landes war. Drei gewaltige gestreifte Zeltdächer ersetzten das bescheidene Lumpenzelt der schlechten Zeiten, eine Reihe von Käfigen beherbergte einen wandernden Zoo von dressierten Tieren, andere, phantastisch aufgeputzte Wagen beförderten die Artisten, darunter den einzigen hermaphroditischen und bauchredenden Zwerg der Geschichte. Eine genaue Nachbildung der Karavelle von Christoph Kolumbus auf Rädern vervollständigte den internationalen Zirkus Fortunato. Diese eindrucksvolle Karawane reiste nicht ins Blaue hinein, wie das einst beim Großvater üblich gewesen war, sondern in gerader Linie über die Fernverkehrsstraßen vom Rio Grande bis zur Magellanstraße und machte nur in den großen Städten halt, wo sie mit solchem Riesenklamauk von Trommlern, Elefanten und Clowns einzog, die Karavelle an der Spitze als prunkende Erinnerung an die Entdeckung Amerikas, daß es wahrhaftig niemanden gab, der nicht gewußt hätte, daß der Zirkus da war.

Fortunato II. heiratete eine Trapezkünstlerin und hatte mit ihr einen Sohn, den sie Horacio nannten. Die Frau trennte sich unterwegs in einer größeren Stadt von ihrem Mann, sie wollte unabhängig sein und sich mit ihrem unsicheren Beruf allein durchschlagen; das Kind überließ sie dem Vater. Eine nur sehr verschwommene Erinnerung an sie verblieb dem Sohn im Gedächtnis, er konnte das Bild seiner Mutter nicht von den zahlreichen Akrobatinnen unterscheiden, die er in seinem Leben kennenlernte. Als er zehn Jahre alt war, heiratete sein Vater zum zweitenmal, wieder eine Artistin seines Zirkus, diesmal eine Schulreiterin, die es fertigbrachte, kopfstehend auf einem galoppierenden Pferd zu balancieren oder mit verbundenen Augen von einem Tier auf das andere zu springen. Sie war sehr schön. Soviel Wasser, Seife und Parfum sie auch benutzte, konnte sie doch eine Spur Pferdegeruch, ein herbes Aroma von Schweiß und Anstrengungen nicht loswerden. Auf ihrem großmütigen Schoß fand der kleine Horacio, eingehüllt in diesen einzigartigen Geruch, Trost für das Fehlen der Mutter. Aber schließlich verschwand auch die Reiterin, ohne sich zu verabschieden. In seinen reifen Jahren heiratete Fortunato II. ein drittes Mal, und zwar eine Schweizerin, die von einem Touristenbus aus Amerika kennenlernen wollte. Er war seines Beduinendaseins müde und fühlte sich zu alt für immer neue Aufregungen, und als sie ihn bat aufzuhören, hatte er nicht das geringste dagegen, den Zirkus für ein seßhaftes Leben einzutauschen, und setzte sich auf einem Chalet in den Alpen zur Ruhe, beschaulich zwischen Bergen und Wäldern. Sein Sohn Horacio, der inzwischen in den Zwanzigern war, übernahm den Zirkus.

Horacio war in unsicheren Verhältnissen aufgewachsen – dauernd den Ort wechseln, über Rädern schlafen, unter einem Zelt leben, aber er war sehr zufrieden mit seinem Los. Nie hatte er andere Kinder beneidet, die in grauer Uniform in die Schule gingen und deren Lebensweg von Geburt an vorgeschrieben war. Er dagegen fühlte sich mächtig und frei. Er kannte alle Geheimnisse des Zirkus und putzte mit derselben heiteren Bereitwilligkeit den Kot der wilden Tiere weg, mit der er, als Husar gekleidet, sich in zwanzig Meter Höhe schaukelte und das Publikum mit seinem Bubenlächeln bezauberte. Wenn er sich irgendwann nach ein wenig Beständigkeit gesehnt haben sollte, hätte er das nicht einmal im Schlaf zugegeben. Die Erfahrung, verlassen worden zu sein, zuerst von der Mutter und dann von der Stiefmutter, hatte ihn mißtrauisch gemacht, vor allem gegen Frauen, aber er wurde kein Zyniker, denn er hatte vom Großvater ein gefühlvolles Herz geerbt. Er hatte eine beträchtliche Begabung für den Zirkus, aber mehr noch als die Kunst interessierte ihn die geschäftliche Seite. Von klein an hatte er sich vorgenommen, reich zu werden, in der naiven Vorstellung, mit Geld die Sicherheit zu erreichen, die er in seiner Familie nicht gefunden hatte. Er versah sein Unternehmen mit Tentakeln, indem er eine auf verschiedene Großstädte verteilte Kette von Boxstadien kaufte. Vom Boxen kam er ganz natürlich zum Catchen, und da er ein Mann mit einer verspielten Phantasie war, wandelte er diesen groben Sport zu einem dramatischen Schauspiel um. So führte er einige bemerkenswerte Neuheiten ein: die Mumie, die sich in einem ägyptischen Sarkophag im Ring vorstellte; Tarzan, der seine Blöße mit einem so winzigen Tigerfell bedeckte, daß das Publikum bei jedem Sprung den Atem anhielt in der Hoffnung, es könnte etwas enthüllt werden; den

Engel, der sein Goldhaar verwettete und es jeden Abend unter der Schere des grausamen Kuramoto – eines als Samurai verkleideten Mapuche-Indios – lassen mußte, um am folgenden Tag mit unversehrtem Lockenhaupt in den Ring zurückzukehren, ein unwiderlegbarer Beweis seiner himmlischen Beschaffenheit. Diese und andere geschäftliche Abenteuer sowie sein Auftreten in der Öffentlichkeit mit zwei Leibwächtern, deren Aufgabe darin bestand, seine Konkurrenten einzuschüchtern und die Neugier der Frauen zu reizen, brachten ihn in den Ruf eines gefährlichen Burschen, an dem er seine große Freude hatte. Er führte ein munteres Leben, reiste durch die Welt, schloß Verträge ab und suchte nach Mißgeburten, verkehrte in Clubs und Casinos, besaß ein Haus ganz aus Glas in Kalifornien und einen Rancho in Yucatán, aber die meiste Zeit des Jahres wohnte er in den Hotels der Reichen. Er genoß die Gesellschaft von mietbaren Blondinen, unter denen er die sanften mit den prangenden Brüsten bevorzugte, als Huldigung an seine einstige Stiefmutter, aber er ließ sich Liebesangelegenheiten nicht zu Herzen gehen, und als sein Großvater von ihm verlangte, er solle heiraten und Kinder in die Welt setzen, antwortete er ihm, er müßte ja schön verrückt sein, wenn er aufs Eheschafott klettern wollte. Er war ein grobschlächtiger, ziemlich dunkler Bursche, frisierte sich lässig auf Teufelskerl, hatte schrägstehende Augen und eine herrische Stimme, die seine fröhliche Vulgarität noch betonte. Für Eleganz hatte er viel übrig, er kaufte sich die teuerste Kleidung, aber seine Anzüge waren immer ein wenig zu prächtig, die Krawatte etwas zu gewagt, der Rubin an seinem Finger allzu protzig, sein Parfum allzu durchdringend.

Dieser Mann, der ein gut Teil seines Daseins die Welt mit seinem Lebenswandel empört hatte, begegnete eines Dienstags im März Patricia Zimmerman, und aus war's mit der Unbeständigkeit des Gefühls und der Klarheit des Gedankens. Es war im allerersten Nobelrestaurant der Stadt, er saß da mit vier Kumpanen und einer Filmdiva, die er für eine Woche auf die Bahamas mitzunehmen gedachte, als Patricia am Arm ihres Mannes den Raum betrat, in Seide gekleidet und mit ein paar ihrer Brillanten geschmückt, die die Firma Zimmerman und Cie. berühmt gemacht hatten. Niemand konnte sich mehr von seiner unvergeßlichen, nach Pferdeschweiß riechenden Stiefmutter oder den gefälligen Blondinen unterscheiden als diese Frau. Er sah sie herankommen, klein, zart, die feinen Schlüsselbeine im Ausschnitt sichtbar, das kastanienbraune Haar in einem strengen Knoten zusammengefaßt, und er fühlte, wie ihm die Knie weich wurden und in seiner Brust etwas unerträglich zu brennen begann. Er hatte eine Vorliebe für die prallen Weibchen mit schlichtem Gemüt, die zu einer nächtlichen Lustbarkeit gern bereit waren, und diese Frau mußte er sich von nahem ansehen, um ihre Qualitäten einschätzen zu können, aber auch dann wären sie nur für ein Auge erkennbar gewesen, das geübt war, Feinheiten zu würdigen, was nicht Horacio Fortunatos Fall war. Wenn die Hellseherin in seinem Zirkus ihre Kristallkugel befragt und ihm prophezeit hätte, er werde sich auf den ersten Blick in eine vierzigjährige hochmütige Aristokratin verlieben, würde er herzlich gelacht haben, aber genau das passierte, als er sie auf sich zukommen sah wie den Schatten einer Kaiserinwitwe aus alter Zeit in ihrer schwarzen Kleidung und dem Blinkfeuer all der Brillanten, die an ihrem Hals funkelten. Patricia ging an ihm vorbei, und einen Augenblick stockte sie vor diesem Riesen, dem die Serviette aus der Weste hing und eine Spur Soße im Mundwinkel klebte. Horacio konnte endlich ihr Parfum riechen und ihr Adlerprofil bewundern, und augenblicklich waren die Filmdiva, die Leibwächter, die Geschäfte und alle Vorsätze vergessen, und er beschloß in vollem Ernst, diese Frau dem Juwelier wegzunehmen und sie zu lieben, so sehr er nur konnte. Er schob seinen Stuhl halb herum, ohne seine Gäste zu beachten, und maß die Entfernung, die ihn von ihr trennte, während Patricia Zimmerman sich fragte, ob dieser Unbekannte wohl üble Absichten haben mochte, weil er ihre Juwelen so prüfend anstarrte.

Am selben Abend noch traf im Haus der Zimmermans ein riesiger Strauß Orchideen ein. Patricia betrachtete die beigefügte Karte, ein sepiafarbenes Rechteck mit einem Namen wie aus einem Roman in vergoldeten Arabesken. Höchst geschmacklos, murmelte sie und erriet sofort, daß das der aufdringliche Kerl aus dem Restaurant gewesen sein mußte. Sie gab Anweisung, das Geschenk auf die Straße zu werfen, und hoffte, der Absender würde ums Haus streichen und sich vom Verbleib seiner Blumen überzeugen können. Tags darauf wurde ein Kristallkästchen mit einer einzigen, vollkommenen Rose darin abgegeben, ohne Karte. Auch das tat der Diener zum Abfall. In den folgenden Tagen kamen verschiedene Sträuße an: ein Korb mit Wildblumen in einem Bett aus Lavendel, eine Pyramide aus weißen Nelken in einem Silberpokal, ein Dutzend aus Holland eingeflogener schwarzer Tulpen und andere Blumensorten, die in diesem heißen Land unmöglich zu finden waren. Alle teilten das Schicksal des ersten Straußes, aber das entmutigte den Verehrer nicht, dessen Aufdringlichkeit so unerträglich wurde, daß Patricia Zimmerman schon nicht mehr wagte, den Hörer abzunehmen aus Angst, seine Zweideutigkeiten säuselnde Stimme zu hören, wie es ihr noch am selben Dienstag um zwei Uhr früh geschehen war. Briefe ließ sie ungeöffnet zurückgehen. Sie traute sich nicht mehr hinaus, weil sie Fortunato an den unmöglichsten Orten traf, wo sie ihn gewiß nicht erwartet hätte: er beobachtete sie in der Oper von der Nachbarloge aus, auf der Straße stand er bereit, die Tür ihres Autos aufzureißen, bevor ihr Chauffeur dazu kam, er materialisierte sich wie eine Sinnestäuschung im Fahrstuhl oder auf der Treppe. Sie war eine verängstigte Gefangene in ihrem eigenen Haus. Das wird schon vergehen, das wird schon vergehen, redete sie sich ein, aber Fortunato verflüchtigte sich nicht wie ein böser Traum, er war weiterhin dort, jenseits der Mauern, schnaufend und keuchend. Patricia Zimmerman dachte daran, die Polizei zu rufen oder sich um Hilfe an ihren Mann zu wenden, aber ihr Abscheu vor einem Skandal hielt sie zurück.

Eines Morgens, sie war gerade mit ihrer Korrespondenz beschäftigt, meldete der Diener ihr den Besuch des Präsidenten des Unternehmens Fortunato und Söhne.

»In meinem eigenen Haus, wie kann er es wagen!« murmelte Patricia mit wild klopfendem Herzen. Sie mußte sich die eiserne Disziplin zurückrufen, die sie in vielen Jahren Salonleben erworben hatte, um das Zittern ihrer Stimme und ihrer Hände zu unterdrücken. Einen Augenblick war sie versucht, diesem Wahnsinnigen ein für allemal entgegenzutreten, aber ihr wurde klar, daß ihr die Kräfte versagen würden, sie fühlte sich schon geschlagen, bevor sie ihn gesehen hatte.

»Sagen Sie ihm, ich bin nicht da. Geleiten Sie ihn hinaus, und geben Sie allen Angestellten Bescheid, daß der Herr in diesem Hause nicht willkommen ist«, sagte sie dem Diener.

Am Tag darauf gab es keine exotischen Blumen zum Frühstück, und Patricia dachte mit einem zornigen Seufzer der Erleichterung, daß dieser Mensch endlich ihre Botschaft verstanden hatte. An diesem Morgen fühlte sie sich zum erstenmal wieder frei und ging aus zum Tennisspielen und in den Schönheitssalon. Um zwei Uhr nachmittags kehrte sie mit einem neuen Haarschnitt und starken Kopfschmerzen zurück. Beim Eintreten sah sie auf dem Tisch in der Diele ein mit dunkelviolettem Samt bezogenes Etui, auf dem der Firmenname Zimmerman in Goldbuchstaben eingepreßt war. Sie öffnete es ein wenig zerstreut, sie glaubte, ihr Mann hätte es dort liegengelassen, und fand darin ein Smaragdhalsband, begleitet von einer jener schwülstigen sepiafarbenen Karten, die sie kennen- und verabscheuen gelernt hatte. Ihre Kopfschmerzen verwandelten sich in Panik. Dieser Abenteurer schien entschlossen zu sein, ihr Leben zugrunde zu richten, nicht nur, daß er bei ihrem Mann ein Schmuckstück kaufte, das sie nie hätte tragen können, er schickte es ihr auch noch unverfroren ins Haus. Diesmal konnte sie das Geschenk unmöglich in den Müll werfen wie die Blumen. Das Etui gegen die Brust gepreßt, schloß sie sich in ihrem Zimmer ein. Eine halbe Stunde später rief sie den Chauffeur und trug ihm auf, ein Päckchen bei derselben Adresse abzuliefern, wohin er mehrere

Briefe zurückgebracht hatte. Als sie sich von dem Schmuck befreit hatte, fühlte sie keinerlei Erleichterung, im Gegenteil, ihr war, als versänke sie in einem Sumpf.

Aber zu diesem Zeitpunkt watete auch Horacio Fortunato in einem Sumpf, ohne einen Schritt voranzukommen, drehte und wendete er sich bald hierhin, bald dorthin. Nie zuvor hatte er soviel Zeit und Geld aufwenden müssen, wenn er sich um eine Frau bemühte, allerdings war ihm auch klar, daß diese anders war als alle, die er bis jetzt gehabt hatte. Zum erstenmal in seinem leichtsinnigen Leben fühlte er sich lächerlich, er konnte so nicht mehr lange weitermachen, seine Stiergesundheit litt bereits beträchtlich, er fuhr häufig aus dem Schlaf auf, der Atem wurde ihm knapp, das Herz kam aus dem Takt, in seinem Magen brannte es, und in seinen Schläfen läuteten Glocken. Auch seine Geschäfte krankten an den Auswirkungen seines Liebeskummers, er faßte überstürzte Entschlüsse und verlor Geld. Verflucht, ich weiß schon nicht mehr, wer ich bin und wo ich stehe, verdammt soll sie sein, knurrte er schwitzend, aber nicht einen Augenblick erwog er die Möglichkeit, die Jagd aufzugeben.

Als er das dunkelviolette Etui wieder in den Händen hielt und niedergeschlagen in seinem Hotelzimmer im Sessel saß, fiel ihm sein Großvater ein. An seinen Vater dachte er sehr selten, um so häufiger aber an diesen unglaublichen Großvater, der mit über neunzig Jahren noch sein Grünzeug anbaute. Er griff zum Telefon und verlangte ein Ferngespräch.

Der alte Fortunato war fast taub und konnte auch den Mechanismus dieses teuflischen Apparates nicht begreifen, der ihm Stimmen vom andern Ende der Erde ins Haus brachte, aber das hohe Alter hatte ihm nichts von der Klarheit des Verstandes genommen. Er hörte so gut er konnte der traurigen Geschichte seines Enkels bis zum Ende zu, ohne ihn zu unterbrechen.

»Diese Schlampe leistet sich also den Luxus, sich über meinen Jungen lustig zu machen, was?«

»Sie sieht mich nicht einmal an, Großpapa. Sie ist reich, schön, vornehm, sie hat alles.«

»Aha … und einen Ehemann hat sie auch.«

»Hat sie auch, aber das ist das wenigste. Wenn sie mich nur mit sich sprechen ließe!«

»Sprechen? Wozu? Es gibt nichts, was man mit einer Frau wie der sprechen kann, Junge.«

»Ich hab ihr ein herrliches Halsband geschenkt, und sie hat es mir ohne ein einziges Wort zurückgeschickt.«

»Gib ihr etwas, was sie nicht hat.«

»Was denn zum Beispiel?«

»Einen guten Grund zum Lachen. Das versagt nie bei den Frauen«, und der Großvater schlief mit dem Hörer in der Hand ein und träumte von all den Mädchen, die ihn geliebt hatten, als er noch lebensgefährliche Kunststücke auf dem Trapez vorgeführt und mit seiner Äffin getanzt hatte.

Am folgenden Tag begrüßte der Juwelier Zimmerman in seinem Geschäft eine reizende junge Dame, Maniküre von Beruf, wie sie ihm erzählte, die ihm dasselbe Smaragdhalsband, das er achtundvierzig Stunden vorher verkauft hatte, zum halben Preis anbot. Der Juwelier erinnerte sich sehr gut an den Käufer, einen eingebildeten Lümmel, den man unmöglich vergessen konnte.

»Ich brauche ein Schmuckstück, das imstande ist, die Verteidigungswaffen einer hochmütigen Dame untauglich zu machen«, hatte er gesagt.

Zimmerman hatte ihn kurz gemustert und sofort entschieden, daß er einer dieser Neureichen sein müsse, die ihr Geld mit Kokain oder mit Öl gemacht haben. Er hatte keinen Sinn für Vulgaritäten, er war an eine andere Klasse von Leuten gewöhnt. Sehr selten bediente er die Kunden selbst, aber dieser Mensch hatte darauf bestanden, mit ihm zu sprechen, und schien geneigt, sein Geld ohne Zögern zu verschwenden.

»Was empfehlen Sie mir?« hatte er vor dem Fach gefragt, in dem die wertvollsten Stücke lagen.

»Das kommt auf die Dame an. Rubine und Perlen schimmern am schönsten auf brauner Haut, Smaragde kommen auf einem helleren Teint besser zur Geltung, Brillanten sind immer vollendet schön.«

»Sie hat schon zu viele Brillanten. Ihr Mann schenkt sie ihr, als wären es Karamelbonbons.«

Zimmerman hüstelte. Vertraulichkeiten dieser Art stießen ihn ab. Der Mann nahm das Halsband, trug es ohne große Umstände zum Licht, schüttelte es wie eine Glocke, und unter zartem Klingklang sprühten grüne Funken, während das Magengeschwür des Juweliers sich aufbäumte.

»Glauben Sie, daß Smaragde Glück bringen?«

»Ich nehme an, alle wertvollen Steine erfüllen diese Bedingung, Señor, aber ich bin nicht abergläubisch.«

»Das ist eine ganz besondere Frau. Ich darf mit dem Geschenk nicht danebentreffen, verstehen Sie?«

»Vollkommen.«

Aber offensichtlich war genau das geschehen, sagte sich Zimmerman und konnte ein spöttisches Lächeln nicht unterdrücken, als dieses Mädchen ihm das Halsband zurückbrachte. Nein, an dem Halsband war nichts falsch, sie, diese Kleine, war der Irrtum. Er hatte sich eine elegantere Frau vorgestellt, keinesfalls eine Maniküre mit solch einer Plastiktasche und einer so gewöhnlichen Bluse. Aber das Mädchen machte ihn neugierig, sie hatte etwas Verwundbares, Rührendes an sich, armes Ding, die wird kein gutes Ende nehmen in den Händen dieses Banditen, dachte er.

»Es ist besser, wenn Sie mir alles erzählen, Kind«, sagte Zimmerman.

Die junge Frau lieferte ihm die Geschichte ab, die sie auswendig gelernt hatte, und eine Stunde später verließ sie leichten Schrittes das Geschäft. Wie es von Anfang an geplant gewesen war, hatte der Juwelier nicht nur das Halsband zurückgekauft, sondern sie auch noch zum Abendessen eingeladen. Sie war schnell dahintergekommen, daß Zimmerman zu den Männern gehörte, die zwar schlau und mißtrauisch in geschäftlichen Belangen sind, aber arglos in allen übrigen Dingen, und daß es einfach sein werde, ihn über die Zeit hin abzulenken, die Horacio Fortunato brauchte und für die er zu zahlen bereit war.

Dies wurde ein denkwürdiger Abend für Zimmerman, der mit einem Essen gerechnet hatte und unversehens in ein leidenschaftliches Liebesabenteuer geriet. Am folgenden Tag traf er seine neue Freundin wieder, und gegen Ende der Woche teilte er Patricia stotternd mit, er müsse für ein paar Tage nach New York zu einer Versteigerung von russischen Kleinodien, die aus dem Jekaterinburger

Massaker gerettet worden seien. Seine Frau hörte ihm nur halb zu.

Patricia, allein geblieben, hatte keine Lust auszugehen, zumal ihre Kopfschmerzen kamen und gingen und ihr keine Ruhe ließen. Also beschloß sie, an diesem Sonnabend nur zu faulenzen. Sie setzte sich auf die Terrasse und blätterte in Modezeitschriften. Es hatte die ganze Woche nicht geregnet, und die Luft war trocken und drückend. Sie las eine Weile, bis die Sonne sie einzuschläfern begann, ihr Körper wurde schwer, ihre Augen schlossen sich, und die Zeitschrift rutschte ihr aus den Händen. Da erreichte ein Geräusch sie aus der Tiefe des Gartens, und sie dachte, es wäre der Gärtner, dieser eigensinnige Bursche, der in weniger als einem Jahr ihren Besitz in einen tropischen Dschungel verwandelt hatte, all ihre Chrysanthemenbeete zerstört hatte, um einer überquellenden Pflanzenvielfalt Raum zu schaffen. Sie öffnete die Augen, sah zerstreut gegen die Sonne und bemerkte, daß ein Etwas von ungewohnter Größe sich im Wipfel des Avocadobaumes bewegte. Sie nahm die Sonnenbrille ab und richtete sich auf. Kein Zweifel, ein Schatten bewegte sich dort oben, und es war nicht das Laub.

Patricia stand auf und ging ein paar Schritte vor, und dann konnte sie deutlich ein blau gekleidetes Phantom mit einem goldenen Umhang sehen, das in mehreren Metern Höhe durch die Luft flog, einen Purzelbaum schlug und einen Augenblick in der Bewegung innezuhalten schien und sie vom Himmel herab grüßte. Patricia unterdrückte einen Schrei, sie war sicher, die Erscheinung werde wie ein Stein herabstürzen, zerspringen und sich in nichts auflösen, wenn sie die Erde berührte, aber der Umhang blähte sich, und das strahlende Flügelwesen streckte die Arme aus und landete auf einem nahen Mispelbaum. Plötzlich tauchte eine andere blaue Gestalt, an den Beinen hängend, im Wipfel des anderen Baumes auf und schaukelte ein mit Blumen gekröntes kleines Mädchen an den Handgelenken. Der erste Trapezkünstler machte ein Zeichen, und der zweite warf ihm das Kind zu, das im Fluge einen Regen von papiernen Schmetterlingen ausstreute, bevor es an den Fußgelenken aufgefangen wurde. Patricia vermochte sich nicht zu rühren, solange diese stummen Vögel mit den goldenen Umhängen dort oben flogen.

Plötzlich füllte ein Schrei den Garten, ein langgezogenes, barbarisches Röhren, das Patricia von den Trapezkünstlern ablenkte. Sie sah an einer seitlichen Mauer des Gartens ein dickes Seil herabfallen, und daran kletterte Tarzan persönlich herunter, er selbst, den sie aus den Filmmatineen und Comics ihrer Kindheit kannte, mit seinem spärlichen Lendenschurz aus Tigerfell und einem echten Affen auf der Hüfte, der seine Taille umklammerte. Der Herr des Urwalds sprang anmutig zu Boden, schlug sich mit den Fäusten gegen die Brust und ließ noch einmal seinen inbrünstigen Schrei hören und lockte damit alle Angestellten des Hauses an, die aufgeregt auf die Terrasse gestürzt kamen. Patricia machte ihnen ein Zeichen, ruhig zu bleiben, während Tarzans Stimme verklang und von einem düsteren Trommelwirbel abgelöst wurde, der einen Zug von vier Ägypterinnen ankündigte. Sie schritten seitwärts gedreht, Köpfe und Füße nach vorn gewandt, ihnen folgte ein Buckliger mit einer gestreiften Kapuze, der einen schwarzen

Panther an einer Kette hinter sich herzog. Dann erschienen zwei Mönche, die einen Sarkophag trugen, ihnen folgte ein Engel mit langen goldenen Haaren, und den Schluß bildete ein als Japaner verkleideter Indio im Kimono und auf hohen hölzernen Pantinen. Alle blieben hinter dem Schwimmbecken stehen. Die Mönche setzten den Sarkophag auf den Rasen, und während die Ägypterinnen in irgendeiner toten Sprache vor sich hinsangen und der Engel und Kuramoto ihre erstaunlichen Muskeln spielen ließen, hob sich der Deckel, und ein Wesen wie ein Alptraum erhob sich aus dem Innern. Als es aufrecht stand und alle seine Binden sichtbar waren, wurde offenbar, daß es sich um eine Mumie in bestem Gesundheitszustand handelte. In diesem Augenblick heulte Tarzan abermals auf und fing ohne jeden Anlaß an, um die Ägypterinnen herumzuspringen und den Affen zu schütteln. Die Mumie verlor ihre jahrtausendealte Geduld, hob einen Arm und ließ ihn wie einen Knüppel auf den Nacken des Waldmenschen herabsausen, woraufhin der leblos niedersank, das Gesicht in Gram vergraben. Der Affe kletterte kreischend auf einen Baum. Bevor der einbalsamierte Pharao den Tarzan mit einem zweiten Hieb gänzlich erledigte, sprang dieser hoch und stürzte sich brüllend auf seinen Gegner. Beide wälzten sich in einer unwahrscheinlichen Stellung ineinander verschlungen über das Gras, als plötzlich der Panther sich losriß und alle auseinanderstoben und hinter Bäumen und Sträuchern Zuflucht suchten, während die Angestellten des Hauses sich in der Küche in Sicherheit brachten Patricia war schon im Begriff, ins Schwimmbecken zu springen, als durch schieren Zauber eine Person in Frack und Zylinder erschien, die mit einem knallenden

Peitschenschlag das Raubtier auf der Stelle bannte und es zu Boden zwang, wo es schnurrend wie ein Kätzchen die Pfoten in die Luft streckte. Das erlaubte dem Buckligen, die Kette wieder zu ergreifen, während der Bändiger den Zylinder abnahm und eine Meringuetorte daraus hervorzog, die er zur Terrasse trug und der Herrin des Hauses zu Füßen legte.

Aus der Tiefe des Gartens erschienen nun die übrigen Mitglieder der Truppe: die Musiker der Zirkuskapelle, Märsche spielend, die Clowns, die sich prügelten, die Zwerge von den mittelalterlichen Königshöfen, die Reiterin, aufrecht auf ihrem Pferd stehend, die bärtige Frau, die radfahrenden Hunde, der Strauß im Kostüm der Colombine und zum Schluß eine Reihe von Boxern in ihren Satinhosen und ihren vorgeschriebenen Handschuhen, die eine Plattform auf Rädern schoben, über der sich ein Bogen aus bemalter Pappe wölbte. Und dort, auf dieser Kaiserestrade aus der Requisitenkammer, kam Horacio Fortunato mit seinem unveränderlichen Liebhaberlächeln, den Haarschopf mit Brillantine angeklebt, stolz unter seinem Triumphbogen, umgeben von seinem unglaublichen Zirkus, bejubelt von den Trompeten und Trommeln seines eigenen Orchesters, der prächtigste, verliebteste und unterhaltsamste Mann der Welt. Patricia lachte schallend und ging ihm entgegen.

Die Verlobung

Elly hatte sich mit dem Grafen Hans von Trim-Bausach verlobt. Die Partie war sicherlich die glänzendste, welche ein junges Mädchen machen konnte. Der Graf war reich, Edelmann und Weltmann. »*Il n'est pas un homme, mais un gentilhomme, qui a vu le monde*«, sagte die alte Französin Lonne. Dazu war er schön, von jener anständigen, imposanten Schönheit, welche doch die einzig gesellschaftsfähige ist. Was aber die Hauptsache war, »der Graf ist so unendlich vertrauenerweckend«, meinte Frau von Merten, Ellys Mutter. »Elly ist noch ein Kind, und wenn ich sie dem Grafen in die Arme lege, so habe ich das Gefühl, als vollendete ich recht eigentlich ihre Erziehung, ja, es ist fast, als ob ich sie in eine sehr vornehme und teure Pension gäbe.«

Also das Brautpaar saß im Bibliothekszimmer auf dem kleinen Sofa am Fenster beieinander. Elly schaute am Gesicht ihres Bräutigams vorüber zum Fenster hinaus auf den altbekannten Goldregenstrauch, der im warmen Maiwinde bedächtig, fast schläfrig seine gelben Blütendolden wiegte, als sei nichts geschehen. Und doch erschien Elly die Lebenslage seltsam unwirklich und traumhaft. Da saß dieser fremde, imposante Herr neben ihr, der braungoldene Backenbart, die strenge, gerade Nase, die hohe Stirn, über der sich das blonde Haar schon ein wenig lichtete, waren ihr ganz nah, und eine fremde, gepflegte Herrenhand griff nach der ihren. Sie fühlte, dass ihre Wangen brannten, und sie bedauerte das. Es war ihr ohnehin nicht angenehm, dass sie ein so kindlich rundes Gesicht hatte; wenn die Backen nun zu rot wurden, dazu das weiße Pfingstkleid mit der rosa Schärpe, dann war das Schulmädchen fertig. Der Graf sprach nicht. Er beugte sich ein wenig vor, lächelte und schaute seiner Braut in die Augen. Es ist nun nicht sehr gemütlich, wenn jemand uns so starr in die Augen sieht, aber es war doch feierlich, und er musste es wissen, meinte Elly, was man in solchen Augenblicken tut, er hatte ja schon so ungeheuer viel geliebt und hatte sich gewiss zuweilen verlobt. Die Augen des Grafen waren blank und stachelbeergrün, die Wimpern lang und dunkel. Hübsch, dachte Elly, aber nun war sie doch neugierig, wann er zu sprechen anfangen und was er dann sagen würde. Ja, nun sprach er, die Stimme war tief, ging dann zuweilen höher hinauf, zitterte ein wenig. Was er sagte, klang, als läse er aus einem schönen Buche vor. »Elly, Elly, ich habe meinen ganzen Mut zusammennehmen müssen, um meine Hände nach solch einem Glücke auszustrecken, nach solch einem reinen Glücke. Du selbst kannst es ja gar nicht fühlen, welch eine ungeheure Fülle von Glück für die anderen in solch einem kleinen Mädchen steckt. Das ist einfach unbegreiflich, einfach fabelhaft. Natürlich verdiene ich solch ein Glück nicht, aber ich sagte mir, keiner, absolut keiner verdient es, das gab mir Mut, ein unverdientes Glück auf mich zu nehmen …«

Das klang sehr schön. Elly wurde wunderlich und andächtig zu Mute; und das Seltsame war, dass sie mit Andacht an sich selbst dachte, sich selbst fühlte. Sie hatte nicht gewusst, dass sie all das war, was der Graf sagte, aber jetzt fühlte sie die schönen Worte körperlich wie einen angenehmen feierlichen Schauer, etwa wie den Schauer, den sie empfunden hatte, wenn die Mutter vor dem Balle ihr die kühle Perlenschnur um den Hals legte. Dann aber machte ein kindischer Gedanke sie zerstreut. Sie schaute durch das Fenster auf den Hof hinaus. Die Mägde in ihrem Pfingststaat gingen steif und langsam die Landstraße entlang, der Haushund lag im gelben Nachmittagslichte, die vier von sich gestreckt, und schlief, ein Enterich zog über den Rasenplatz und rief verdrießlich nach etwas, und diese ganze langgewohnte heimatliche Alltäglichkeit schien sich so gar nicht darum zu kümmern, dass Elly, die doch zu ihr gehörte, jetzt etwas ganz anderes, Hohes geworden war, etwas wie ein unverdientes Glück, nach dem man kaum die Hände auszustrecken wagte. Sie hatte Lust zu lachen, blickte dann aber erschrocken den Grafen an.

Dieser tat gerade eine Frage an sie: »Wirst du auch versuchen, mich ein wenig zu lieben?«

»Ja«, sagte Elly, und sie fand, dass dieses Ja etwas zu kurz herauskam. Jetzt beugte der Graf sich vor und küsste sie. Sein Bart duftete leicht nach Heliotrop. »Also so ist das«, dachte Elly.

»Jetzt müssen wir zu deinen Eltern hinausgehen«, meinte der Graf. Sie erhoben sich, er legte die Hand um ihre Taille. Elly dachte flüchtig an die Stecknadeln, mit denen die Zofe Lina so gern die Schärpe befestigte. Dann gingen sie hinaus.

Im großen Wohnzimmer fanden sie viele Menschen versammelt. Alle waren sie da beisammen, die Eltern und die alte Französin Lonne, die Freundinnen Mimi und Berta auch in weißen Kleidern und mit zu roten Wangen, Frau von Bardan, die bleiche, schlanke Frau, die Elly ihrer Schönheit und ihrer Kleider wegen so sehr bewunderte. Im Hintergrunde des Zimmers standen sogar die Stubenmädchen und die Diener, und aus dem grünen, sich sachte regenden Lichte, das durch die Blätter der Ulme vor den Fenstern in das Gemach fiel, schauten alle diese Gesichter dem eintretenden Brautpaare mit einem eigentümlich starren, andächtigen und doch gespannten Lächeln entgegen. Elly hatte das Gefühl, als sei etwas mit ihr vorgegangen, das sie für diese ihr so vertrauten Menschen plötzlich zu etwas Merkwürdigem und Fremdem machte, zu etwas, das man achtungsvoll und ein wenig verlegen betrachtet. Nun kam ihre Mutter auf sie zu, umarmte sie heiß und weinte. Es war Elly unangenehm, dass sie nicht auch weinen konnte. Und dann der Vater, er küsste Elly auf die Stirn. Er hatte seinen langen schwarzen Rock an und machte das würdevolle, ernste Gesicht, das er in der Kirche zu machen pflegte, wenn der Pastor die Fürbitte für die Gutsherrschaft sprach. Lonne hüllte Elly in ihren Patschouliduft. Mimi und Berta küssten Elly, aber so steif und vorsichtig, und wurden dabei über und über rot. Wie seltsam sie alle waren. Nur als Frau von Bardan sie in ihrer hübschen, milden Art umschlang und sie so seltsam aus schönen, feuchten Augen anschaute, da konnte Elly auch ein wenig weinen, sie wusste nicht, warum, aber sie war ihr dankbar dafür.

»Jetzt trinken wir auf das Wohl des Brautpaares«, sagte Herr von Merten, und der Diener begann Sekt umherzureichen. Der Graf stieß mit allen an, leerte sein Glas, lehnte jedoch ein zweites ab, denn er war es nicht gewohnt, um diese Zeit Sekt zu trinken. Elly fand das dumm, denn sie sah, dass es ihren Vater verlegen machte. »Natürlich«, sagte er, »aber das ist nun unsere ländliche Tradition, zu einer Verlobung muss Sekt getrunken werden, und wäre es um sechs Uhr morgens.«

Der Graf lächelte liebenswürdig. »Gewiss, Traditionen – überhaupt Traditionen sind nicht nur sehr hübsch, sondern auch wertvoll und nötig.«

Dann setzte man sich um den runden Tisch, die anderen fuhren fort, Elly mit andächtigem Lächeln anzuschauen. Ein Gespräch wollte sich nicht recht machen, bis der Vater und der Graf endlich von einem Minister zu sprechen begannen, da ging es, zugleich aber war es Elly, als hörte das Traumhafte, das Ungewöhnliche und Erregende der Lebenslage auf. Ein fremder Herr war zu Besuch gekommen und sprach mit dem Vater über uninteressante Dinge, nichts war geschehen. Die Nachmittagssonne schien in die Zimmer und brachte wie immer die Müdigkeit und die unklare Sehnsucht des zu Ende gehenden Feiertages mit. Der einzige Unterschied war, dass Elly neben dem fremden Herrn am Tische saß, statt bei Mimi und Berta in der Fensternische zu stehen und zu kichern. Jetzt kicherte man dort über sie, das hatte sie davon. Ihr Blick fiel dann auf Frau von Bardan. Die junge Frau saß ein wenig entfernt von den anderen, den Kopf auf die Lehne des Sessels zurückgebogen, und schaute Elly an, sie schaute sie an, wie wir ein Bild betrachten, das uns erregt, fast quält, und die Erregung dieses schönen, bleichen Gesichtes teilte sich Elly mit. Es war wunderlich, aber plötzlich spürte sie wieder in sich und um sich jenes ereignisvolle Schwingen, das sie stets fühlte, wenn es ihr schien, als seien die großen, geheimnisvollen Dinge des Lebens im Anzuge.

»Jetzt muss das Brautpaar den Verlobungsspaziergang machen«, sagte die Mutter.

»Ein Brautpaar«, meinte der Vater, »ist ungesellig, einem Brautpaar sind wir ja doch alle ganz uninteressant.«

Als Elly am Arm des Grafen vor das Haus trat und langsam den Weg hinabging, sah sie, wenn sie sich umschaute, wie die Hausbewohner auf die Freitreppe hinausdrängten, um ihnen nachzuschauen, Stühle wurden gebracht, ein jeder wollte einen guten Platz haben. Es war wie ein begieriges Publikum, das seine Sitze in einem Theater einnimmt. Das regte Elly sehr an. Unterdessen war es abendlicher geworden, die Maiwelt duftete herb und frisch, die Vögel lärmten wie toll. Und so war es gut. Sie begann ihre Verlobung zu genießen. Um die Unterhaltung brauchte sie sich nicht zu bemühen, das würde der Graf bei seiner Übung schon machen. Da begann er auch mit seiner hübschen, lyrischen Stimme zu sprechen. Er sprach vom Flieder. »Flieder, ja Flieder, wie er blüht. Ist es nicht, als wolle er besonders für uns den heutigen Tag schmücken? Liebst du Flieder, liebe Elly?« Es war allerdings sehr hübsch, wie auf den ansteigenden Hügeln zu beiden Seiten des Weges die Fliederbüsche dicht gedrängt standen, ein sanftes, hellblaues Wogen, dazwischen der kräftigere Purpur des persischen Flieders, dahinter weißer Flieder, der grellweiße Schaum dieser unendlich weich gerundeten Farbenwellen. »Eigentlich wie Wolken, nicht wahr, liebe Elly«, sagte der

Graf, »in den Tropen habe ich solche Abendwolken gesehen.«

»Ich finde, das sieht aus wie die Musselinkleider der Frau von Bardan«, hörte Elly sich selbst mit Schrecken sagen, aber sie kannte das an sich, sie sagte immer solche Dinge, die sie um die Welt nicht hätte sagen sollen. Noch heute Morgen hatte Mimi, die alles wusste, behauptet, ganz gewiss habe der Graf »auch Frau von Bardan geliebt«.

»So, hm«, meinte der Graf. Nach einer Pause setzte er hinzu: »Ich kenne die Musselinkleider der Frau von Bardan nicht.« Das klang wie ein Verweis, und die Unterhaltung war gründlich gestört. Sie gingen eine Weile schweigend weiter, dann bogen sie in einen Seitenpfad ein, mitten hinein in all das Fliederblau. »Oh, da steht ja eine einsame Bank«, rief der Graf, »wie für uns geschaffen, komm, setzen wir uns.« Und als sie saßen, nahm der Graf den Hut ab und wiegte den Kopf hin und her. »Schön, schön, hier hast du wohl oft allein mit deinen Mädchengedanken gesessen, liebe Elly.«

Ja, hier hatte Elly allerdings öfter gesessen.

»Nicht wahr«, fuhr der Graf fort. »Du wirst mich ganz in dein Mädchenleben einführen, in deine Beschäftigungen. Ich höre, du hast einen kleinen Garten, den du selbst bearbeitest.«

Ja, Elly hatte einen kleinen Garten, denn Mama wünschte es, aber sie hasste die Arbeit darin, denn sie konnte keine Regenwürmer sehen. – Freilich, Regenwürmer ließen sich dabei schwerlich vermeiden. Der Graf wiegte noch immer sachte den Kopf, und Elly dachte, sollte er wirklich nicht mehr wissen, was er sagen soll. Nicht weit von ihnen auf dem Nebenwege knirschten Schritte auf dem Kies. Ein Paar ging da vorüber, das kleine blonde Milchmädchen und der Gärtnerbursche, beide festtäglich gekleidet, die Gesichter rot vom Waschen. Der Bursche hatte seinen Arm um die Schultern des Mädchens gelegt, jedes von ihnen hielt zwischen den Lippen eine Fliederdolde. So wandelten sie langsam und festtäglich faul dahin und verschwanden zwischen den Fliederbüschen.

»Ah, ah«, sagte der Graf, »auch ein Brautpaar.«

»Ja, und die haben sich auch nichts zu sagen«, sprach es zu ihrer eigenen Überraschung aus Elly heraus. Erschrocken blickte sie zum Grafen auf, und sie traute ihren Augen kaum, er lächelte, aber das strenge, überlegene Weltmannsgesicht errötete, wie sie oder Mimi zu erröten pflegten. Er tat ihr leid, und sie wollte etwas Beruhigendes sagen; da griff er vorsichtig nach ihrer Hand, legte sie flach auf die seine und strich sachte darüber hin. »Du hast recht«, meinte er, und seine Stimme klang weniger imposant als vorhin, »ich bin ungeschickt, aber wir, die wir uns für die Geschickten halten, die alles kennen und alles gesehen haben, wir sind immer ungeschickt vor solch einem jungen Mädchen, wie du es bist. Natürlich, denn du bist für mich das Unbegreifliche, Unverständliche, ganz Fremde, das zu begreifen und dem nahe zu kommen ich für das Glück halte, das ich jetzt durchaus haben muss. Gewiss weiß ich nicht, was ich sagen soll; ich wage von dem Meinen nichts herauszugeben, denn ich fürchte, etwas in dir zu erschrecken, zu stören. Ich will ja von mir fort zu dir, und da komme ich mir vor wie einer, der sich expatriieren will und die Sprache des Landes seiner Sehnsucht noch nicht kennt.«

Elly war nachdenklich geworden. »Ich denke, das ist sehr hübsch«, sagte sie zögernd, »aber ich glaube nicht, dass es so ist, das heißt, dass ich so bin. Was kann denn an mir nicht zu verstehen sein, und wenn du verstanden hast, ist es vielleicht nichts. Lonne sagte von meinen französischen Aufsätzen, dass die Handschrift so schlecht ist, dass man sie nicht lesen kann, und *›lorsqu'on l'a déchiffrée, cela ne vaut guère la peine‹*. Aber etwas anderes wollte ich fragen. Mit den schönen, interessanten Frauen, so mit den Frau von Bardans, da kannst du, da könnt ihr, ich meine die Herren, die sie lieben, sprechen, da sprecht ihr von Liebe oder so, die sind nicht unbegreiflich, nicht wahr?«

Der Graf strich wieder sinnend über Ellys Hand und sprach langsam zu den Fliederbüschen hinüber: »Nein, die sind nicht unbegreiflich, aber das ist ganz etwas anderes, das hat mit dir nichts zu tun. Zwei fassen sich an der Hand, weil sie glauben, dann das Hässliche des Lebens eher vergessen zu können. Natürlich können sie miteinander sprechen und verstehen sich, ein jeder kennt des andern Wunden, des andern Schuld, Spießgesellen des Lebens, die nichts voreinander zu verbergen brauchen. Und das gibt dann etwas Schwüles und Trauriges, das als Liebe durch die Welt geht. Nein, damit haben wir nichts zu tun. Ich sehne mich nur nach meinem unbegreiflichen, kleinen Mädchen, vor dem ich nicht weiß, was ich sagen soll, vor dem ich ungeschickt und verlegen werde. Ach, Kind, wenn du wüsstest, welch eine Wonne es ist, wieder einmal recht herzhaft verlegen zu werden, verlegen vor dir.«

Elly hatte ernst zugehört, sie dachte einen Augenblick nach, dann sagte sie sinnend: »Ich weiß nicht, ob ich das alles recht verstehe, aber mir scheint dieses Schwüle und Traurige, von dem du sprachst, etwas sehr Schönes zu sein, und ich denke es mir doch sehr angenehm, so geliebt zu werden, wie ihr die – die Frau von Bardans liebt.«

Jetzt beugte der Graf sich vor und küsste dieses Mädchengesicht, das in der Abendluft kühl geworden war wie eine Fliederdolde. »Ach, Kind«, sagte er, »ein jeder wird mit der Liebe geliebt, die er selbst geschaffen hat, und keine gleicht der andern. Die Liebe, mit der du geliebt werden wirst, ist deine ganz eigene Erfindung, ist dein Geheimnis, die kannst nur du geben, und ich bin bereit, alles, alles zu verlernen, nur um dieses von dir zu lernen.«

Hinter den Hügeln über die blauen Fliederwipfel stieg ein fast weißer Mond am glashellen Himmel auf, der Tau tropfte leise raschelnd in den Büschen, und die Blüten atmeten ihren berauschend starken, bitteren Duft aus. Das Brautpaar saß jetzt schweigend da, Hand in Hand, und schaute zum Monde auf.

»So muss es sein«, dachte Elly, »ganz so. Eine Verlobung ist doch etwas sehr Schönes. Nur eines möchte ich wissen, wie eigentlich diese Elly ist, mit der Hans sich verlobt zu haben glaubt; von der er glaubt, dass sie neben ihm sitzt und dass er ihre Hand hält.«

Hintergründe einer Hochzeit

In Bollerup, Nachbarn, gab es einen Bauern, der hieß Sven. Dieser Sven Feddersen, ein langarmiger Mann mit schleppenden Bewegungen, mit wäßrigen Augen und dem Hals eines ausgewachsenen Truthahns, war, solange man denken konnte, begehrt: Erbe eines ansehnlichen Hofes, Besitzer des Mischwaldes, Eigentümer von Wiesen, Wasserläufen und Feldern, auf denen regelmäßig Steinäxte gefunden wurden, schien es ihm an nichts zu mangeln – außer an einer Frau. Da gab es so manche, die sich ihm an die Seite dachte, womöglich in seine bedächtigen Arme; doch Sven entging allen Fallen, ließ sich in keinen Hinterhalt locken, beschied alle Aufforderungen abschlägig.

Man kann sich daher unser Erstaunen vorstellen, als er sich eines Tages, im Alter von siebenundfünfzig, verlobte. Seine Wahl war auf eine gewisse Elke Brummel gefallen, eine zarte, aber zähe Person, die beliebt war wegen ihrer Fähigkeit, Unterhaltungen wortlos zu bestreiten, alles Wesentliche durch Nicken zu sagen. Kaum war das bekannt, da erkundigte man sich nach dem Termin der Hochzeit, und Sven gab zu verstehen, daß die Hochzeit, seiner Meinung nach, im Herbst stattfinden werde, nach der Ernte. Da niemand an seiner Auskunft zweifelte, sah jedermann in seiner Verlobten bereits eine Elke Feddersen.

Doch der Herbst kam und ging vorüber, ohne daß die Hochzeit stattgefunden hätte. Fragte man Sven, warum die Hochzeit ausgefallen war, so sagte er einfach, wegen des Todes eines Onkels, und dieser Grund wurde anerkannt.

Im darauffolgenden Jahr nun starb kein Onkel, und wer geglaubt hatte, daß die Hochzeit diesmal stattfinden würde, der sah sich getäuscht: der Herbst kam und ging vorüber, und der Zustand, in dem sich beide befanden, war nach wie vor der von Verlobten. Man konnte beobachten, wie die beiden einander zufällig auf dem Hünengrab begegneten, auf dem Feld oder auf der Straße, man konnte zur Kenntnis nehmen, wie sie ein Weilchen miteinander schwiegen, mehr war ihren Begegnungen nicht zu entnehmen. Da verriet nichts, daß man sozusagen füreinander versprochen war; kein Zwinkern, kein Winken und erst recht kein Wort.

Nun ist es wirklich nicht allein die Geschichte, die mich zwingt, Herbst auf Herbst verstreichen, das Verlöbnis dauern zu lassen. Sven Feddersen verhielt sich einfach, als sei ihm seine Verlobung mit Elke Brummel entfallen, denn fünf-, sechs-, achtmal kam der Herbst, und eine Hochzeit fand nicht statt. Die Leute in Bollerup, sie waren schon der Meinung, daß Sven sein Leben als Verlobter beschließen wollte, und hier und da vergaß man sogar, daß er überhaupt verlobt war. Man behandelte ihn allmählich wieder wie einen Ledigen, und das gleiche geschah mit Elke Brummel, die, zart, aber zäh, den Hof ihres Bruders zu beaufsichtigen half.

Plötzlich, nach neun ereignislosen Herbsten, geschah, was niemand mehr erwartet hatte: Sven Feddersen ließ einen Termin für seine Hochzeit bekanntgeben; ließ aber nicht nur den Termin bekanntgeben, sondern lud sogleich zweihundertvierzehn Personen, wovon einhundertachtundneunzig Feddersen hießen, in den Mühlenkrug, um mit ihnen die Hochzeit zu feiern. Da war Bollerup – nun, sagen wir mal, tief verblüfft; aus einer Spannung entlassen, seufzte man auf und beeilte sich, die geforderte Summe abzuzählen, denn obwohl eingeladen, mußte jeder, wie es in Bollerup üblich ist, die Rechnung selbst bezahlen.

Die ländliche Hochzeit fiel auf einen Sonnabend, und nach der Trauung fand sich die Gesellschaft im Gasthaus ein, wo man sich an langen Tischen niederließ und zu Ehren des späten Hochzeitspaares folgendes aß: saure Heringe, gebratenen Aal, gebratene Seezungen, gebackenes Huhn, geschmorte Koteletts, panierten Speck, ein Stück vom Hasen, Wurstplatten, Platten mit Schinken und kalter Schweineschulter, dazu Brot, Kartoffeln und Gemüse, danach Eis und Käseplatten. Hatte zunächst, während des Essens, noch hier und da jemand das Wort genommen, so entstand, erstaunlich und belastend, eine immer befremdlichere Stille, die jeder spürte, die jedem zusetzte, und mein Schwager will wissen, daß diese Stille nur deshalb entstand, weil jeder darüber grübelte, warum das Verlöbnis neun Jahre gedauert hatte. Insbesondere grübelte man deshalb darüber, weil das betagte Brautpaar, alles in allem, einen ausgeglichenen, zufriedenen Eindruck machte, sich aufmerksam die Kartoffeln zuschob, mitunter auch nachdenklich zunickte; und dabei fragte man sich natürlich, warum man dies Bild nicht bereits vor neun Jahren hatte wahrnehmen und genießen können.

Der Druck der Stille wurde so groß, daß einige Feddersens es als Erlösung ansahen, als eine Kapelle aus Flensburg, die sich selbst »Die blauen Jungen« nannten, mit ihrer Tätigkeit begann. Sven und Elke tanzten zuerst, und dann tanzten die andern, und ich könnte jetzt beschreiben, wie der Tanz sich ausnahm im Verhältnis zur Musik, könnte auch erwähnen, was mit dem überflüssigen Essen geschah, doch das und so manches andere interessiert nur die Betroffenen.

Ich möchte nur zugestehen, was von überregionalem Interesse ist, und da wäre zu sagen, daß Sven Feddersen keine Einladung zum Schnaps ausschlug, an die neunzig Mal anstieß und sich deshalb kostenlos an neunzig Schnäpsen labte. Das hatte zur Folge, daß er mitteilsam wurde, zuerst mit den Händen, die er hier und da fallen ließ, gegen Morgen auch mit dem Mund, und auf einmal, so berichtet mein Schwager, verschaffte sich jemand Luft, wollte sich gleich dazu Gewißheit verschaffen; und er ging – ich glaube, es war der Friseur, Hugo Feddersen – zum Bräutigam.

Stellte sich einfach vor ihn und fragte: »Warum, Sven Feddersen, hat deine Verlobung neun Jahre gedauert?« Darauf soll Sven gezwinkert und dann gesagt haben: »Als mein Onkel starb, da hinterließ er mir einen ganzen Keller voll Johannisbeerwein. Es gibt nichts, was ich so gern trinke wie dieses Zeugs. Nachdem ich die erste Flasche probiert hatte, sagte ich mir: heiraten kannst du, wenn der Keller leer ist; denn so ein Tröpfchen, das trinkt man besser allein.«

EVE HARRIS

Die Hochzeit der Chani Kaufman

Reglos stand die Braut da, unter Lagen kratziger Petti-coats wie zur Salzsäule erstarrt. Schweiß lief ihr den Rücken hinunter, sammelte sich in den Achselhöhlen und hinterließ Flecken auf der elfenbeinfarbenen Seide. Sie schob sich näher an die Tür des *Bedeken*-Raumes heran und presste ein Ohr dagegen.

Sie hörte die Männer singen. Ihre »Lai-lai-lai«-Rufe rollten den staubigen Korridor der Synagoge herunter. Sie kamen, sie abzuholen. Jetzt war es so weit. Dies war ihr Tag. Der Tag, an dem ihr Leben endlich begann. Sie war neunzehn und hatte noch nie die Hand eines Jungen gehalten. Der einzige Mann, der sie berühren durfte, war ihr Vater gewesen, und seine körperlichen Zuwendungen hatten abgenommen, als ihr Körper rundlicher und reifer wurde.

»Setz dich, Chani-leh, zeig ein bisschen Anstand. Komm, eine *Kalla* steht nicht an der Tür. Los, setz dich hin!«

Das Gesicht ihrer Mutter war grau geworden. Die Falten traten umso deutlicher hervor, als ihr das Make-up den Hals hinunterglitt. Die gezupften Augenbrauen verliehen ihrem Gesicht den Ausdruck ständiger Überraschung, und der Mund war zu einer Linie eisigen Pinks zusammengepresst. Mrs Kaufman schien unter dem Gewicht ihrer farblosen Perücke regelrecht zusammenzusacken, das Haar darunter ebenfalls grau und dünn. Mit fünfundvierzig eine alte Frau: müde. Chani war ihre fünfte Tochter, die Fünfte, die im Empfangszimmer auf die *Bedeken*-Zeremonie wartete, die Fünfte, die das Kleid trug. Und sie würde nicht die Letzte sein. Wie Matrjoschka-Puppen kamen nach ihr noch drei jüngere Töchter.

Chani blieb auf ihrem Posten. »Müssten sie nicht längst hier sein?«

»Sie kommen noch früh genug. Du solltest für deine unverheirateten Freundinnen beten. Nicht alle haben so ein Glück wie du heute, *Baruch HaSchem*.«

»Aber wann kommen sie denn? Es fühlt sich an, als würden wir schon ewig warten.« Chani stieß einen langen, gelangweilten Seufzer aus.

»Wenn sie so weit sind. Und nun ist Schluss, Chani-leh.«

Von Mutter zu Tochter und von Schwester zu Schwester war das Kleid allen immer ein treuer Freund gewesen – es schrumpfte oder wuchs mit den Erfordernissen einer jeden Braut. Die silbernen Stickereien und unzähligen Perlen kaschierten Narben und schartige Säume der verschlissenen Hülle. Jede Änderung zeugte von der Reise einer weiteren Braut, zeichnete ihre Hoffnungen und Wünsche nach. Die gelbgewordenen Achseln, die schon so oft chemisch gereinigt wurden, erzählten von ihren Ängsten. Kalte, kribbelnde Spannung, das Aufblitzen weißer Laken und das riesige Bett, das auf sie wartete, erfüllten die Gedanken jeder Braut. Wie wird es sein? Wie wird es sein? Diese Frage pulsierte in Chanis Kopf.

Sie ging zögerlich über den Teppich. Als würde sich das Rote Meer teilen, rutschten die Mutter und die Schwestern mit ihren üppigen Hinterteilen zur Seite, um auf dem Diwan für ihren kleinen hübschen Po Platz zu machen. Das weiße Braut-Gebetbuch wurde ihr behutsam in die Hände geschoben. Die Frauen flüsterten und murmelten, die Gebete hoben und senkten sich im Rhythmus ihrer Atemzüge und dem Klopfen ihrer Herzen. Das Hebräische ergoss sich in sanftem, weiblichem Keuchen. Chani stellte sich vor, wie die Worte hoch, hoch und immer höher schwebten – geflügelte Briefe, die mit der Zimmerdecke verschmolzen.

In der warmen Luft mischten sich die verschiedenen Parfums mit Körperausdünstungen und schlechtem Atem. Getrockneter Lippenstift verklebte die ausgedörrten Münder der Frauen, und verborgen unter vielen Kleiderschichten, knurrten ihre Mägen. Einige trugen Zweiteiler, bestehend aus langen Röcken und passenden Jacken, zugeknöpft, soweit es nur ging. Andere hatten den obligatorischen langen Rock mit einer hochgeschlossenen Bluse unter einem schlichten Blazer kombiniert. Die Farben waren absichtlich trist, belebt höchstens von einer kleinen Brosche oder Paspeln um die Taschen. Eine selbstauferlegte Uniform, die sogar die Jüngste unter ihnen wie eine Witwe erscheinen ließ.

Genau wie Mrs Kaufman trugen die verheirateten Frauen ihre besten Perücken – schwere, glänzende Strähnen, die ihr Haar vor dem anderen Geschlecht verbargen, die falsche Pracht dichter und farbiger als die Natur. Junge, unverheiratete Frauen bekundeten ihren Familienstand, indem sie barhäuptig gingen, doch selbst die prächtigste Mähne war gebändigt und zurückgebunden oder zu einem ordentlichen Bob geschnitten.

Die drallen Rücken und Schultern derer, die schon vor

ihr Bräute gewesen waren, wiegten sich vor und zurück, mit knackenden Knien, wenn sie sich tief verbeugten. Sie beteten und seufzten für Chani, dafür, dass diese Ehe eine gute und treue werde und dass *HaSchem* wohlwollend auf sie und ihren Ehemann herabblickte. In Chanis Augen brannten Tränen angesichts ihrer Loyalität und Güte.

Doch wo war die Rebbetzin? Nachdem der Unterricht beendet war, hatte sie versprochen, zur Hochzeit zu kommen. Chani sah sich ein weiteres Mal um, bevor sie die Enttäuschung zuließ. Sie tröstete sich mit dem Gedanken, dass die Rebbetzin bereits in der *Schul* war und sie von der Frauengalerie aus beobachten würde. Chani schwor sich hinaufzuschauen, bevor sie unter die *Chuppa* trat.

Stattdessen war ihre zukünftige Schwiegermutter hier. Als ihre Blicke sich trafen, bedauerte Chani, nicht ins Gebet versunken zu sein. Mrs Levy war prachtvoll in ein dunkeltürkisfarbenes Seidenkleid gehüllt. Ein passender Pillbox-Hut vervollständigte das Ensemble und ließ sie wie einen glitzernden Eisvogel aussehen. Sie schlängelte sich herüber und atmete auf widerliche Art in Chanis Ohr.

»Entzückendes Kleid, Chani – obwohl es für meinen Geschmack ein wenig zu altmodisch ist. Aber dennoch, sehr hübsch. Es steht dir, meine Liebe.«

Der Hut ihrer Schwiegermutter war verrutscht, was irgendwie keck wirkte. Chani unterdrückte ein Grinsen. Mrs Levys extravagante kupferfarbene Perücke war zu einem aalglatten Vorhang getrimmt worden, der ihr hinterlistiges Lächeln umrahmte. Das hämische Grienen eines Leoparden, bevor er zum Sprung ansetzt. Chani würde nicht darauf hereinfallen. Sie ließ sich nicht unterkriegen.

»Danke, Mrs Levy, es ist ein Familienerbstück. Meine Großmutter hat in diesem Kleid geheiratet. Es ist eine große Ehre für mich, es tragen zu dürfen.« Kess lächelnd wandte sie sich Richtung Diwan und ließ Mrs Levy mit offenem Mund stehen. Sie war schon so weit gekommen, dass sie sich von dieser Frau jetzt nicht mehr angiften ließ. Mit der Zeit würden sie lernen müssen, einander zu tolerieren. Die tiefe Abneigung beruhte auf Gegenseitigkeit, doch es war Chani, die den Sieg davongetragen hatte, und heute war ihr Tag.

Das Kleid knarrte, als sie sich setzte. Es floss über ihre Knie und sank in glänzenden Wogen um ihre Füße. Nur ihr Gesicht und die Hände bekamen Luft. Der Stoff kroch über das Schlüsselbein und umklammerte ihre Gurgel, der Hals unter der straffen Seide lang und elegant. Über ihren kleinen, festen Brüsten funkelten Blumen und Vögel in silbernen Bögen, die sich wie ein Spinnennetz über ihren Oberkörper zogen. Ihre Wirbelsäule war in eine aufrechte Haltung gezwungen, das Mieder so straff geschnürt, dass ihre Rippen nach Erlösung schrien. Eine doppelte Reihe Perlenknöpfe kletterte, einer Leiter gleich, ihren Rücken hinauf. Von der Taille abwärts bauschte sich das Kleid ausladend. Mehr und mehr silberne Blätter entfalteten sich, je näher die Stickereien dem Saum kamen.

Chanis Füße zappelten in Satinballerinas, sie schwitzte in den Strümpfen. Dicke Manschetten aus Zuchtperlen fesselten ihre Handgelenke, Hunderte lidloser Augen mit durchstochener Pupille. Sie war eine wahrhaft züchtige Braut, ihr Schlüsselbein, Hand- und Fußgelenke meisterhaft vor männlichen Blicken verborgen. Doch der unnachgiebige Stoff unterstrich ihre mädchenhaften Kurven und deutete das unerforschte Fleisch an, welches sich darunter verbarg.

Das Kleid war ihr Weg hinaus, ihre Chance, den klebrigen Türgriffen und dem ewig währenden Chaos ihres Elternhauses in Hendon zu entfliehen. Sie hatte noch nie ein eigenes Zimmer besessen oder neue Kleidung. Alles war immer aus zweiter Hand. Wie das Kleid. Selbst die Liebe, die man ihr entgegenbrachte, war irgendwie abgetragen.

＊

Er konnte sich nicht mehr an ihr Gesicht erinnern. Ein kleines Problem. Denn Baruch war gekommen, um seine Braut zu identifizieren, sicherzustellen, dass er das richtige Mädchen ehelichte. Und nicht in die Irre geführt wurde wie Jacob, als Laban am Tag ihrer Hochzeit Rachel durch Leah ersetzte. Hilf mir, *HaSchem*. Wie sah sie aus? Bis zu diesem Augenblick war ihr Gesicht in seinem Gedächtnis eingebrannt gewesen, doch jetzt war sein Kopf leer. Drei breite *Fedoras* versperrten ihm die Sicht, als der Rabbi, der Kantor und sein Schwiegervater auf die Tür des Empfangszimmers zuhasteten. Er hatte sie dreimal getroffen und ihr beim vierten Mal einen Antrag gemacht – aber wie um alles in der Welt sah seine Braut bloß aus? Vor Hunger vernebelt, rebellierte sein Gehirn und lieferte ihm ihre Gesichtszüge nur als verschmierten Fleck. Die Hitze hatte ihn regelrecht im Schwitzkasten; unter den erstickenden Kleiderschichten begann er zu schwanken. Sein Onkel und sein Vater stützten ihn wie einen Betrunkenen, der aus einer Bar geführt wird.

Sie schleppten ihn weiter, erst einen Schritt näher, dann noch einen. Seine Brillengläser beschlugen, so schwitzte er. Jetzt hatte er keine Chance mehr; die Tür schwang auf.

Chani konnte sich erinnern, wie es war, als ihre Eltern noch Zeit hatten, als ihre Mutter am Tor des Kindergartens auf sie wartete. Auf dem Weg nach Hause hatten sie die ganze Zeit über miteinander geredet; ihre Hand fest in der ihrer Mutter, die ihrem Geplapper aufmerksam lauschte. Fast verblichen das Bild, wie ihre Mutter mit ihr im Garten Himmel und Hölle spielte, die Röcke hob und geschickt von Stein zu Stein hüpfte. Doch dann waren in schneller Folge noch drei Babys gekommen. Ihre Eltern taumelten durch einen Morast von Milchfläschchen und stinkenden Windeln. Auf dem Heimweg von der Schule trug Chani nun die Einkäufe, während ihre Mutter den Buggy schob und auf die hinterhertrottende Kleine wartete. Als sie schließlich in die weiterführende Schule kam, holten ihre älteren Schwestern sie ab.

Ihr Vater war der angesehene Rabbi eines kleinen *Schtiebl* in Hendon mit einer bescheidenen Zahl von Mitgliedern. Er war ein sanfter, dünner, stiller Mann, vertieft in seine spirituelle Welt, der eher geistig als körperlich anwesend war. Sein Bart war lang und federleicht, wie graue Zuckerwatte. Er trug den in seinen Kreisen üblichen schwarzen Anzug, mit Hosenträgern unter dem Jackett, damit nichts rutschte. Ihre Mutter kaufte ihm immer Hosen, die ein wenig zu groß waren, vielleicht in der Annahme, er würde hineinwachsen. Doch während ihre Mutter immer beleibter wurde, schien ihr Vater zu schrumpfen.

Chani vergötterte ihn. Er war ein warmherziger, liebevoller Vater gewesen, strahlend und lachend. Sie erinnerte sich an das Gefühl, wenn er sie schnappte und an seinen dünnen Armen durch die Luft wirbelte. Je größer jedoch seine Familie wurde, desto mehr wurde seine Freude an ihr zu einer Zerstreutheit, die sich anfühlte wie Ablehnung. Er irrte durch das Haus im Nebel seiner nicht enden wollenden Vaterschaft.

Es waren nicht nur die Töchter, die nach ihr kamen. Die Gemeinde hatte ihn ihr gestohlen. Zu Hause, in der vernachlässigten Doppelhaushälfte, klingelte es ständig an der Tür. Ein unaufhörlicher Strom an unglücklichen Ehefrauen, verstörten Vätern und eifrigen Schülern marschierte durch ihren Flur auf der Suche nach Rat. Ihr Vater bugsierte sie eiligst zu seinem Arbeitszimmer, dessen Tür dann über Stunden verschlossen blieb. Als Kind spielte Chani direkt davor, nur um das Auf und Ab seiner Stimme zu hören. Wenn er wieder herauskam, wurde ihre Geduld mit einem Kopftätscheln belohnt. Seine Hosenbeine erkannte sie überall wieder. Wenn sie die Augen schloss, sah sie die gebeugten Schultern und die Samtkappe vor sich, die von seiner Glatze rutschte, wenn er treppabwärts verschwand.

Ihre Mutter war zu einer Maschine geworden, deren Teile abgenutzt waren und knirschten. Früher war sie schlank gewesen, eine geschmeidige junge Frau, fröhlich und flink. Über die Jahre hatte sich ihr Bauch aufgebläht und war wieder erschlafft, wie der Kehlsack eines Ochsenfrosches. Heute war das Licht in ihren Augen verloschen. Sie war eine Fremde geworden, ein erschöpfter Berg erschlafften Fleisches, der ohne Pause stillte, beruhigte, tätschelte oder fütterte.

Ihr Vater hatte seinen Samen immer und immer wieder in den verschlissenen Unterleib seiner Frau gesät. Chani schauderte, wenn sie an die schmerzvollen Geburten dachte, mit denen Baby um Baby auf die Welt gedrängt wurden. Sie schwor sich, dass alles anders sein würde, wenn sie an der Reihe war. Ihre Kinder würden sich nie nach Zuwendung sehnen. Und obwohl sie eigentlich kaum etwas über Empfängnisverhütung wusste, hatte sie sich gelobt, dass sie nach vier Kindern irgendwie aufhören würde.

Doch sie hatte Geduld beweisen und in der Schlange warten müssen, bis für ihre älteren Schwestern passende Gatten gefunden waren. Die temperamentvollen Mädchen, die treppauf, treppab durchs Haus getrampelt waren, sich um das Telefon stritten und abwechselnd liebevoll oder gemein zu ihr waren, waren verschwunden. Familienfotos trudelten ein, aus Brooklyn und Jerusalem. Mit dem Vermehren ihrer eigenen Brut verblassten die Schwestern wie Geister.

Am Telefon waren ihre Stimmen tonlos und rau. Zum Reden war keine Zeit; keine Zeit, all die Fragen zu stellen, auf die Chani Antworten brauchte. Nun war sie an der Reihe.

Chani trug keinen Schmuck, ein Verbot der *Tora.* Eine *Kalla,* eine jüdische Braut, musste ohne Ringe und ohne Ohrschmuck unter dem Hochzeitsbaldachin stehen, als Zeichen, dass die bevorstehende Vereinigung geistig und nicht materiell begründet war. Sie blickte auf ihre Hände herab, die sich leuchtend gegen ihr Gebetbuch abhoben. Die Nägel waren manikürt und in fast durchsichtigem Pink lackiert worden, doch sie waren hässlich und zu kurz. Sie hatte sie bis zum Ansatz abgeknabbert. Ihre Hände wirkten kindlich, die Finger stummelig. Sie vermisste das Lodern ihres Ringes – des glühenden Diamanten, eine Kugel von obszöner Größe, die an ihren feuchten kleinen Fäusten noch größer wirkte. Sie hatte ihn liebend gern aufblitzen lassen und sich angewöhnt, wann immer es ging, mit der linken Hand zu gestikulieren oder auf etwas zu zeigen.

Sie öffnete das Buch, doch die uralten Buchstaben flitzten umher, anstatt stillzustehen. Wo blieben die Männer? Warum hatten sie noch nicht geklopft? Das Singen wurde doch lauter, oder? Sie konnte nicht mehr warten. Aber sie musste. Letztlich hatte sie ihr ganzes Leben lang gewartet. Sie wünschte sich einen Spiegel, um ihr Make-up zu kontrollieren. Vorsichtig stupste sie gegen die Haarspange, die den bodenlangen Schleier hielt und sich in ihre Kopfhaut krallte. Der Schleier strömte über ihre Schultern und fiel ihr in Kaskaden den Rücken hinunter. Saß sie aufrecht? Sie drehte sich um, um zu fragen, als die Tür in ihrem Rahmen erzitterte. Der Stoß ließ ihre Mutter auf die Füße schnellen. Mit quietschenden Schuhen und vor Schmerz pochenden Fußballen schoss Mrs Kaufman zur Tür.

Mit gesenktem Blick trat sie zurück, als die Tür aufschwang. Die beiden Parteien, draußen die Männer, drinnen die Frauen, starrten einander an. Einen Augenblick lang herrschte Schweigen, eine Stille, als lausche jeder auf einen einzelnen Akkord, der in der von Staubpartikeln wimmelnden Luft nachklang.

Baruch fiel fast vornüber in den Raum. Er richtete sich auf, wischte die Brillengläser an seinem *Tallit* ab und setzte sie wieder auf seine verschwitzte Nase. Jemand gab ihm einen kleinen Schubs, und er wurde weiter hinein in das Zimmer voller berauschender, fremdartiger, weiblicher Aromen befördert.

Und da war sie. Sein Blick traf ihren, und er nahm die Farbe Roter Bete an. Baruch beugte sich ein wenig hinunter, um das Gesicht vor ihm zu begutachten. Ihre großen Augen waren von einem verschmitzten Braun, mandelförmig und kunstvoll mit Kajal betont, die Wimpern lang und glatt. Sie hatte eine schmale, aber gerade Nase und milchfarbene Haut. Das Gesicht wirkte schlau und wachsam, nicht die Maske einer Puppe, sondern lebendig und ausdrucksvoll. Ihr Haar war so kohlschwarz, dass es wie lackiert aussah, und war mit Perlen festgesteckt. Nur wenige Augenblicke nach der Hochzeitszeremonie würde eine Perücke den lakritzfarbenen Glanz verbergen. Sie war sehr anziehend. Er hatte eine gute Wahl getroffen. Doch sollte ein gutes jiddisches Mädchen so zurückstarren? Ein angedeutetes Lächeln umspielte ihren Mund, und er wusste wieder, warum er sie ausgewählt hatte.

Seine Hände zitterten, als er ihr den Schleier über das Gesicht zog. »Amen!«, donnerten die Männer hinter ihm. Sie war das richtige Mädchen – doch wer war sie wirklich? Angesichts dessen, was er gerade im Begriff stand zu tun, wurde ihm schwindelig.

Chani hatte ein Date nach dem anderen gehabt. Alle arrangiert, jeder angehende Bewerber sorgsam erwogen von den

Eltern und der Heiratsvermittlerin. Etliche Stunden hatte sie so bei kaltem Kaffee und schwerfälligen Unterhaltungen zugebracht. Den Männern, die ihr gefielen, gefiel sie nicht, und jene, die sie wollten, fand Chani langweilig oder unattraktiv. Nach jedem Treffen rief die Mutter des jungen Mannes an und teilte ohne Umschweife das Urteil mit. Ihre Mutter gab am Hörer höfliche Laute von sich. Dann hängte sie auf, das Gesicht eine einzige geduldige Enttäuschung. Es war schwer genug, abgelehnt zu werden, doch es war entwürdigend, von einem Jungen abgelehnt zu werden, den man nicht einmal wollte. Mit der Zeit verlobten sich alle ihre Freundinnen. Verzweifelt wünschte sie sich, nicht die Letzte zu sein. Sie wollte sich nicht einfach nur mit irgendwem begnügen, doch es wurde immer klarer, dass sie kaum eine Wahl hatte.

Welchen Sinn hatte es, ein unverheiratetes jüdisches Mädchen zu sein? Sie wollte nicht wie Miss Halpern enden, die Religionslehrerin in der Schule, deren langes, blasses Gesicht mit jedem Jahr säuerlicher wurde, den unbedeckten Kopf über verschlissene Lehrbücher gebeugt, das Gekicher jener Mädchen ignorierend, die sie unterrichtete; Mädchen, die an der Schwelle zur Frau standen, voller Lebendigkeit angesichts der Hoffnungen und Versprechungen. Also biss Chani die Zähne zusammen und zeigte Ausdauer.

Nach einer Weile hatte sie alle abgelehnt, selbst jene, die Chani wohlgesinnt waren. Käsige Studenten, der plumpe Lehrer oder der melancholische Witwer – sie konnte sich nicht dazu durchringen, ja zu sagen. Alle höchst fromm, alle auf der Suche nach einem guten jiddischen Mädchen, die ihnen *Tscholent* kochte und ihnen am *Schabbes* die Kerzen anzündete. Eine Instantfrau – bloß noch Wasser hinzufügen. Keiner von ihnen interessierte sich dafür, wer sie war.

Abends erforschten Chanis Hände in ihrer unförmigen weißen Unterhose die eigene Nacktheit, und sie genoss den Duft und erspürte die so verschiedenen Stellen ihres Körpers. Sie drückte und streichelte und spürte das flüchtige, elektrisierende Pochen. Doch all das blieb ihr ein Rätsel.

Unsichtbare Grenzen umgaben sie. Als kleines Mädchen hatte sie ihren altmodischen Rock raffen wollen, um mit Beinchen wie stampfende Kolben dem Bus hinterherzujagen. Stattdessen wurde sie gelehrt zu gehen, nicht zu rennen, die Arme steif an die Seiten gepresst. Sie hatte sich nach Ausgelassenheit gesehnt, doch ihr wurde beigebracht, ihren Gang zu zügeln.

Mit fünfzehn hatte sie ihre Geschwätzigkeit in der Schule in Schwierigkeiten gebracht. Als Reaktion darauf füllte sie alte Schulhefte mit wütenden Kritzeleien. Man hielt sie für frech, aber talentiert. Ihre Noten wurden besser. Alles interessierte sie – zumindest das wenige, das sie in die Hände bekam. Internet oder Fernsehen gab es weder in der Schule noch zu Hause. »Ein Fernseher ist eine offene Kloake im Wohnzimmer«, knurrte ihr Vater. Nach der Schule drückte sie sich im Brent Cross Shopping Centre vor Dixons herum, fasziniert von den flackernden Bildschirmen und grellen Farben einer Welt, in die sie sich hineinstürzen wollte.

Im Unterricht verschandelte dicker schwarzer Filzstift Shakespeares Texte. Brandneue Ausgaben von *Julius Caesar* waren entweiht worden, hässliche Flecken verbargen die »unangemessene Sprache« darunter. In Kunst, ihrem

Lieblingsfach, waren Gauguins Nackte gekonnt kaschiert worden. Da Vincis Zeichnungen sahen aus wie Patchworkdecken. Hinterteile, Brüste und Genitalien zierten weiße Aufkleber.

Einmal war sie dabei erwischt worden, als sie einen der Sticker abpulte, und wurde zur Direktorin beordert. Niemand wusste genau, wie alt Mrs Sisselbaum war. Es wurde gemeinhin angenommen, sie sei schon uralt auf die Welt gekommen und dann auf ihre winzige Gestalt geschrumpft. Ihre aschblonde Perücke war zur Thatcher-ähnlichen Welle frisiert. Das Haar sah aus, als wäre es auf dem Kopf zu Eis erstarrt. Die riesigen Brillengläser vergrößerten ihre Augen unnatürlich, und sie blickte unverwandt zu Chani auf. Mrs Sisselbaum erinnerte Chani an ein Albinokaninchen. Eine solche Neugier sei widernatürlich für ein jüdisches Mädchen. »Mach das noch mal, und du findest dich auf der Suche nach einer anderen Schule wieder, einer Schule für schamlose Mädchen wie dich.« Mit rebellisch klopfendem Herzen war Chani aus dem Büro geflüchtet. Wenn *HaSchem* die nackte menschliche Gestalt erschaffen hatte, warum verbannte man dann deren Anblick?

Sie lebte unter einer Glasglocke.

Aber schließlich, trotz aller Einwände und Hürden, war es so weit. Schließlich sagte sie ja. Sie kannte ihn nur von den wenigen verkrampften Treffen, bei denen sie sich auf die Zunge gebissen und nur gestelzte Sätze von sich gegeben hatte. Ein nervöser, schlaksiger *Jeschiwa*-Junge, der jedoch überaus freundlich und aufmerksam wirkte. Sie hoffte, dass sich die Glasglocke endlich hob. Oder dass sie sie zumindest mit jemandem teilen konnte.

Über ihren Köpfen ragte der mitternachtsblaue Baldachin empor; seine goldenen Fransen zitterten, als sich das Hochzeitspaar darunter zusammendrängte. Cremefarbene Rosen und Lilien wie Wachsblüten schmückten jede Stange und verströmten einen schweren Duft. Für einen Augenblick hielt sie an seiner Seite inne.

Es fühlte sich seltsam an, so dicht beieinanderzustehen. So nahe waren sie einander noch nie gekommen. Trotzdem berührten sie sich nicht. Noch nicht. Zwischen ihnen lag nur ein Atemhauch. Chani war sich Baruchs physischer Nähe intensiv bewusst. Sie spürte, wie erhitzt und angespannt er unter seinem schwarzen Anzug und dem Gebetsmantel war. Die schwarze Hutkante verbarg sein Gesicht. Seine Füße zuckten, und er klopfte mit der Schuhsohle leicht auf den Boden. Doch er sah sie nicht an. Schon gar nicht direkt. Sie wusste, dass er sie heimlich beobachtete. Hysterie stieg in ihr auf, und ihrem Mundwinkel entwich ein Quieken. Der Rabbi warf ihr mit missbilligend gesträubten Augenbrauen einen warnenden Blick zu.

Im Kreis, im Kreis und weiter im Kreis. Chani umrundete Baruch und zählte im Kopf bis sieben, während sie mit jedem Schritt die Schranken zwischen ihnen zerbrach. Sie erinnerte sich, wie sie beide zusammengezuckt waren, als ihre Finger sich im Foyer des Hotels versehentlich streiften. Der Zucker hatte sich über den ganzen Tisch verteilt. Wie erstarrt, hatte keiner der beiden Anstalten gemacht, das Malheur wieder in Ordnung zu bringen. Beide befolgten das *Schomer Negia* – das Gebot der Keuschheit.

Doch heute Nacht würden die Verbote aufgehoben.

Baruchs Fuß krachte auf das Weinglas. Es zersprang in Scherben, und in der *Schul* verfiel man in lautstarken Freudentaumel. *»Masel tov!«,* brüllte die Gemeinde. Mit einem Ruck hoben die Männer ihn hoch, und in einem rasenden Tanz wurde er umhergeworfen. Jemand trat ihm auf den Fuß. *»Zimmen tov* und *Masel tov! Masel tov* und *Zimmen tov!«,* riefen sie und stampften. Die Frauen auf der Galerie klatschten. Bärte flatterten, Schultern krachten aneinander, die Männer jauchzten und drehten sich wild um die *Chuppa.* Schneller und schneller wurde der Reigen. Chani war nur noch ein verschwommener weißer Fleck am Rande seines Blickfeldes. Er versuchte, ihren Gesichtsausdruck zu erkennen, wurde jedoch fortgewirbelt. Süßigkeiten prasselten auf sie nieder, von Kindern geworfen, denn das brachte Glück. Etwas traf ihn hinten am Kopf.

Er war zwanzig Jahre alt. Sein Leben verlief in engen Grenzen: der Druck, erfolgreich zu sein, ein Rabbi zu werden, seinem Vater zu gefallen. Seine schnelle Auffassungsgabe wurde an den *Talmud* gekettet. Dass er gern Englisch studieren wollte, blieb als frevlerisches Geheimnis in seinem Herzen vergraben. Er hörte auf seinem iPod Coldplay, während sein Vater glaubte, dass die Weisheiten von Rabbi Shlomo seine Ohren füllten. Unter seiner Matratze lagen verbotene Romane – Dickens, Chandler, Orwell –, doch sie reichten ihm nicht mehr aus. Er fühlte sich kontrolliert – es gab keine Erleichterung, kein Entrinnen.

Eines Abends hatte er nach dem Unterricht die U-Bahn genommen. Ihm gegenüber saß eine Frau. Sie war dick. Ihre Bluse war weit aufgeknöpft und enthüllte zwei Hügel sonnengebräunten Fleisches. Er hob seinen Blick zu der

Werbung über ihrem Kopf. Dort prangte ein aufreizendes Mädchen im Bikini. Er wusste nicht, wo er hinschauen sollte. Er murmelte ein Gebet, und trotzdem glitten seine Augen immer wieder zurück zu den goldenen Wölbungen vor ihm, die in ihrer Unvollkommenheit alarmierend real waren. Am Hals der Frau kräuselten sich feine Falten wie Krepppapier. Die Brüste hielten ihn mit einer Urgewalt in ihrem Bann. Er ertrank in der dunklen Spalte dazwischen. Die Bahn ratterte über die Schienen. Die Brüste erbebten. Er bekam einen Steifen. Die Frau starrte ihn an. Er drückte das Gebetbuch über seine Erektion. Die Türen öffneten sich, und er hastete hinaus.

Nachts presste er sein Verlangen in die Matratze. Er hoffte, seine Mutter würde den verschwendeten Samen nicht bemerken, wenn sie die Wäsche wusch. Er hatte versucht, sich zurückzuhalten, indem er Handschuhe anzog und zwei Paar Unterhosen, doch nun waren seine Träume eine verbotene Landschaft aus enormen Brüsten, die sich wie Dünen in der Wüste erhoben. Er war einsam und sehnte sich nach etwas, nach jemandem.

Verheiratet. Zehn Minuten zusammen im *Jichud*-Raum, allein. Plötzlich vermisste Chani das Gedränge weiblicher Körper und das Rascheln von Röcken. Sie wusste weder, was sie tun, noch, was sie sagen sollte, was ungewöhnlich war. Sie versuchte, sich vorzustellen, was die Rebbetzin ihr in dieser Situation raten würde, doch keiner ihrer sanften Sätze kam ihr in den Sinn. Sie hatte zur Galerie der Frauen hochgeschaut. Wo war sie?

Chani konnte Baruch nicht in die Augen sehen. Ihre

Freundinnen hatten darüber gekichert, dass diese kurze Pause für die Frischvermählten, direkt nach der Zeremonie, eigentlich dazu da war, es zu tun. Sie wurde starr vor Angst und fragte sich, ob Baruch dasselbe dachte.

Eine Kuchenetagere war aufgestellt worden, Stufe um Stufe glänzten auf Spitzendeckchen Köstlichkeiten aus Blätterteig. Am Fuße standen zwei Flaschen Mineralwasser und zwei Kristallkelche. Weder Chani noch Baruch hatten seit dem vorherigen Tag gegessen oder getrunken. Sie starrten auf die Kuchen. Instinktiv griffen sie nach demselben Stück Mandelkuchen.

»Nein, mach ruhig … Nimm du es. Bitte«, krächzte Baruch.

Chani murmelte einen Dank und einen Segen und nahm einen bescheidenen Bissen. Am liebsten hätte sie alles auf einmal in sich hineingestopft. Sie vermieden Blickkontakt und kauten schweigend.

»Fühlt sich seltsam an, verheiratet zu sein, oder?«

»Mmm.« Sie hatte immer noch den Mund voll.

»Ist es so, wie du es dir vorgestellt hast?«

Heftig schüttelte sie den Kopf. »Ich bin nicht sicher, was ich erwartet habe«, sagte sie. »Es ging so, ähm, schnell.«

»Ja, stimmt. Ich glaube, das geht allen so.«

»Wahrscheinlich.«

»Nun, sie werden jetzt jeden Moment kommen, vielleicht …« Er verstummte und schwieg.

Baruch ahnte, dass er sie küssen sollte, hatte aber keine Ahnung, wie. Er hatte sich sowieso den ganzen Tag nicht die Zähne geputzt, also entschied er sich gegen den Versuch.

Chani spürte, wie sich eine große, knöcherne Hand um die ihre schloss. Sie wünschte, die Hand wäre nicht so schweißnass. Seite an Seite standen sie da und aßen jeder noch ein Stück Kuchen, bis die Tür aufging und sie sich schnell losließen.

***

In der Woche vor der Hochzeit saß Baruch in Rabbi Zilbermans Büro. Das Zimmer war eine staubige, graue Schachtel. Es gab zwei Türen, beide verschlossen, aber keine Fenster. Der Schreibtisch war von Papieren bedeckt. Bücher füllten die Regale und lagen verstreut auf dem Boden. Es war kaum genug Platz für die beiden Plastikstühle. An der Wand hing das riesige Foto eines verehrten Weisen. Der alte Mann darauf starrte ihn aus milchig-blauen Augen an, die Hände staken wie gefrorene Klauen aus Fledermausärmeln. War er wohl auch nervös gewesen wegen der Hochzeitsnacht?

Unter dem Foto saß Rabbi Zilberman, eine Studie in Schwarzweiß; der Bart ein schlieriges Dunkelgrau, und die Schultern des schwarzen Anzuges voller Schuppen. Seine traurigen grauen Augen betrachteten Baruch. Er stand der Synagoge in Golders Green vor, in die Baruchs Familie ging. Sein runder Rücken, wenn er sich vorne in der *Schul* zum Gebet beugte, war Baruch vertrauter als das Gesicht. Avromi, der Sohn des Rabbis, hatte dieselbe Schule in Hendon besucht wie Baruch und war der engste seiner wenigen Freunde. Doch das Verhältnis zu Rabbi Zilberman war immer von Ehrerbietung und Formalität geprägt gewesen. Wann immer er Avromi besuchte, hatte der Rabbi seine

Anwesenheit mit einem kurzen Nicken und einem kaum angedeuteten Lächeln quittiert. Seine Mundwinkel bewegten sich kurz nach oben, doch der Gesichtsausdruck blieb düster. Wenn er sich höflich nach Baruchs Eltern erkundigt hatte, eilte er weiter, ein Wirbel aus dunkler Wolle und weißem Hemd, der die Jungs schweigend und verlegen hinter sich zurückließ. Bis diese eigenartigen, obligatorischen Tutorenstunden begannen, war der dünne, graubärtige Mann, der ihm nun gegenübersaß, ein Fremder für ihn gewesen.

Der Rabbi begann. »Du bist für alle Bedürfnisse deiner Frau verantwortlich«, sagte er. »Du musst sie ernähren, sie kleiden, ihr ein Dach über dem Kopf bieten und ihr auch sonst alles materiell Notwendige zur Verfügung stellen. Aber du musst ihr auch beim Beischlaf Vergnügen bereiten.«

Baruch rutschte auf seinem Sitz hin und her. Vergnügen. Das hörte sich so einfach an. Er war sogar so weit gegangen, einige private Nachforschungen zu dem Thema in der Swiss Cottage Library anzustellen, weit weg vom *Schtetl* Hendon. Er hatte sogar seine *Jarmulke* gegen eine Baseballkappe getauscht, um noch anonymer zu sein. Zu schüchtern zum Fragen, war er durch die Regale gestreift, so verloren wie Moses in der Wüste, bis er die richtige Abteilung gefunden hatte. Dort setzte er sich hin und vertiefte sich in Sexratgeber, aus einer Welt, die so tabu für ihn war, dass sein Herz vor Schuldgefühlen raste. Doch er konnte nicht aufhören. Fasziniert las er weiter und starrte auf die Darstellungen, bei denen er heiße Ohren bekam. Klitoris, stimulieren, Schamlippen, Klimax – der weibliche Körper ergab keinen Sinn.

In der Schule hatte er sich die schmuddeligen Männermagazine angesehen, die von Tisch zu Tisch gereicht wurden. Bei den Bildern wurde ihm ganz wirr im Kopf – die Frauen so schamlos, die Münder schimmernd und offen, ihre Körper geschmeidig und nachgiebig. Wie sollte er sie mit Chani vergleichen, von der er noch nicht einmal die Ellbogen gesehen hatte? Trotzdem war es seine Pflicht, ihr Vergnügen zu bereiten.

»Einen Orgasmus, Rabbi?«, schlug er vor. Als er seinen Patzer bemerkte, wurde er rot, und der Akneausschlag auf seiner linken Wange schien zu leuchten.

Rabbi Zilberman hob eine Augenbraue. »Ja, ich glaube, so nennt man das heute.« Aber er bohrte nicht weiter.

»Wie weiß ich, ob ich meiner Frau Vergnügen bereitet habe?« Er musste es fragen. Das war seine Chance. Sein Mund war trocken, doch die Worte flutschten einfach heraus.

»Mit der Zeit und mit Übung wirst du es irgendwann wissen. Sie sagt es dir vielleicht sogar, aber verschwende keine Zeit damit, über frivole Sachen zu schwatzen. Entscheidend sind die Taten, nicht die Worte. Ein Kind ist eine wundervolle *Mizwa*. Und Beischlaf mit ihr, während sie schwanger ist, ist eine Doppel-*Mizwa*!«

Schwanger. Baruch hatte fast vergessen, dass diese mysteriöse Beziehung zu so etwas führen konnte. Er war noch nicht bereit, Vater zu werden.

Der Rabbi schien sich auszudehnen und den Raum auszufüllen. »Und, Baruch, genau so, wie wir nicht wie die Tiere essen, haben wir auch keinen Beischlaf auf ihre Art. *HaSchem* hat uns mit physischem Verlangen geschaffen, und die Ehe erlaubt uns, dieses Verlangen auf die richtige Art und Weise zu genießen. Nicht wie die wilden Tiere.« Rabbi Zilberman glotzte ihn an.

Wie die wilden Tiere? Aber wie sollte das anatomisch möglich sein? Er erinnerte sich an die Bilder – aber das Hinterteil war doch sicherlich die falsche Stelle? Baruch war sehr erleichtert, dass *HaSchem* dieses Problem für ihn gelöst hatte.

Doch der Rabbi war noch nicht fertig. »Und wenn deine Frau *nidda* ist, wirst du dich ihr nicht nähern. Du darfst sie nicht berühren, bis ihre Blutung aufgehört und sie sich in der *Mikwe* gereinigt hat. Dann könnt ihr wieder Freude aneinander haben, genau wie in der Hochzeitsnacht. Aber deine Frau wird das alles wissen. Sieh die Zeit, in der du keinen Beischlaf mit ihr haben kannst, als Zeit an, in der ihr euch wieder wie Bruder und Schwester kennenlernt; in der ihr alle Meinungsverschiedenheiten regelt und eure Freundschaft vertieft.« Der Rabbi sprach ruhig und ungeniert.

Baruch starrte auf sein Ohr. Es hörte sich alles sehr weise und einfühlsam an, und es war für ihn nichts Neues. Er hatte die Traktate der Familienreinheit in der *Gemara* studiert, ein Text, so trocken und unnahbar, dass Erotik gar nicht erst aufkommen konnte. Er hatte in der Schule Biologie gehabt, doch die mechanischen Fakten verblüfften ihn immer wieder.

Wie konnte sie da unten jeden Monat bluten? Bei dem Gedanken daran wurde ihm übel.

***

Zwei Tage vor der Hochzeit. Chani wusch, kämmte und bürstete sich, sie schrubbte sich beinahe wund. Sie saß in der kleinen Kabine und wartete darauf, dass das Licht über der Tür anging. Das Badezimmer war eine Wonne. Makellos sauber, mit glänzenden Oberflächen, ganz anders als zu Hause. Die Wände waren pastellrosa gestrichen. Passende rosa Handtücher lagen ordentlich gefaltet über einer geheizten Stange. Es gab sogar eine nagelneue Zahnbürste und eine frische Tube *koschere* Zahnpasta, ein winziges Paket Wattestäbchen, eine Nagelfeile, Nagelschere und Pinzette. Alles nur für sie.

An diesem Morgen hatte Chani sich zum letzten Mal innerlich kontrolliert, genau so, wie Rebbetzin Zilberman sie instruiert hatte. Das weiche *Bedika*-Tuch war strahlend weiß geblieben. Nicht ein Tropfen Blut. Sie war bereit für die *Mikwe,* das rituelle Bad. Die Rebbetzin hatte sie begleitet und wartete jetzt am Empfang. Chani las den gerahmten Hinweis an der Wand:

Bevor Sie mit den Reinigungsvorbereitungen beginnen, entfernen Sie:

   a) Schmuck
   b) Gebisse und Zahnprothesen (bei Zahnprovisorien
      fragen Sie Ihren Rabbi)
   c) falsche Wimpern
   d) Verbände, Pflaster
   e) Make-up
   f) Nagellack

Dann schneiden und feilen Sie Hand- und Fußnägel. Put-
zen Sie Ihre Zähne, spülen Sie den Mund aus, und benutzen
Sie die Toilette (wenn notwendig).

Baden und duschen Sie vor dem Tauchbad. Untersuchen
Sie sich und entfernen Sie getrocknete Blutreste oder Eiter,
getrocknete Muttermilch an den Brustwarzen, Reste von
Teig, Nissen oder Kopfläuse, Splitter, Tusche oder Farbreste.

Chani war sich sehr sicher, dass sie getrocknete Muttermilch und Kopfläuse ausschließen konnte. In ein flauschi-
ges Handtuch gehüllt, setzte sie sich auf den Badewannen-
rand. Flüsternd sprach sie das Gebet vor dem *Tewila* – dem
Eintauchen.

Mögen die Augen meines Ehemannes nur auf mich blicken
und meine Augen nur auf ihn … Möge mein Mann sich
meinetwegen glücklicher schätzen als wegen jedes anderen
Segens in der Welt …

Sie stellte sich vor, dass hinter den Türen der anderen Ka-
binen auch junge Bräute warteten, genau wie sie. Wissen
konnte man es nicht. In der *Mikwe* war man immer allein.

Bing! Die Lampe ging an. Chani sprang auf die Füße,
kontrollierte, ob das Handtuch richtig saß, und öffnete die
Tür. Draußen schimmerte der *Mikwe*-Pool einladend blau.
Die Oberfläche des tiefen Wassers kräuselte sich und warf
glitzernde Reflexe gegen die weiße Decke und die weiß-
gefliesten Wände. Er war größer, als sie gedacht hatte, und
füllte den leeren Raum fast vollständig aus.

»Hallooo, Schätzchen, mach dein Handtuch auf, und
lass mich dich ansehen.«

Chani machte einen Satz. Hinter ihr stand die *Mikwe-*

Frau. Sie war eine schrumpelige, alte Irre. Ihr Haar war in ein verblasstes blaues Kopftuch gehüllt. Sie trug Clogs und dunkelblaue Leggins. Ihr Lächeln war warm und ehrlich, ihre Blicke jedoch messerscharf.

Chani öffnete das Handtuch und wurde einer aufmerksamen Musterung unterzogen.

»Was du bist für eine süße, kleine Braut«, flötete die *Mikwe*-Frau. Chani fühlte sich bloßgestellt. Ihr ganzes Leben lang hatte sie ihre Nacktheit vor neugierigen Augen verborgen, und nun gab sie sie einer vollkommen Fremden preis.

Die *Mikwe*-Frau bat sie, sich umzudrehen, damit sie den Rücken nach ausgefallenem Kopfhaar absuchen konnte.

»Nägel, Schätzchen?«

Chani zeigte ihre Hände vor. Die *Mikwe*-Frau inspizierte jeden der abgebissenen Nägel. Dann besah sie sich die Handinnenflächen.

»Füße?« Chani hielt jeden Fuß hoch.

»Und hast du deine Haare da unten gekämmt?«, fragte die *Mikwe*-Frau.

Chani war nicht sicher, was um alles in der Welt sich dort verstecken sollte, also nickte sie pflichtschuldig.

»In Ordnung, Schätzchen, also rein mit dir. Weich dich richtig ein, meine Kleine. Tauch gaaanz unter.«

Drei Stufen, dann zwei Schwimmzüge, und sie war in der Mitte des Pools. Das Wasser war warm. Sie sank hinab, und die Oberfläche schloss sich über ihrem Kopf. Ihr Herz pochte in den Ohren. Als sie wieder aufstieg, erkannte sie verschwommen zwei dunkle Gestalten am Rande der *Mikwe*. Sie tauchte auf und schnappte nach Luft. Als sie die

Augen öffnete, sah sie Rebbetzin Zilberman auf sich herablächeln. Daneben stand die *Mikwe*-Frau, mit demselben verzückten Lächeln auf dem Gesicht.

Chani umklammerte ihren mageren Busen mit den Händen. Sie hatte nicht erwartet, dass die Rebbetzin hereinkam und zusah. Eine kleine Luftblase schoss hinter ihr auf. Sie betete, dass es niemand bemerkt hatte.

Sanft sagte die Rebbetzin zu ihr: »Chani, du musst dreimal ganz untertauchen und dann den Segensspruch aufsagen. Nicht die Beckenwände berühren, denn dann werden deine Handflächen nicht vollständig gereinigt. Spreize deine Finger und Zehen so weit auseinander, wie du kannst. Lass das Wasser jede Spalte waschen. Bist du so weit?«

Chani nickte und sank tief in die *Mikwe*. Sie wusste, wenn eine Frau unter Wasser betete, flogen ihre Gebete direkt zu *HaSchem*. Sie ließ sich zwischen Zeit und Raum treiben. Sie öffnete die Augen, das Wasser brannte nicht. Es war rein und natürlich.

Bitte, HaSchem, mach, dass es in meiner Hochzeitsnacht nicht weh tut. Bitte, HaSchem, lass es leicht und schnell vorübergehen.

Sie tauchte noch zweimal unter. Schließlich kam sie an die Oberfläche und sagte den Segensspruch. Wiedergeboren. Sie war bereit zur Hochzeit.

Der Vater der Braut

Auf der Treppe will ich noch umkehren, aber da ist es schon zu spät. Meine Ex-Frau Karin öffnet die Tür, schlägt die Arme unter und sieht mir entgegen, bis ich endlich mit wild klopfendem Herzen vor ihr stehe. Mein Herz hat nach vier Stockwerken immer geklopft. Abend für Abend habe ich mein wie verrückt pochendes Herz an ihre Brust gedrückt, am Anfang voller Erregung und Sehnsucht, am Ende wie ein *Football*-Spieler beim *sack*. Aber sie gab nicht nach. Immer stand sie da, so wie sie jetzt auch dasteht. Als brächte ich eine frohe Botschaft. Das Glück. Bis zur letzten Sekunde unserer Ehe stand sie so da.

Sie haucht mir einen Kuß auf die Wange und zieht mich in die Wohnung. Daß du es tatsächlich geschafft hast, sagt sie, tritt einen Schritt zurück und betrachtet mich wie ein Bild in einem Museum.

Wir haben uns fast fünf Jahre nicht mehr gesehen. Keine Ahnung, was sie denkt. Alt ist er geworden. Er sieht nicht gut aus. Zum Glück bin ich nicht mehr mit ihm verheiratet. Gut sieht er aus. Immer besser, je älter er wird. Ein Jammer, daß ich nicht mehr mit ihm verheiratet bin.

Sie lächelt ein wenig, und auch dieses Lächeln bleibt mir ein Rätsel. Ist es wehmütig oder froh? Ich auf jeden Fall fühle beides gleichzeitig, und davon wird mir schwindelig, fast ein wenig übel, als hätte ich Heringe mit Marmelade gegessen oder Kuchen mit Bratensoße.

Es riecht anders, als ich es in Erinnerung habe. Das verwirrt mich mehr, als wenn die Wände umgestrichen und alle Möbel ausgetauscht wären.

Wonach riecht es hier?

Karin zuckt die Achseln. Vielleicht der Weihrauch, sagt sie lakonisch und nimmt mir den Mantel ab.

Welcher Weihrauch?

Sie antwortet nicht. Mein Blick fällt auf Annas Turnschuhe, die sie, wie immer, unter die Garderobe gepfeffert hat. An diesem vertrauten Anblick werde ich mich den ganzen Abend über festhalten. Etwas, das genau so geblieben ist, wie es immer war, die stinkenden, abgelatschten Turnschuhe meiner Tochter, sie werden mir Halt geben, die Turnschuhe der Braut.

Jetzt komm schon. Karin zieht mich am Arm ins Wohnzimmer, und da sitzen sie alle, die ich nie wieder sehen wollte, wie die Krähen um den Adventskranz herum. Sie sehen mich mit kalten Augen an und knabbern Adventskekse. Meine Schwiegermutter, eine alte Grille im Seidenkleid, mein Schwager, ein vierschrötiger Mensch mit rotem Kopf, Stationsarzt im Schwabinger Krankenhaus, Elke, Karins beste Freundin, die Karin während der Trennung beriet und der ich meine astronomischen Unterhaltszahlungen zu verdanken habe.

Auf der Couch sitzen zwei junge, etwas verwirrt aussehende Menschen in karierten Hosen und überdimensionalen T-Shirts, die Karin mir als die besten Freunde unserer Tochter vorstellt, die aber höchstens aussehen wie sechzehn. Vielleicht kann ich ihr Alter aber auch nicht mehr richtig schätzen, weil ich mit jungen Menschen jetzt kaum noch etwas zu tun habe und sie sich seitdem wie mit Lichtgeschwindigkeit von mir entfernt haben. Manchmal bedauere ich das.

Wo ist denn Anna?

Sie zieht sich um, sagt Karin eilig.

Und der Bräutigam? Ich habe ihn noch nie gesehen. Weiß nur, daß er Ivo heißt und Taxi fährt.

Ich kann mir meine Tochter beim besten Willen nicht als Braut vorstellen. Aber wenn ich ehrlich bin, kann ich sie mir überhaupt nicht anders vorstellen als das Kind, das sie war, als ich gegangen bin. Ein spindeldürres Kind mit strohblonden Haaren, das sich weigerte zu essen, um nie, nie erwachsen werden zu müssen und so wie wir.

Wir haben uns selten gesehen seit der Scheidung vor sechs Jahren. Ab und an gab es verklemmte Gespräche in Restaurants, ein paarmal hat sie mich in der neuen Wohnung besucht. Zu Eva, meiner neuen Freundin, fand sie keinen Draht – oder wollte keinen finden. Sie wurde mir fremd, meine Tochter, sie bekam eine schlechte Haut, wurde dick, als sie endlich wieder normal aß, sehr dick, fett, fast monströs, so daß ich irgendwann das kleine, dünne Mädchen, das ich kannte, nicht mehr wiederfand.

Bei unserem letzten Treffen vor einem halben Jahr saß ich einer dicken, jungen Frau mit wilden, rötlich gefärbten Haaren gegenüber, die mich entsetzlich langweilte und irgend etwas von einer Ausbildung als Shiatsu-Masseuse in Holland faselte und von dem Glück, mit anderen Menschen in Kontakt zu sein. Ich nickte und lächelte höflich, wie man nur bei Leuten lächelt, die man sich am liebsten auf den Mond wünscht. Meine eigene Tochter, die ich nur einmal im Jahr sah! Erschrocken fragte ich sie irgend etwas Belangloses, da richtete sie sich kerzengerade auf, sah mich mit den Augen ihrer Mutter an und sagte klar und deutlich: Ich möchte nicht wie du immer woanders sein, als ich bin.

Wie meinst du das, um Himmels willen?

Ihr Blick verlor seine Härte, ein rosa Schimmer überzog ihre teigigen Wangen, sie fummelte an der Kerze herum, die auf dem Tisch stand. Du ... du bist irgendwie nie richtig da, murmelte sie. Und als du damals gegangen bist, haben wir es gar nicht so recht gemerkt, weil du vorher, als du noch da warst, auch nie wirklich da warst.

Jetzt bin ich also da, Anna, ich bin hier, obwohl ich das angesichts dieser jämmerlichen kleinen Hochzeitsgesellschaft bereits heftig bereue.

Karin drückt mir ein Glas Punsch in die Hand, gleichzeitig öffnet sich die Tür zum Schlafzimmer, und Anna kommt in einem braun glänzenden Kleid auf mich zugesprungen wie ein riesiger Medizinball, umarmt mich so heftig, daß ich den Punsch fast verschütte, und deutet begeistert auf einen kleinen, dünnen Mann, der schüchtern und mit gesenktem Kopf hinter ihr steht.

Das ist Ivo! ruft sie, legt einen ihrer dicken Arme um den kleinen Mann. Freut mich, sagt er. Er hat eisblaue Augen in einem grauen Mausgesicht. Von nahem wirkt er jünger. Vielleicht fünfundzwanzig. Er trägt einen Anzug mit zu breiten Schultern und ein grün schillerndes Hemd.

Meine Familie konnte leider nicht kommen, aber sie haben einen Schinken geschickt, sagt er und lächelt unsicher.

Jetzt laß doch den Schinken, lächelt Anna und sieht mich unverwandt an. Sie wartet, daß ich ihr ein Zeichen gebe, daß mir ihr Mann gefällt, daß der dünne, blasse Ivo aus Sarajevo genau der Richtige für sie ist. Ich kann nicht. Ich senke den Kopf, und als ich ihn wieder hebe, habe ich ein künstliches Lächeln aufgesetzt, das sie sofort als solches erkennt.

Enttäuscht wendet sie sich ab. Ich wechsle einen Blick mit Karin. Sie zieht die Augenbrauen hoch und hebt leicht die Hände. Sie hätte mich vorbereiten können auf Ivo. Kein Wort hat sie gesagt, aus purer Bosheit hat sie kein Wort über ihn verloren.

So, sie klatscht in die Hände, alle bitte austrinken. Wir müssen los. Nach Karlsfeld brauchen wir mindestens eine halbe Stunde.

Die Kirche ist in Karlsfeld?

Der Tempel, verbessert sie mich lächelnd.

Wieso der Tempel?

Ach, sagt Karin leichthin, habe ich dir das gar nicht erzählt? Ivo und Anna heiraten buddhistisch.

Aha.

Alle sehen mich an, als hätte *ich* etwas Seltsames gesagt. Ich wende mich an Ivo. Sie sind Buddhist?

Nö.

Und du, Anna, bist du neuerdings Buddhistin?

Nein, sagt Anna, eigentlich nicht.

Mir wird leicht schwindlig, das mag an dem Punsch liegen. Und wieso heiratet ihr dann buddhistisch?

Das würde ich auch gerne mal erfahren, krächzt meine Schwiegermutter aus dem Hintergrund.

Och, sagt Anna, weil ich ja nicht getauft bin und Ivo

Moslem ist, können wir nicht in der Kirche heiraten, und nur auf dem Standesamt fanden wir auch irgendwie doof.

Ah ja, lächle ich belämmert in die Runde.

Und die Buddhisten waren mir schon immer sympathisch, fügt Anna hinzu. Ja, sagt Ivo und trinkt seinen Punsch in einem Zug aus.

Wir fahren vor den anderen her im Taxi. In Ivos Taxi. Darauf hat er bestanden. Karin sitzt vorne, Anna und ich hinten. Darauf hat Karin bestanden. Der Vater der Braut solle doch bitte schön neben der Braut sitzen. *Der Vater der Braut.* Einen winzigen Moment lang fühle ich mich tatsächlich wie Spencer Tracy in dem gleichnamigen Film. Fast ein bißchen stolz. Aber dann sehe ich meine dicke Tochter, die so viel Platz einnimmt, daß ich mich dicht ans Fenster quetschen muß, und den dünnen Hecht am Steuer, der ihr Mann sein will, und die müden roten Rosen, die irgend jemand in die Löcher vom Armaturenbrett gesteckt hat, und mein ganzes bißchen Stolz fliegt wie eine Fliege zum Fenster hinaus.

Karin dreht sich zu mir um und lächelt mich aufmunternd an, so wie sie mich immer angelächelt hat, wenn etwas Unangenehmes vor uns lag. Zum letzten Mal beim Gerichtstermin unserer Scheidung.

Ivo schaltet aus Versehen den Taxameter ein. Ivo, sagt Anna zärtlich und legt ihm von hinten die Hand auf die Schulter.

Ivo lacht kurz auf wie eine Hyäne, schaltet den Taxameter wieder aus und sucht im Rückspiegel Annas Blick, erwischt jedoch meinen. Seine eisblauen Augen erinnern mich an die Augen von Polarhunden.

Anna nimmt die Hand von seiner Schulter und malt Kringel auf die beschlagene Scheibe neben sich. Sie hat immer irgend etwas auf die Autoscheiben gemalt mit ihren verschmierten, fettigen Kinderpfoten. All die endlosen Autofahrten mit einem kreischenden Baby in seinem Kindersitz, später das Geblök der Kindermusikkassetten, dann ein muffiger, magersüchtiger Teenager, all diese vergeblichen Fahrten ins Glück. Und dann wieder ein strahlendes, braungebranntes Kind, das in Jeans und T-Shirt auf mich zustürzt und an mir hochspringt wie ein Hund, und eine lächelnde Frau, die uns dabei zusieht. Ein vor Freude glucksendes Baby, das ich hoch in die Luft werfe, hoch, hoch, hoch, so hoch, daß Karin vor Schreck ganz blaß wird, und das Glück, dieses Glück, immer wenn dieses sabbernde, quiekende Baby wieder auf mich zufliegt, als käme es direkt aus dem Weltall.

Ich suche nach Annas Hand auf dem Sitz und drücke sie. Eine weiche, große Hand, die mir völlig unbekannt ist. Erstaunt dreht sie mir ihr rundes Gesicht zu, und mit einer plötzlichen Bewegung legt sie ihren Kopf auf meine Schulter. Schwer lastet er auf mir, es ist nicht besonders bequem.

Du hast zu mir Kristallstraße gesagt, ganz sicher, behauptet Karin.

Nein, Diamantstraße, jammert Anna, es war die Diamantstraße. Ivo, sag doch auch mal was.

Es war irgend so ein Edelstein, sagt Ivo.

Wir irren in unserer kleinen Kolonne im Halbdunkel durch eine heruntergekommene Wohnsiedlung weit vor der Stadt. Unter den Teppichstangen zwischen den Häusern liegt Schnee. Hinter den quadratischen Fenstern stehen Weihnachtspyramiden und leuchten mattgelb vor sich hin. Zum dritten Mal biegen wir von der Smaragdstraße in die Rubinstraße.

Es ist schon nach fünf, jammert Anna, der Lama ist bestimmt schon da.

Der Lama?

Ja, der Lama der Kalmücken kommt extra für uns.

Der Lama der Kalmücken?

Karin dreht sich zu mir um und verdreht die Augen. Ich drehe ebenfalls die Augen gen Himmel. Die Verschwörung der Eltern gegen ihre Kinder. Dieser kleine Moment stillen Einverständnisses zwischen Karin und mir macht mich unversehens glücklich. Ich hebe die Hand, um sie ihr auf die Schulter zu legen, lasse es dann aber doch sein.

Laß uns noch einmal zurückfahren zur Opalstraße, schlage ich vor, und von vorne anfangen.

Ivo fragt über Funk seine Kollegen an. Keiner weiß Bescheid. Ist das nicht in Karlsfeld? brüllt eine Frau mit Kölner Einschlag aus dem Funkgerät, da gibt's 'ne ganze Ecke, da heißen alle Straßen wie Juwelen, und die Häuser sind der letzte Dreck.

Wir finden das nie, stöhnt Anna und greift jetzt nach meiner Hand.

Als wir zum fünften Mal durch die Rubinstraße fahren, steht ein stämmiger Mann in einem seltsamen roten Umhang mit nackten Oberarmen vor einem Haus im Schnee.

Da ist er! ruft Anna aufgeregt. Der Lama! Halt an! Halt doch an!

Von einer asiatischen Frau mit Schürze werden wir

freundlich angehalten, uns in dem winzigen Flur die Schuhe auszuziehen.

Mit unseren dicken Wintermänteln sind wir uns gegenseitig im Weg, wir schubsen und schieben und flüstern aufgeregt wie eine Schulklasse. Ivo holt einen Kamm aus seiner Hosentasche und fährt sich damit durch die Haare. Er legt dabei seinen Kopf schräg wie früher mein Vater.

Verwundert stelle ich fest, daß ich tatsächlich eine Familienähnlichkeit an Ivo entdeckt habe, da werden wir aufgefordert hereinzukommen in die winzige Zweizimmerwohnung, von der das Wohnzimmer eine Art Wartezimmer und das Schlafzimmer der Tempel ist. Meine Schwiegermutter geht barfuß vor mir so vorsichtig über den Teppich, als fürchte sie versteckte Tellerminen.

Ich drehe mich nach Anna um, will ihren Arm nehmen – so macht man das doch, als Vater der Braut. Im Kopf höre ich sogar die richtige Musik dazu: Taatatata – taatatata. Aber Anna lächelt nur und faßt Ivo fest bei der Hand. Ihre Augen glänzen wie als Kind, wenn sie endlich das Weihnachtszimmer betreten durfte.

Vor einer Art Schrankwand mit verschiedenen goldenen Buddhas stehen brennende Butterlämpchen und Schalen voller Obst und Weihnachtskeksen. Selbst ein Schokoladenweihnachtsmann ist dabei. An den Wänden hängen bunte Bilder, überhaupt ist alles sehr bunt und heiter. Die Teppiche haben leuchtende Farben, rote Kissen liegen im Raum verstreut, goldgelbe Tücher hängen über einem Podest, auf dem jetzt der Lama sitzt. Er ist klein und dick, sein runder Schädel geschoren, sein Alter kaum zu schätzen. Vierzig? Siebzig? Seine Ausstrahlung ist ebenso heiter wie seine Umgebung und würdevoll zugleich. Lächelnd bedeutet er uns, uns ebenfalls zu setzen. Die Brauteltern in der zweiten Reihe, die anderen dahinter.

Mit krachenden Knochen lasse ich mich auf ein rotes Kissen nieder, während Karin sich neben mir elegant auf die Fersen kniet. Ich bin gespannt, wie lange sie diese Position aushält.

Daß ich so was noch erleben darf, sagt meine Schwiegermutter hinter mir.

Dem Brautpaar weist der Lama zwei goldene Kissen in der ersten Reihe zu. Anna wirft sich sofort schwer wie ein Elefantenkalb nieder, während Ivo stehenbleibt und sich etwas betreten umsieht. Freundlich nickt ihm der Lama zu.

Ich glaub, ich komm nicht runter, sagt Ivo schüchtern und deutet auf sein Knie. Schußverletzung. Krieg. Er zuckt die Schultern, grinst.

Oh, Anna rappelt sich wieder auf und bietet ihm ihren breiten Rücken dar. Entschuldige.

Ivo winkt ab, stützt sich auf ihren Rücken und senkt sich langsam mit ihr zu Boden, wobei er das eine Bein anwinkelt, das andere weit von sich streckt.

Er trägt Socken mit eingestricktem Spielkartenmuster. Ich kann seinen Fuß nicht sehen. Vielleicht hat er sogar eine Prothese, dieser kleine, dünne, jämmerliche Taxifahrer, der Mann meiner Tochter, der bereits in einem Krieg war, während ich noch nicht mal bei der Bundeswehr war.

Da sitzt also mein künftiger Schwiegersohn Ivo, der Kriegsteilnehmer und Taxifahrer, direkt vor mir, sein Rücken so schmal wie der eines Zwölfjährigen, und daneben meine mächtige Tochter, zukünftige Masseuse, und der

Lama wirft in einer großen Geste seinen roten Umhang über die eine nackte Schulter, kichert und sagt in fließendem Deutsch: So, dann fangen wir mal an mit der Trauung, die es bei uns Buddhisten gar nicht gibt. Er kichert abermals. Ich kann Sie nicht trauen, aber ich kann Ihnen einen Glückssegen geben.

Einen was? flüstert hinter mir meine Schwiegermutter, die immer gegen mich gewesen ist und bis zur letzten Minute versucht hat, ihre Tochter davon abzubringen, einen Sportreporter aus Hannover zu heiraten. Einen Glückssegen, flüstert Karin zurück.

Jeder Mensch möchte glücklich sein. Ich möchte Sie beide bitten, dem anderen bei seinem Streben nach Glück immer behilflich zu sein, sagt der Lama zu dem Brautpaar. Und gleichzeitig sollten Sie den Samen des Glücks in sich selbst bewässern, damit es wächst und gedeiht. Und was ist der Same des Glücks? Er macht eine Pause und sieht uns alle der Reihe nach an, seine Augen sind wach und scharf. Er wandert mit seinem Blick über Anna und Ivo zu Karin und schließlich zu mir. Der Augenblick. Der gegenwärtige, bewußt erlebte Augenblick. Wenn Sie essen, essen Sie. Wenn Sie schlafen, schlafen Sie. Wenn Sie heiraten, heiraten Sie.

Seine Augen blitzen. Wieder lacht er. Mehr sagt er nicht. Zumindest nicht auf deutsch. Er rezitiert irgend etwas auf tibetisch mit vielen *chös* und *lös* und *pas,* ganz tief aus seinem Bauch heraus kommen diese Töne, als hätte er eine Trompete verschluckt. Meine Beine schlafen ein, mühsam zerre ich sie unter mir hervor und lege sie wie zwei Stöcke in eine andere Richtung.

Auch Karin hat Mühe, ihren eleganten Fersensitz beizubehalten. Unruhig rutscht sie von einer Pobacke auf die andere, aber Ivo und Anna vor uns rühren sich keinen Zentimeter von der Stelle.

Ganz langsam kriecht Karins Hand über den himmelblauen tibetischen Teppich auf meine zu, bis wir uns an den Händen halten und gemeinsam auf den vertrauenerweckenden breiten Rücken unserer Tochter starren.

Haben Sie vielleicht 'ne Zigarette? fragt mich Ivo, als wir aus dem Haus kommen. Er trägt den weißen Segensschal über seinem grauen, schweren Mantel. Ich sehe jetzt sein leichtes Humpeln. Der Schnee knirscht unter unseren Füßen. Hast *du*? verbessere ich ihn.

Ne, sagt Ivo.

Ich meine, du mußt mich duzen, ich bin doch jetzt dein Schwiegervater. Ich klopfe ihm ungelenk auf den Rücken und hole die Schachtel Zigaretten aus meiner Tasche.

Wie hast du's gefunden? fragt mich Ivo. Sein Gesicht leuchtet im Feuerschein der Zigarette orange auf. War doch 'ne gute Idee, oder?

Ja, sage ich.

War doch schön, oder?

Ja.

War doch verrückt, oder?

Ja.

Und schön.

Ich glaube, du darfst jetzt nie mehr eine Mücke totschlagen – es könnte deine reinkarnierte Großmutter sein, sage ich. Wir lachen beide und beobachten Anna, die mit beiden Händen im Schnee wühlt.

Ich wollte einfach was, an das ich mich mal erinnern kann, sagt Ivo, legt den Kopf schief und fährt sich wie mein Vater langsam über die Haare, und da kommt Anna lachend mit offenem, wehendem Mantel auf uns zugelaufen und wirft ihren Schneeball hoch in die Luft, hoch, hoch, hoch, und wir alle verfolgen seinen Flug und fragen uns, wen von uns er treffen wird.

Der Brautstrauß

Sanne nahm den großen flachen Karton entgegen, den Micha ihr aus dem Auto reichte, und ging damit wieder zurück zum Haus. Sie hob den Deckel etwas an und warf einen prüfenden Blick auf die Spieße mit Birnen, Bohnen und Speck. Die Braut hatte sich gewünscht, dass es zum Sektempfang typisch norddeutsche Gerichte gab, und Sannes Aufgabe war es gewesen, diese Klassiker zu Fingerfood umzuinterpretieren – was ihr ganz gut gelungen war, wie sie fand. In der Küche, die man ihr für das Catering zur Verfügung gestellt hatte, warteten schon die Minitoasts mit Nordseekrabben und die mit Schnittlauch zusammengehaltenen Spargel-Schinken-Päckchen.

Nach dem Empfang wurden Brautpaar und Gäste fotografiert, und etwas später sollte dann die dreistöckige Hochzeitstorte angeschnitten werden, die Sanne gestern gebacken und heute Morgen hier vor Ort übereinandergeschichtet, mit weißem Fondant überzogen und mit Blüten aus Marzipan verziert hatte. Seitdem thronte das Prachtstück auf dem langen Esstisch, denn natürlich passte es in keinen Kühlschrank. Damit die Torte trotzdem gekühlt wurde, hatte Sanne um sie herum Styroporboxen aufgestellt, in denen sie Unmengen von Kühlelementen aufgeschichtet hatte, die sie ab und zu gegen neue aus dem Gefrierfach austauschte.

Die acht Meter lange Kaffeetafel war auf dem Rasen vor dem alten Backsteinhaus gedeckt, das Sanne wegen seiner Größe eher für einen Herrensitz gehalten hätte als für ein ehemaliges Pastorat. Es sah alles sehr festlich aus mit den weißen Tischtüchern, dem alten, uneinheitlichen Porzellan und den Wiesenblumen, die in Milchflaschen verschiedener Größen steckten. Die Frau, die für die Blumen zuständig war, hatte auf dem ganzen Gelände alte Zinkeimer, -wannen und Gießkannen verteilt, in denen Klatschmohn, Kamille und Kornblumen blühten, und in den Bäumen hingen weiße Papiergirlanden.

Es lief alles wie am Schnürchen, und sogar das Wetter spielte mit. Zwar wehte heute ein ziemlich starker Wind, aber die Sonne schien, und der Himmel war blau, was im Juni zwischen Nord- und Ostsee alles andere als selbstverständlich war. Auf dem Rasen vor der alten Dorfkirche auf der anderen Seite der Allee standen nur noch vereinzelt feierlich gekleidete Hochzeitsgäste in Grüppchen zusammen, die anderen waren bereits in die Kirche gegangen und warteten darauf, dass es losging.

Als Sanne die Diele des Hauses betrat, kam ihr Jule entgegen, die Trauzeugin, die sie von der Vorbesprechung und dem Probeessen kannte. Sie und Inken, die Braut, hatten eins der Wohnzimmer zur Umkleide umfunktioniert, in das sie sich vor einer Stunde zurückgezogen hatten.

»So!« Jule lächelte. »Wir wären dann so weit. Fehlt nur noch der Brautstrauß. Wurde der vielleicht inzwischen hier abgegeben?«

»Nein, tut mir leid.« Sanne stellte die Kiste zu den anderen auf den großen Esstisch in der Küche.

»Ach, das ist ja blöd. Inkens Mutter hat darauf bestanden, dass sie sich um den Brautstrauß kümmert, und jetzt kommt sie nicht.« Jule ging zur Haustür und sah hinaus. »Piet! Gut, dass du kommst! Hast du Inkens Mutter irgendwo gesehen?«

»Die sitzt in der Kirche. Warum?«

Sanne drückte sich an dem Zwillingskinderwagen vorbei, den Jules Mann Piet vor sich hergeschoben hatte, und warf einen Blick auf die schlafenden Babys. Sie musste noch die letzte Kiste holen, bevor sie alles auf die Platten verteilen konnte. Als sie vom Auto zurückkam, sah sie Piet wieder zur Kirche hinüberlaufen. Sie blickte auf die Uhr. Kurz vor eins. Um eins sollte die Trauung beginnen. Wo blieben eigentlich ihre Aushilfskellnerinnen? Langsam wurde es Zeit, dass die beiden auftauchten, denn Micha und sie mussten während des Sektempfangs hinter den Kulissen weiterarbeiten, damit für Nachschub gesorgt war und Torte, Kaffee und Tee rechtzeitig serviert wurden.

Sanne zog den Stapel mit den Platten zu sich heran und verteilte sie auf der Arbeitsplatte. Durch die offene Küchentür sah sie die Braut aus ihrem Zimmer kommen. Sie trug ein schlichtes, langes weißes Kleid, in dem sie ganz natürlich wirkte, und trug auch keinen Schleier, nur eine Margerite im hochgesteckten Haar. Inken war etwa in Sannes Alter und heiratete zum zweiten Mal, trotzdem hatte sie sich für Weiß entschieden, wie sie Sanne erzählt hatte, nicht zuletzt auf Drängen ihrer Tochter. Sanne glaubte nicht, dass sie beim zweiten Mal in Weiß heiraten würde, aber zwischen Micha und ihr war von Hochzeit ja auch noch gar nicht die Rede.

»Inken! Es tut mir ja so leid!« Durch das offene Fenster sah Sanne eine recht üppige Dame in einem Kleid mit grün-lila Zackenmuster auf das Haus zulaufen. »Da hab ich mir beim Aussuchen solche Mühe gegeben, und dann vergess ich, dir den Strauß zu geben. Ach, ich bin so blöd! Die ganze Zeit sitz ich in der Kirche und hab deinen Brautstrauß auf dem Schoß …«

Nach einer Pause hörte Sanne Jule sagen: »Das soll der Brautstrauß sein?«

»Ja. Schön, nicht?«

Wieder Stille, dann Inkens plötzlich sehr unterkühlte Stimme: »Mama, ich hatte dir ausführlich erklärt, dass wir uns für Wald- und Wiesenblumen entschieden haben, von der Tischdeko bis zu den Blumenkindern. Für *norddeutsche* Wald- und Wiesenblumen, nicht für afrikanische. Du konntest eigentlich nichts falsch machen!«

Inken klang so aufgebracht, dass Sanne es für richtig hielt, sich zu erkundigen, ob sie helfen konnte. Langsam näherte sie sich den drei Frauen. Die Brautmutter guckte über ihr ausladendes Dekolleté hinweg etwas indigniert auf den Strauß aus roten und orangefarbenen Blüten, den sie in den Händen hielt. Die Blumen sahen aus wie fleischfressende Pflanzen. Außerdem war der Strauß ziemlich groß geraten, wenn man bedachte, dass die Braut ihn über längere Zeit in der Hand halten sollte.

Jule, die Trauzeugin, warf Sanne einen hilfesuchenden Blick zu. Um den Mund der Braut zuckte es.

Okay, dachte Sanne. Inken durfte jetzt nicht zur *Bridezilla* mutieren. Fast auf jeder Hochzeit kam der Augenblick, in dem die Braut die Nerven verlor, weil irgendetwas nicht lief wie geplant, und irgendetwas lief *immer* nicht wie geplant, da hatte sie nach über zwei Jahren Hochzeitscatering inzwischen Erfahrung.

»Entschuldigung, ich hätte da vielleicht eine Idee«, sagte Sanne und lächelte aufmunternd in die Runde. »Darf ich?«

Die Brautmutter nickte dankbar und streckte ihr den Strauß hin, den ihr bisher niemand hatte abnehmen wollen.

»Vielen Dank. Am besten, Sie gehen schon mal in die Kirche, es wird ja jetzt gleich losgehen. Kommt ihr noch mal kurz mit rein?«, fragte sie die beiden anderen.

Jule warf einen prüfenden Blick in den Kinderwagen, in dem es still war, dann gingen sie nach drinnen. Sanne legte den unpassenden Strauß zur Seite.

»Ich würde vorschlagen, ich nehme mir jetzt ein scharfes Messer, suche aus den Blumen, die draußen in den Eimern und Gießkannen stehen, die schönsten aus und mache daraus einen schönen dichten kleinen Brautstrauß.«

»Wirklich? Kannst du das denn?«, fragte Inken.

Sanne nickte. »Ich denke schon. Sieht vielleicht ein bisschen selbstgemacht aus, aber …«

»Das macht gar nichts«, sagte Jule, und auch die Braut nickte erleichtert.

»Okay. Zehn Minuten!«, sagte Sanne.

Während die beiden Frauen noch einmal in ihrem Zimmer verschwanden, blickte Sanne auf die Uhr. Dieses Problem war so gut wie gelöst, aber sie sah bereits das nächste auf sich zukommen, denn sie verlor wertvolle Zeit, und ihre Kellnerinnen waren immer noch nicht da. Und wo steckte eigentlich Micha?

Umgeben von Wald, lag der See ruhig da. Ein traumhaftes Grundstück, dachte Micha. Es gehörte einer Familie, die offenbar über mehrere solcher Schätze verfügte, denn sie vermieteten das ehemalige Pastorat und seine Umgebung für Veranstaltungen wie die heutige Hochzeit. Micha stellte den kleinen Tisch ab, den er heimlich im hinteren Teil des Transporters mitgenommen und jetzt schnell hierhergebracht hatte in der Hoffnung, dass Sanne sein kurzes Verschwinden nicht bemerkte. Er wollte sie überraschen, später, wenn die Gäste ihren Hochzeitskaffee getrunken hatten und ihre Arbeit getan war. Da die abendliche Party woanders steigen sollte, wollte er sich die Gelegenheit, dieses idyllische Plätzchen mit Sanne ganz für sich zu haben, nicht entgehen lassen.

Er hatte sich alles genau überlegt und den Tag von langer Hand geplant. Seine Schwester würde später mit dem Anhänger und den beiden Pferden kommen, so dass er Sanne mit einem Ausritt im Wald überraschen konnte, schließlich hatten sie sich über das Reiten kennengelernt. Anschließend tranken sie hier am See Champagner und aßen eine Kleinigkeit, und er würde den Ring hervorzaubern mit dem Stein, der aussah wie ein Granatapfelkern. Und dann würde er sie fragen. Ein bisschen mulmig war ihm dabei, weil sie noch nie übers Heiraten gesprochen hatten und er sich nicht sicher war, was sie davon hielt – aber er hatte keinen Zweifel, wie sie zu ihm stand.

Micha drehte sich um und wollte gerade Richtung Auto laufen, als er etwas abseits einen Mann im dunklen Anzug auf einem umgekippten Baumstamm sitzen und auf das Wasser starren sah.

»Hey, alles in Ordnung?«

Der Mann blickte zu ihm herüber und schüttelte langsam den Kopf. »Nee.« Er sah wieder aufs Wasser.

Micha ging auf ihn zu. »Was ist denn los?«

»Ich glaub, ich ... ich krieg kalte Füße.«

»Ja?«

Einen Augenblick hatte Micha tatsächlich gedacht, er meinte es wörtlich, aber dann begriff er. Der Typ mit der Weste unterm Sakko und drei Blümchen im Knopfloch war der Bräutigam. Nicht gut, wenn der kalte Füße bekam.

Micha setzte sich neben ihn auf den Baumstamm, und der Mann sah ihn panisch an. »Ich weiß nicht, was ich machen soll ... ich kann Inken doch jetzt nicht sitzenlassen, ich bin ja kein Arschloch. Aber ich kann da auch nicht reingehen ... Ich bring das einfach nicht.«

»Ganz ruhig, Mann.« Micha streckte ihm die Hand hin. »Ich bin Micha.«

»Steffen.« Sie schüttelten sich die Hand.

»Wo liegt denn das Problem?«

»Na ja ... ich meine: für immer?!«

Micha nickte. »Verstehe.«

Obwohl er es eigentlich nicht verstand, denn das war genau das, was er wollte: für immer mit Sanne zusammen sein.

»Die Verantwortung macht mich fertig. Sie ist ja ein bisschen älter als ich, hat das Kind ... Ich bin da irgendwie noch gar nicht.«

Oje. Das klang fast so, als sollte er es sich wirklich noch einmal überlegen. Besser jetzt als ein Jahr nach der Hochzeit.

»Aber …«, sagte Micha. »Ihr seid doch bestimmt schon eine Weile zusammen, oder?«

»Zweieinhalb Jahre.«

»Dann ändert sich doch eigentlich gar nichts.« Sie schwiegen eine Weile, dann fragte Micha: »Wollte sie denn heiraten oder du?«

»Ich wollte das.« Steffen blickte nachdenklich aufs Wasser. »Sie war schon mal verheiratet, nicht besonders glücklich, und fand erst, dass das nicht nötig ist.«

Eine ähnliche Situation wie bei Sanne und ihm also. Micha sah auf die Uhr. Kurz nach eins. Soweit er wusste, sollte die Trauung jetzt beginnen. Womöglich hielt die Braut feierlich in der Kirche Einzug, ohne dass ihr Bräutigam vorne auf sie wartete … Würde das jemand zu verhindern wissen? Bisher hatte er die Glocken jedenfalls nicht läuten hören.

Steffen sah ihn an. »Das ist ein Abschied von so vielen anderen Möglichkeiten.«

»Hm. Was für Möglichkeiten denn?«

»Na ja … Ich weiß nicht … andere Frauen, vielleicht? Einfach ein wilderes Leben als das, was mich erwartet? Ach, ich weiß es auch nicht.« Steffen sah wieder aufs Wasser. »Irgendwie kann ich es mir ohne Inken ja auch gar nicht mehr vorstellen. Wir verstehen uns wirklich gut … eigentlich.«

Vielleicht doch nur die ganz gewöhnliche Hochzeitspanik, dachte Micha. Aber er wollte sichergehen.

»Liebst du sie?«

Ohne zu zögern, nickte Steffen. »Ja.«

»Gut, Kumpel.« Micha stand auf. »Komm. Inken wird schon auf dich warten. Das ist 'ne ganz normale Panikattacke. Das gehört, soweit ich weiß, dazu. Du darfst dich nur nicht davon unterkriegen lassen. Ich bin nämlich ziemlich sicher, dass du das bereuen würdest.«

»Meinst du?«

Micha nickte. »Das ist wie auf der Autobahn. Immer nur den nächsten Abschnitt im Auge haben. Nicht davon kirre machen lassen, wie weit es noch ist.«

Ein Vergleich, den Micha selbst nur mäßig passend fand, aber Steffen nickte, als hätte er etwas sehr Kluges gesagt. Er stand ebenfalls auf, und zusammen machten sie sich auf den Weg durch den kleinen Waldabschnitt zur Kirche. Plötzlich blieb Steffen stehen.

Bitte nicht schon wieder, dachte Micha.

Aber Steffen schlug ihm nur auf die Schulter. »Danke, Mann.«

»Da nicht für.«

»Nee, echt. Alleine wär ich da sitzen geblieben, da kannst du einen drauf lassen. Kannst du mir noch einen Gefallen tun?«

»Klar, was denn?«

»Kommst du mit? Zur Trauzeremonie?«

»Ah, das wird schwierig. Ich muss ja das Catering vorbereiten, und wenn ich nicht …«

»Bitte, Mann. Wenn ich wieder nervös werde, guck ich dich einfach an. Dann schaff ich das. Du hast irgendwie so eine beruhigende Wirkung auf mich.«

Micha lachte. Genau das sagte Sanne auch immer.

»Stell dir mal vor, mich erwischt diese Panik da drinnen noch mal …«

Das wollte Micha sich allerdings lieber nicht vorstellen.

Und schließlich durfte die Hochzeit auf keinen Fall platzen, denn dann wäre es auch egal, ob das Catering reibungslos funktionierte. Außerdem lief Sanne unter Druck immer zu Hochform auf, sie würde das schon alleine schaffen, und sicher waren inzwischen auch die beiden Kellnerinnen da. Er musste Sanne nur ausrichten lassen, wo er war. Nicht dass sie sauer auf ihn wurde. Das wäre keine gute Voraussetzung für seinen Heiratsantrag.

Der Brautstrauß war Sanne gut gelungen, und Inken war selig. Sie sah noch ein letztes Mal in den Spiegel und zupfte an ihren Haaren herum, während Piet, der irgendwie besorgt aussah, Jule etwas zuflüsterte, woraufhin auch sie beunruhigt wirkte.

Bitte kein neues Problem, dachte Sanne. Es war jetzt dringend nötig, dass sich alle in der Kirche zusammenfanden, damit sie mit ihren Vorbereitungen weitermachen konnte. Ihr drohte die Zeit davonzulaufen. Außerdem musste sie ihre Aushilfskräfte und Micha anrufen, alle drei waren immer noch nicht aufgetaucht.

Inken drehte sich um. »So! Sollen wir dann? Ich bin bereit.« Sie strahlte.

»Du … ähm …« Jule suchte sichtlich nach Worten, als ein Mädchen im weißen Kleid ins Haus stürmte, Inkens neunjährige Tochter, gefolgt von einem Jungen in ihrem Alter. Die beiden verschwanden in der Küche.

»Hey!«, riefen Inken und Sanne wie aus einem Mund.

»Kinder, bitte nicht in die Küche!«, schickte Sanne hinterher.

»Mia, komm her!«

Atemlos flitzten die beiden wieder in die Diele, und Inken nahm Mia beiseite. »Was macht ihr überhaupt hier? Warum sitzt ihr noch nicht in der Kirche?«

»Da waren wir ja schon, aber …«

»Ah … wisst ihr was?«, mischte sich Jule ein. »Ich schlage vor, Piet geht jetzt mit den Kindern rüber und sieht nach, ob alles vorbereitet ist, und dann gibt er uns ein Zeichen. In Ordnung? Wollen wir es so machen?«

Piet wirkte auf Sanne wenig überzeugt und machte auch keine Anstalten zu gehen.

»Ja, los jetzt, ich will heiraten!«, rief Inken überschwenglich. »Dass die Braut zu spät kommt, ist zwar Tradition, aber ich will meinen Bräutigam ja nicht ewig warten lassen.«

Pier lächelte so gequält, dass Sanne ein sehr ungutes Gefühl bekam. Aber Inken schien das nicht zu bemerken. Jule nickte Piet entschieden zu, der die Hand nach dem Mädchen ausstreckte.

»Na, kommt. Wir gehen rüber und gucken, wie die Lage ist. Kommst du auch?«

Der Junge nickte, und die drei gingen zur Kirche, als vor dem Haus ein alter Golf vorfuhr, aus dem zwei junge Frauen ausstiegen: die Kellnerinnen.

Die beiden entschuldigten sich so wortreich – zu früh abgebogen, kein Navi, total verfahren –, dass Sanne ihnen irgendwann das Wort abschnitt: »Jetzt seid ihr ja da, parkt am besten dahinten. Und beeilt euch!«

In diesem Moment begannen die Glocken zu läuten, ein mehrstimmiger, voller Klang, und Piet kam aus der Kirche und reckte den Daumen. Es konnte losgehen.

Jule atmete hörbar auf. Sie drehte sich zu Inken um, strich ihr über den Arm, sah ihr in die Augen und sagte: »Toll siehst du aus. Komm!«

Sanne lächelte ihnen zu, und die beiden gingen ganz und gar nicht gemessenen Schrittes Richtung Kirche.

Jetzt musste Sanne sich ranhalten – die Kellnerinnen anweisen, damit sie schnell die Platten fertig machten, den Sekt zu dem Tisch mit den Gläsern vor der Kirche bringen, und sobald das erledigt war, würde sie schon mal anfangen, Kaffee und Tee zu kochen. Aber als Erstes musste sie Micha anrufen. Es passte überhaupt nicht zu ihm, ohne ein Wort zu verschwinden, und langsam machte sie sich Sorgen. Ihr Handy hatte sie zuletzt in der Küche gesehen. Sie ging durch die Diele, und schon als sie sich der Tür näherte, sah sie es: Die Styroporbehälter mit den Kühlelementen waren in die Hochzeitstorte gekippt. Ihr Meisterwerk sah aus wie der schiefe Turm von Pisa.

Der Bräutigam hatte Micha gebeten, sich in die nicht ganz volle erste Reihe zu setzen, damit er jederzeit Blickkontakt mit ihm aufnehmen konnte. Die Glocken hatten aufgehört zu läuten, und der Organist begann den Hochzeitsmarsch von Mendelssohn zu spielen. Als sich alle erhoben, stand auch Micha auf, im Gegensatz zu allen anderen richteten sich seine Augen jedoch nicht auf die Braut, lieber behielt er Steffen im Blick – falls der doch noch im letzten Moment durch die Sakristei verschwinden wollte. Obwohl ihm nicht klar war, was genau er in dem Fall unternehmen sollte.

Aber Steffen blieb und nahm seine Braut in Empfang, ohne ein einziges Mal zu Micha zu schauen. Die Blumenkinder, die vor Inken in die Kirche gekommen waren, verteilten sich auf die ersten Reihen, und das Brautpaar setzte sich auf die geschmückten Stühle, die nebeneinander vor dem Altar standen, mit dem Rücken zu den versammelten Gästen. Der Pastor, den Micha eher für einen schüchternen Physikstudenten gehalten hätte, begann die Versammelten zu begrüßen, allerdings so leise, dass er kaum zu verstehen war. Anschließend wurde ein Lied gesungen. Eigentlich sang Micha gerne, aber Gitarrenrock lag ihm mehr als Kirchenlieder. Außerdem war er nervös, weil er Sanne nicht mehr hatte ausrichten lassen können, wo er war. Nicht mal eine SMS hatte er ihr schicken können, sein Handy lag noch im Auto. Nachdem die Trauzeugin eine Bibelstelle vorgelesen hatte und sie ein weiteres Lied gesungen hatten, begann der Pastor mit seiner Predigt. Wieder konnte Micha kaum ein Wort verstehen, und den anderen schien es nicht anders zu gehen. Er beobachtete, wie sich die Gäste fragend ansahen, und hörte, wie die ersten anfingen, leise zu lachen. Schließlich erbarmte sich jemand und rief laut: »Entschuldigung, wir können Sie kaum hören.«

Der Pastor, der bisher nur das Brautpaar angesehen hatte, blickte irritiert auf. »Soll ich …?«

»Lauter sprechen!«

»Deutlicher!«

»Noch mal von vorne!«

Der Pastor ruckte und begann tatsächlich noch einmal von vorne, deutlich, sehr deutlich sogar, es war nahezu jeder Buchstabe einzeln zu hören: »Liiiiie-beeees Braaaauuut-paaaar.«

Vereinzelt wurde gekichert.

»Aals Traau-spruuch haa-ben Sie siiich ei-nen Veeerrs …«

Gelächter ertönte, und als die Braut sich umdrehte und in die Gästeschar sah, war offensichtlich, dass auch sie die Situation komisch fand. Steffen drehte sich nicht um.

Der Pastor ließ sich nicht weiter stören, und Micha stöhnte innerlich. Bei diesem Schneckentempo würden sie die Kirche heute nicht mehr verlassen. Ein, zwei Frauen konnten gar nicht aufhören zu lachen, und Micha beobachtete, dass auch die Schultern der Braut bebten. Plötzlich prustete Inken los und bekam einen regelrechten Lachanfall. Steffen wandte sich ihr zu und strich seiner Braut lächelnd eine Träne von der Wange, und als auch das nichts half, nahm er ihr Gesicht in beide Hände und küsste sie auf den Mund.

Das war ein gutes Zeichen, dachte Micha. Vielleicht konnte er jetzt gehen. Sanne brauchte ihn schließlich, und vor allem wollte er seinen Plan nicht gefährden. Steffen merkte doch gar nicht, ob Micha in der ersten Reihe saß oder nicht.

Endlich wurden die Trauzeugen nach vorne gebeten, und die eigentliche Trauung begann. Zeitgleich fing wenige Reihen hinter Micha ein Baby herzzerreißend an zu schreien.

Der Pastor fuhr unbeirrt fort, wahrscheinlich wollte er die Trauung einfach nur hinter sich bringen, die anscheinend seine erste war, so wie seine Augen am Blatt klebten.

Immer wieder schaute die Trauzeugin zu dem schreienden Baby hinüber, das offenbar ihres war, und formte mit den Lippen das Wort »Schnuller«.

Die korpulente Frau im lila-grünen Zackenkleid, die das

Baby auf dem Arm hielt und zu beruhigen versuchte, sagte laut und vernehmlich: »Kein Schnuller weit und breit.«

Wieder lachten die Gäste, das Baby schrie weiter, und der Pastor war endlich bei der entscheidenden Frage angekommen und forderte das Brautpaar auf, ihm nachzusprechen.

»Ja, mit Gottes Hilfe«, sagte die Braut laut, und nachdem Steffen befragt worden war, wiederholte er auch die Worte ohne jedes Zögern.

So langsam verlor Sanne die Nerven. Wie sollte sie die Torte nur wieder stabilisieren? Und selbst wenn ihr das gelingen sollte: Wie sollte sie sie wieder so schön hinbekommen? Das musste passiert sein, als die Kinder eine Runde um den Küchentisch gerast waren.

Sie musste jetzt mit Micha sprechen, der hatte in solchen Situationen immer eine so beruhigende Wirkung auf sie. Sie griff nach ihrem Handy, drückte auf seine Nummer und ging durch die Diele wieder nach draußen, falls er inzwischen auftauchte. Es begann zu läuten. Das war schon mal gut, immerhin sprang nicht die Mailbox an. Aber im selben Moment hörte Sanne das Klingeln – im Auto.

Mist.

Hoffentlich war sein mysteriöses Verschwinden nicht der Vorbote der nächsten Katastrophe.

Wenigstens waren die Kellnerinnen endlich einsatzbereit, und Sanne führte sie in die Küche und übertrug den beiden Mädchen die Verantwortung für die Häppchen – das eilte jetzt, denn die Trauung konnte jeden Moment vorbei sein. Sie selbst würde als Erstes ein paar Flaschen gekühlten Winzersekt zu dem Tisch vor der Kirche bringen, während sie überlegte, wie man die Torte noch halbwegs retten könnte.

Als sie die Kühltaschen mit dem Sekt neben dem Schanktisch abstellte, sah sie Micha aus dem Nebeneingang der Kirche kommen. Er schloss die Tür hinter sich und lief zum Pastorat hinüber.

»Micha!«, rief sie, und er machte kehrt und kam auf sie zu.

»Entschuldige«, rief er schon von weitem. »Drama …«

»Wieso, was ist denn los?«, fragte sie, als er vor ihr stand. Sie konnte diesem Mann nicht böse sein. Sicher gab es einen Grund, warum er in der Kirche gewesen war, statt ihr bei den Vorbereitungen zu helfen.

»Ich bin am See… äh … also, ich bin dem Bräutigam in die Arme gelaufen, der kurz davor war, sich vom Acker zu machen.«

»Wirklich?«

»Ja, der hat Panik bekommen. Und als er sich halbwegs wieder eingekriegt hatte, hat er drauf bestanden, dass ich bei der Trauung dabei bin.« Micha grinste. »Er meinte, ich hätte so eine beruhigende Wirkung auf ihn.«

Sanne lachte. »Und jetzt?«

»Sie haben beide ja gesagt.«

»Gott sei Dank.«

Micha nickte. »Die werden gleich rauskommen – was kann ich tun, was ist jetzt am dringendsten?«

Sanne bat ihn, die Getränke zu übernehmen, während sie kurz überprüfte, ob die Aushilfen alles richtig machten, denn sie hatte bisher nur mit einer von ihnen zusammengearbeitet, und das auch noch nicht häufig.

Als sie am Haupteingang der Kirche vorbeiging, öffnete sich die Tür – viel zu früh, sie hatten ja nicht einmal die Sektgläser vorbereitet. Aber aus der Kirche kam nur eine einzelne Frau, die die Tür hinter sich wieder schloss. Sie sah verweint aus und blickte Sanne etwas erschrocken an.

»Alles in Ordnung?« Sanne ging auf sie zu. »Kann ich Ihnen helfen?«

»Nein, ich …« Die Frau räusperte sich und wischte sich die Tränen weg. »Es ist nichts. Hochzeiten sind einfach so …« Abermals liefen ihr Tränen über die Wangen, und es waren keine Freudentränen, so viel war klar.

Mitfühlend sah Sanne sie an. »Wollen Sie kurz mit rüber ins Haus kommen? Was trinken?«

Die Frau wirkte unentschlossen, nickte dann aber.

»Ich bin Sanne.« Sie streckte ihr die Hand hin. »Ich mache das Catering.«

»Wiebke. Ich bin die Schwester des Bräutigams.« Die beiden gingen zum Haus. »Entschuldigung, aber …« Wiebke seufzte. »Mein Mann und ich haben uns gestern so gestritten, und er … also, er ist heute gar nicht mitgekommen. Ich weiß überhaupt nicht, was jetzt ist.« Wieder schluchzte sie.

»Oje. Das tut mir leid.«

So langsam wuchs sich dieser Tag zur Katastrophe aus.

Ein Teil der Gäste hatte vor der Kirche ein Spalier gebildet, und als das Brautpaar durch das Portal trat, warfen Erwachsene wie Kinder Blüten in die Luft und johlten und klatschten. Micha hatte gerade begonnen, die Getränkekisten aus der Küche zum Schanktisch zu bringen, und beobachtete all das interessierter als jemals zuvor, denn wenn alles gutging, dann waren Sanne und er das nächste Braut-paar. Inken und Steffen gingen durch das Spalier, und die Fotografin forderte die Gäste auf, noch mehr Blüten zu werfen. Micha griff schnell nach zwei Sektgläsern. Die bei-den Kellnerinnen hatten gerade noch rechtzeitig ihre Po-sitionen eingenommen, und ein paar Gläser waren schon gefüllt. Als das Paar vor ihm stand, drückte er ihnen Gläser in die Hand und gratulierte, und Steffen zwinkerte ihm kurz zu.

Die Schlange der Gäste, die gratulieren wollten, zog sich über die halbe Wiese, und Micha beeilte sich, in die Küche zu kommen. Erstens hatte er als Dienstleister hier eigent-lich gar nichts zu suchen, und zweitens würden die Kell-nerinnen bald Nachschub brauchen. Auf dem Weg zum Haus sah er, wie die Frau mit dem Zackenkleid, die vor-hin das Baby auf dem Arm gehalten hatte, sich bückte, um etwas aufzuheben. Dabei fiel ihr etwas anderes herunter. Micha konnte nur mühsam ein Lachen unterdrücken, als er bemerkte, dass es ein Schnuller war. Er war aus ihrem Dekolleté gefallen. Deshalb war er in der Kirche nicht auf-zufinden gewesen. Verstohlen sah sie sich um und ließ den Schnuller unauffällig in ihrer Handtasche verschwinden.

Sanne hatte sich den Schaden an der Torte genauer ange-sehen und beschlossen, die ramponierten Stellen mit Mar-zipan- und Fondant-Resten so auszubessern, dass das Schlimmste kaschiert wurde. Wenn sie das Malheur dann noch mit den übrig gebliebenen Marzipanblumen verzierte, war es zwar immer noch weit entfernt von der ursprüng-lichen perfekten weißen Eleganz, aber mehr konnte sie jetzt leider nicht tun. Sie würde sich nachher beim Brautpaar entschuldigen, und wenn sie Glück hatte, war Inken nicht sauer. Auf Festen mit Kindern konnte so etwas passieren. Aber diese Konstruktion mit dem Styroporbehälter und den Kühlpäckchen hatte sie zum letzten Mal verwendet.

Wiebke, die Schwester des Bräutigams, saß am Küchentisch und beobachtete sie bei der Arbeit. Sie hatte sich etwas beruhigt, weinte nicht mehr und hatte ein Glas Sekt getrunken, sprach aber die ganze Zeit von ihrem Mann und davon, wie viel sie in letzter Zeit stritten.

»Ich fürchte wirklich, dieses Mal wird es nicht mehr wieder gut«, sagte sie und verfolgte mit großen Augen Sannes Handbewegungen.

Das hatte sie in der letzten Viertelstunde bereits mehrmals gesagt, und Sanne gingen langsam die tröstenden Worte aus. Hochzeiten waren leider selten für alle Gäste schön, meistens gab es auch jemanden, den das Glück der anderen traurig machte. Durch das Fenster sah sie, dass der Sektempfang begonnen hatte, und in der Diele des Pastorats befreiten zwei Frauen gerade die mit Helium gefüllten Herz-Luftballons aus dem Zimmer, in das sie sie vorhin gesperrt hatten.

»Dein Bruder wird dich sicher schon vermissen«, sagte Sanne zu Wiebke. »Fühlst du dich in der Lage, ihm zu gratulieren? Kann ich noch irgendwas für dich tun?«

Wiebke seufzte und stand schwerfällig auf, aber plötzlich hielt sie inne und starrte nach draußen. Sanne folgte ihrem Blick und sah Micha über die Wiese kommen, zusammen mit einem anderen Mann. Micha entdeckte sie im Fenster und lächelte ihr zu, während Wiebke nach draußen zu dem Mann ging, der die Hand nach ihr ausstreckte, als sie näher kam.

Als Micha die Küche betrat, gab er Sanne einen Kuss und betrachtete prüfend die Torte.

»Sieht doch schon wieder super aus.«

»Na ja, geht so ... Wer war der Mann?«

»Weiß nicht. Er kam zu spät und hat seine Frau gesucht.« Micha ging einmal um die Torte herum. »Wenn wir die geschickt hindrehen, fällt das gar nicht mehr auf. Ist wie bei einer schiefen Kerze: Man muss sie nur von der richtigen Seite betrachten, dann wirkt sie gerade.«

»Na, hoffentlich.« Sanne ließ sich auf einen Stuhl sinken. »Ich bin etwas erledigt von den ganzen Beinahe-Katastrophen.«

»Ach«, sagte Micha wegwerfend. »Es löst sich doch eine nach der anderen in Wohlgefallen auf. Ab jetzt läuft alles wie geschmiert, wirst sehen!«

»Hm.« Sanne war sich da nicht so sicher.

Drei Stunden später war alles geschafft, und Micha räumte in der Küche die leeren Kisten zusammen. Es waren keine weiteren Unfälle passiert, das Fingerfood hatte mehr als gereicht, wer für die Schönheitsfehler der Torte die Verantwortung trug, hatte die Braut sofort begriffen, ohne deshalb ärgerlich zu werden, und alle waren voll des Lobes gewesen, weil die Torte so gut schmeckte, und das war schließlich das Wichtigste. Die Herz-Luftballons waren, mit Karten voller guter Wünsche versehen, in den Himmel entlassen worden, Steffen hatte eine in Michas Augen vorbildliche Rede gehalten, der keinerlei Zweifel anzumerken gewesen waren, und bei der rührenden Ansprache der Trauzeugin hatten die Gäste reihenweise nach Taschentüchern gekramt.

Und dann hatte Sanne auch noch den Brautstrauß an den Kopf bekommen. Eigentlich hätte er in eine ganz andere Richtung fliegen sollen, nämlich zu den unverheirateten Gästen, die unter einem Baum Aufstellung genommen hatten. Micha lächelte in sich hinein. Ganz klar ein Zeichen. Gleich war es so weit, und er würde seiner Braut einen Antrag machen. Die Gäste waren schon alle weg, auch die Kellnerinnen hatte Sanne bereits nach Hause geschickt, und er hatte gerade mit seiner Schwester telefoniert, die mit den Pferden wie geplant unten am See wartete.

»Hallo?« Inken und Steffen klopften an die Tür. »Wir wollten uns verabschieden.« Die vier schüttelten sich die Hände.

»Es war alles superlecker«, sagte Inken strahlend. »Vielen Dank für alles. Es war eine Traumhochzeit, und das haben wir auch Ihnen zu verdanken!«

Micha schmunzelte. Offenbar hatte sie von den kleineren und größeren Dramen überhaupt nichts mitbekommen. Und da, wo es nicht zu übersehen gewesen war, wie bei der Torte, oder nicht zu überhören, wie bei dem überdeutlichen Pastor und dem schreienden Baby, hatte es ihr nichts ausgemacht. Dass ihr Bräutigam beinahe kalte Füße bekommen und den Tag vollkommen ruiniert hätte, würde sie hoffentlich nie erfahren.

Nachdem auch das Brautpaar aufgebrochen war und er und Sanne alles im Auto verstaut hatten, war der Moment gekommen, ihr einen kleinen Spaziergang zum See vorzuschlagen. Alles andere würde sich ergeben. Micha machte den Kofferraum zu und ging zu Sanne, die gerade das Pastorat abschloss.

»So!«, sagte sie. »Jetzt werfen wir auf dem Rückweg noch wie verabredet den Schlüssel in Preetz in den Briefkasten, und dann freu ich mich auf meine Wanne. Ich bin dermaßen erledigt, ich will nur noch baden und aufs Sofa. Kommst du eigentlich noch mit nach Kiel?«

Micha schluckte. Das klang irgendwie nicht, als ob er mit zu ihr kommen sollte. Und dass sie den Schlüssel noch abgeben mussten, hatte er ganz vergessen. Aber da würde es auf ein, zwei Stunden wohl kaum ankommen.

Er nahm ihre Hand. »Wollen wir nicht noch kurz zum See runtergehen? Da warst du, glaube ich, noch gar nicht.«

»Stimmt, da war ich nicht. Aber … ich möchte eigentlich auch nicht. Ich will wirklich nach Hause.«

»Es ist nicht weit. Komm doch. Es ist bestimmt schön da.«

»Ach, Süßer.« Sie küsste ihn auf die Wange. »Sei nicht böse, aber ich bin total fertig. Lass uns doch morgen spazieren gehen, wenn wir ausgeschlafen haben, hm? Kannst du denn bei mir bleiben?«

»Ja … kann ich schon.«

»Schön. Dann fahren wir jetzt, ja?«

Er schwieg.

»Ist doch okay, oder?«

Er nickte. »Ja, sicher.«

Micha saß am Steuer und war ungewöhnlich schweigsam. Ihre bisherigen Versuche, ihn zum Reden zu bringen, hatten zu nichts geführt. Der Gedanke, dass er ihr böse sein könnte, war ihr unerträglich. Allerdings sah es ihm nicht ähnlich, sauer zu sein, nur weil sie nach dem langen Tag erledigt war und nicht mehr spazieren gehen wollte. Vielleicht war er selbst einfach genauso erschlagen.

Sanne sah aus dem Fenster. Der Raps blühte, und das leuchtende Gelb wirkte unter dem blauen Himmel beinahe überirdisch. Sie betrachtete den Brautstrauß, den sie wieder in den Händen hielt, denn er hatte auf dem Beifahrersitz gelegen. Erst in letzter Sekunde hatte sie ihn auf sich zufliegen sehen, ihn reflexhaft gefangen und verdutzt zu den im Schatten versammelten Gästen hinübergeblickt. »Soll ich … ?«, hatte sie gesagt und fragend angedeutet, dass sie ihn in ihre Richtung warf, aber alle waren sich einig, dass das nicht ging: Sie hatte den Strauß gefangen und keine andere.

Sanne sah Micha von der Seite an, der den Blick starr auf die Straße gerichtet hielt. Es war ihr noch nie so gut gegangen wie mit ihm. Sie brauchte diese Ruhe, die Micha ausstrahlte, genau wie seine Verrücktheiten, die so viel Farbe in ihr Leben gebracht hatten. Sie legte ihm die Hand auf den Oberschenkel, und er lächelte ihr zu. Nein, sauer war er nicht. Aber irgendetwas stimmte nicht. Sie blickte auf den Brautstrauß in ihrem Schoß und dann zu Micha.

»Süßer?«

»Hm?« Er warf ihr einen Blick zu und schaute wieder auf die Straße.

»Wollen wir nicht heiraten?«

Michas Kopf fuhr herum. Er wirkte geradezu fassungslos. Aber dann lachte er plötzlich.

»Warte«, sagte er und fuhr in einen Feldweg. Kaum hatte

er das Auto zum Stehen gebracht, zog er sie an sich. »Ja! Ja, lass uns heiraten. Warte …«, wiederholte er und öffnete die Fahrertür.

Verblüfft beobachtete Sanne, wie Micha eine Flasche Sekt und zwei Gläser aus dem Kofferraum holte. Er setzte sich ins Auto, drückte ihr die Gläser in die Hand und drehte an der Drahtschlaufe der Flasche. Vor sich hin lachend gab er ihr noch einen Kuss. »Das wirst du mir jetzt nicht glauben …«

EDITH WHARTON
Zeit der Unschuld

Der Tag war kühl, ein lebhafter Frühlingswind brachte viel Staub mit sich. Die alten Damen beider Familien hatten ihre verschossenen Zobel und vergilbten Hermeline herausgeholt, und fast erstickte der Kampfergeruch aus den vorderen Kirchenbänken den schwachen Frühlingsduft der Lilien, die wie ein Wall den Altar umgaben.

Auf ein Zeichen des Küsters war Newland Archer aus der Sakristei getreten und stand nun mit dem Trauzeugen an den Stufen zum Chorraum der Grace Church.

Das Zeichen besagte, dass der Brougham mit der Braut und ihrem Vater in Sichtweite war. Dennoch würden Feinabstimmung und Beratung in der Vorhalle, wo die Brautjungfern schon wie eine Wolke aus Kirschblüten herumschwebten, sicher noch einige Zeit in Anspruch nehmen. Während dieser unvermeidlichen Wartephase musste sich der Bräutigam zum Beweis seiner Ungeduld ganz allein von der versammelten Gemeinde anstarren lassen, und Archer stand diesen Teil der Zeremonie ebenso schicksalsergeben durch wie all die anderen Details, die aus einer Hochzeit im New York des 19. Jahrhunderts ein Ritual wie aus frühgeschichtlichen Zeiten machten. Alles war gleich leicht – oder gleich schwer, wie man's nahm – auf dem Weg, den er nun eingeschlagen hatte, und er hatte die nervösen

Aufforderungen des Trauzeugen genauso lammfromm befolgt wie andere Bräutigame die seinen, als er sie einst durch das nämliche Labyrinth geleitet hatte.

Er war sich ziemlich sicher, alle bisherigen Verpflichtungen erfüllt zu haben. Die acht Buketts aus weißem Flieder und Maiglöckchen für die Brautjungfern waren rechtzeitig zugestellt worden, ebenso die goldenen Manschettenknöpfe mit den Saphiren für die acht Brautführer und die Krawattennadel mit dem Katzenauge für den Trauzeugen. Archer war die halbe Nacht aufgeblieben und hatte versucht, unterschiedliche Dankesworte für den letzten Schub an Geschenken von Freunden und ehemaligen Herzensdamen zu formulieren. Das Entgelt für den Bischof und den Pfarrer steckte wohlverwahrt in der Rocktasche des Trauzeugen. Sein Gepäck war bereits bei Mrs. Manson Mingott, wo das Hochzeitsfrühstück stattfinden würde, ebenso die Reisekleidung, damit er sich umziehen konnte, und in dem Zug, der das junge Paar zu seinem unbekannten Ziel bringen sollte, war ein Privatabteil reserviert – denn es gehörte zu den unantastbaren Tabus des prähistorischen Rituals, den Ort der Hochzeitsnacht geheim zu halten.

»Hast du auch den Ring?«, flüsterte der junge van der Luyden Newland, der als Trauzeuge noch unerfahren war und eingeschüchtert von der Schwere seiner Verantwortung.

Archer machte die Handbewegung, die er an so vielen Bräutigamen beobachtet hatte: Er fuhr tastend mit der unbehandschuhten Rechten in die Tasche seiner dunkelgrauen Weste und vergewisserte sich, dass der kleine goldene Reif mit der Gravur: »*Newland für May, … April 187…*« an Ort und Stelle war. Dann nahm er wieder seine vorige Haltung ein: Er stand da, den Zylinder und die perlgrauen, schwarz abgesteppten Handschuhe in der linken Hand, und schaute zum Kirchenportal.

Über ihm toste pathetisch Händels Marsch durch das Falsche Gewölbe und trug auf seinen Wogen das ausgebleichte Treibgut der vielen Hochzeiten, bei denen er in fröhlicher Gleichgültigkeit auf denselben Chorstufen gestanden und zugesehen hatte, wie andere Bräute das Kirchenschiff entlangschwebten, auf andere Bräutigame zu.

»Wie bei den Opernpremieren!«, dachte er, als er die ewig gleichen Gesichter in den ewig gleichen Logen (nein: Kirchenbänken) vor sich sah, und er überlegte, ob wohl, wenn die Posaune des Jüngsten Gerichts erscholl, auch Mrs. Selfridge Merry wieder dabei wäre, genau diese hoch aufragende Straußenfeder auf dem Kopfputz, und Mrs. Beaufort mit genau diesen Brillantohrringen und genau diesem Lächeln, und ob wohl für sie in einer anderen Welt schon angemessene Proszeniumslogen reserviert waren.

Da ihm immer noch Zeit blieb, inspizierte er die vertrauten Gesichter in den vordersten Bänken: die der Frauen waren spitz vor Neugier und Aufregung, die der Männer verdrossen, weil sie schon vor dem Lunch den Frack anziehen und beim Hochzeitsfrühstück ums Essen kämpfen mussten.

Der Bräutigam hörte förmlich, wie Reggie Chivers sagte: »Zu dumm, dass das Frühstück bei der alten Catherine stattfindet. Immerhin soll Lovell Mingott darauf bestanden haben, dass sein Koch die Zubereitung übernimmt. Die Qualität dürfte also stimmen – falls man überhaupt etwas abbekommt.« Und er konnte sich vorstellen, wie Sillerton Jackson sachkundig antwortete: »Wissen Sie das noch nicht, mein Lieber? Es wird an kleinen Tischen serviert, nach der neuesten englischen Mode.«

Archers Blick verweilte kurz auf der Kirchenbank zur Linken, wo seine Mutter, die am Arm Mr. Henry van der Luydens in die Kirche gekommen war, leise weinend unter ihrem Schleier aus Chantillyspitze saß, die Hände im Hermelinmuff ihrer Großmutter vergraben.

»Die arme Janey!«, dachte er, als er seine Schwester betrachtete. »Selbst wenn sie den Kopf verrenkt, sieht sie nur die Leute in den vorderen Kirchenbänken, und das sind fast alles Newlands oder Dagonets ohne jeden Schick.«

Diesseits des weißen Bandes, das die für die Familie reservierten Bänke abgrenzte, sah er groß und rotgesichtig Beaufort stehen, der herausfordernd die Frauen anstarrte. Neben ihm saß seine Gattin, ganz in silbrigem Chinchilla und Veilchen. Von jenseits des Bandes schien Lawrence Lefferts' aalglatt gekämmtes Haupt die unsichtbare Gottheit namens »Gute Manieren« zu überwachen, die die Zeremonie leitete.

Archer überlegte, wie viele Schnitzer Lefferts' scharfes Auge wohl im Ritual seiner Gottheit entdeckte. Dann wurde ihm plötzlich bewusst, dass auch ihm solche Fragen einst wichtig erschienen waren. Die Dinge, die einmal seine Tage ausgefüllt hatten, kamen ihm nun vor wie eine kindliche Parodie auf das Leben oder wie die Streitereien mittelalterlicher Gelehrter über metaphysische Begriffe, die kein Mensch verstand. Eine heftige Auseinandersetzung darüber, ob die Hochzeitsgeschenke »präsentiert« werden sollten, hatte die letzten Stunden vor der Hochzeit getrübt, und Archer fand es unfassbar, dass erwachsene Menschen sich wegen solcher Kleinigkeiten dermaßen erregen konnten und dass die Frage negativ entschieden wurde, weil Mrs. Welland empört und unter Tränen erklärt hatte: »Da könnte ich ja gleich die Reporter durch mein Haus laufen lassen.« Und doch hatte es eine Zeit gegeben, in der Archer zu derlei Problemen eine unumstößliche und ziemlich energische Meinung vertreten hatte und ihm alles, was Sitten und Gebräuche seiner kleinen Sippe betraf, weltbewegend und bedeutungsschwer vorgekommen war.

»Und währenddessen«, dachte er, »haben anderswo reale Menschen gelebt, und es sind ihnen reale Dinge widerfahren …«

»Da kommen sie!«, flüsterte der Trauzeuge aufgeregt, aber der Bräutigam wusste es besser.

Die Kirchentür ging einen Spalt auf, was jedoch nur bedeutete, dass der Mietstallbesitzer Mr. Brown (in seiner zeitweiligen Eigenschaft als Küster schwarz gewandet) einen prüfenden Blick auf den Schauplatz warf, bevor er seine Truppen aufstellte. Leise schloss sich die Tür wieder. Erst nach einer weiteren Pause öffneten sich die Flügel majestätisch, und ein Murmeln durchlief die Kirche: »Die Familie!«

Mrs. Welland kam als Erste, am Arm ihres ältesten Sohnes. Ihr breites, rosiges Gesicht wirkte angemessen feierlich, und ihr pflaumenfarbenes Satinkleid mit den blassblauen seitlichen Einsätzen sowie die blauen Straußenfedern auf der kleinen Satinhaube fanden allgemeinen Beifall. Doch noch ehe sie sich unter würdevollem Geraschel in der Bank gegenüber von Mrs. Archer niedergelassen hatte, reckten die Zuschauer schon wieder die Hälse, um zu sehen, wer nach ihr kam. Tags zuvor hatten wilde Gerüchte die Runde gemacht, Mrs. Manson Mingott habe sich trotz ihrer körperlichen Behinderung entschlossen, an der Zeremonie teilzunehmen, und der Einfall passte so gut zu ihrem unternehmungslustigen Naturell, dass in den Clubs hohe Wetten abgeschlossen wurden, ob sie überhaupt in der Lage sei, das Kirchenschiff entlangzugehen und sich in eine Bank zu quetschen. Es verlautete, sie habe ihren Hausschreiner in die Kirche geschickt, er solle prüfen, ob sich die Wange der vordersten Kirchenbank abnehmen lasse, außerdem musste er den Abstand zwischen Sitz und Vorderseite messen. Das Ergebnis war entmutigend, und die Familie musste einen weiteren qualvollen Tag mit ansehen, wie sie mit dem Plan liebäugelte, sich in ihrem riesigen Rollstuhl durch das Kirchenschiff schieben zu lassen und dann zu Füßen der Kanzel zu thronen.

Die Vorstellung, ihr monströser Körper werde dermaßen vorgeführt, war für die Verwandten unsagbar peinlich. Am liebsten hätten sie den findigen Menschen in Gold aufgewogen, der plötzlich entdeckt hatte, dass der breite Rollstuhl nicht zwischen die eisernen Pfosten des Vorzelts passte, das vom Kirchenportal bis zum Randstein reichte. Der Gedanke, dieses Vorzelt zu entfernen und damit die Braut dem Pöbel aus Schneidern und Reportern auszusetzen, der sich draußen um einen Platz an den Schlitzen der Leinwand rangelte, überstieg selbst den Mut der alten Catherine, wenngleich sie die Möglichkeit für einen Augenblick erwogen hatte. »Dann machen sie am Ende ein

Foto von meinem Kind *und setzen es in die Zeitung*!«, rief Mrs. Weiland, als ihr der neueste Plan ihrer Mutter hinterbracht wurde, und vor dieser unvorstellbaren Schamlosigkeit schrak der Clan mit kollektivem Erschauern zurück. Die Ahnherrin musste nachgeben, aber ihr Entgegenkommen wurde mit dem Versprechen erkauft, das Hochzeitsfrühstück unter ihrem Dach zu veranstalten. Die Verwandten vom Washington Square fanden es allerdings unangenehm, dass sie mit Brown für die Fahrt ans Ende der Welt einen Sonderpreis aushandeln mussten, wo doch das Haus der Wellands bequem in Reichweite lag.

Obgleich all dieses Hin und Her von den Jacksons ausgiebig verbreitet worden war, hielt eine kühne Minderheit nach wie vor an dem Glauben fest, die alte Catherine werde in der Kirche erscheinen, und die fiebrige Anspannung ließ deutlich nach, als offenkundig wurde, dass sie sich durch ihre Schwiegertochter vertreten ließ. Mrs. Lovell Mingott hatte die hochrote Gesichtsfarbe und den glasigen Blick, welche bei Damen ihres Alters und ihrer Figur hervorgerufen werden, wenn sie sich in ein neues Kleid zwängen müssen. Doch nachdem sich die Enttäuschung über das Fernbleiben ihrer Schwiegermutter gelegt hatte, war man sich einig, dass ihre schwarze Chantillyspitze über dem fliederfarbenen Satin und der Hut mit den Parmaveilchen einen äußerst geglückten Kontrast zu Mrs. Wellands Blau und Pflaume bildeten. Ganz anders hingegen der Eindruck, den die nun folgende hagere, affektierte Dame an Mr. Mingotts Arm hervorrief, eine wilde Wirrnis aus Bändern, Fransen und wehenden Schärpen. Als diese Erscheinung in Archers Blickfeld glitt, blieb ihm das Herz stehen.

Er war selbstverständlich davon ausgegangen, dass die Marquesa Manson immer noch in Washington war, wohin sie vor ein paar Wochen mit ihrer Nichte Madame Olenska gefahren war. Man hatte allgemein angenommen, ihre plötzliche Abreise sei auf Madame Olenskas Wunsch zurückzuführen, ihre Tante der unheilvollen Beredsamkeit von Dr. Agathon Carver zu entziehen, der drauf und dran gewesen war, sie für das Tal der Liebe zu rekrutieren. Und unter diesen Umständen hatte niemand erwartet, dass die Damen für die Hochzeit zurückkehren würden. Einen Augenblick lang starrte Archer wie gebannt auf Medoras abstruse Gestalt und bemühte sich zu erkennen, wer hinter ihr kam, aber die kleine Prozession war zu Ende, denn alle weniger bedeutenden Familienmitglieder hatten bereits Platz genommen, und die acht langbeinigen Brautführer versammelten sich wie Vögel oder Insekten vor dem Zug nach Süden und schlüpften durch die Seitentüren in die Vorhalle.

»Newland – hör doch! *Sie ist da*!«, flüsterte der Trauzeuge.

Archer riss sich zusammen.

Offenbar war eine lange Zeitspanne vergangen, seit sein Herz zu schlagen aufgehört hatte, denn die weiß-rosa Prozession war tatsächlich schon das halbe Kirchenschiff heraufgezogen. Der Bischof, der Pfarrer und zwei weißgeflügelte Adjutanten schwebten bereits um den Altar herum, und die ersten Akkorde der Spohr-Symphonie streuten ihre Töne wie Blütenblätter auf den Weg vor die Braut.

Archer öffnete die Augen (waren sie wirklich geschlossen gewesen, wie er sich einbildete?) und spürte, wie sein

Herz wieder zu seiner normalen Aufgabe zurückfand. Die Musik, der Lilienduft vom Altar, die Wolke aus Tüll und Orangenblüten, die näher und näher kam, der Anblick von Mrs. Archers Gesicht, das sich in glücklichem Schluchzen verzog, das Segensgemurmel des Pfarrers, das geordnete Manöver der acht rosa Brautjungfern und acht schwarzen Brautführer – all diese Gesichter, Geräusche und Gefühle, im Grunde so vertraut, durch seine neue Beziehung zu ihnen aber so unaussprechlich fremdartig und bedeutungslos, vermischten sich nun wirr in seinem Kopf.

»Mein Gott«, dachte er, »habe ich den Ring?« – und noch einmal vollzog er die krampfhafte Bräutigamsgeste.

Dann, eine Sekunde später, stand May neben ihm. Ein Strahlen ging von ihr aus, das seine Benommenheit ein wenig durchwärmte, und er straffte sich und lächelte ihr in die Augen.

»Ihr innig Geliebten, wir haben uns hier versammelt«, begann der Pfarrer …

Der Ring steckte an ihrer Hand, der Bischof hatte seinen Segen erteilt, die Brautjungfern waren bereit, ihre Plätze in der Prozession einzunehmen, und die Orgel zeigte erste Symptome für den Ausbruch des Mendelssohn-Marsches, ohne den kein frischgetrautes Paar in New York ans Licht des Tages tritt.

»Deinen Arm … hör doch, *reich ihr deinen Arm*!«, zischte der junge Newland nervös, und wieder wurde sich Archer bewusst, dass er weit weg ins Unbekannte gedriftet war. Was hatte ihn dorthin befördert? Vielleicht der flüchtige Anblick einer dunklen Locke unter einem Hut, irgendwo zwischen den anonymen Zuschauern im Querschiff, einer Locke, die sich einen Augenblick später als zu einer unbekannten Dame mit langer Nase gehörig entpuppte, so lachhaft unähnlich dem Menschen, dessen Bild sie hervorgerufen hatte, dass er sich fragte, ob er schon halluzinierte.

Und jetzt schritten er und seine Ehefrau, getragen von dem dahinplätschernden Mendelssohn, langsam durch das Kirchenschiff, der Frühlingstag lockte zwischen den weit geöffneten Türen, und Mrs. Wellands Füchse mit den großen weißen Rosetten auf den Stirnriemen kurbettierten prahlerisch am anderen Ende des Leinwandtunnels.

Der Lakai, der an seinem Revers eine noch größere weiße Rosette trug, legte May den weißen Mantel um, und Archer sprang in den Brougham neben sie. Sie wandte sich ihm mit einem triumphierenden Lächeln zu, und beider Hände fanden sich unter dem Schleier.

»Liebling!«, sagte Archer – und plötzlich gähnte wieder dieser schwarze Abgrund vor ihm, und er fühlte, wie er immer tiefer darin versank, während seine Stimme flüssig und heiter drauflosredete: »Ja, natürlich habe ich gedacht, ich hätte den Ring verloren, es wäre keine richtige Hochzeit, wenn der arme Teufel von Bräutigam das nicht durchmachen würde. Du hast mich aber auch lange warten lassen! Ich hatte reichlich Zeit, mir alle erdenklichen Schrecken auszumalen.«

Zu seiner Überraschung wandte sie sich ihm zu und schlang ihm mitten auf der Fifth Avenue die Arme um den Hals. »Aber jetzt kann nichts mehr passieren, nicht wahr, Newland, so lange wir beide nur zusammen sind?«

Der Tag war in allen Einzelheiten so sorgfältig durchgeplant, dass das junge Paar nach dem Hochzeitsfrühstück noch Zeit genug hatte, sich für die Reise umzukleiden, zwischen lachenden Brautjungfern und weinenden Eltern die breite Mingott-Treppe hinabzuschreiten und unter dem traditionellen Regen aus Reiskörnern und Satinschuhen in den Brougham zu steigen. Dann blieb immer noch eine halbe Stunde, um zum Bahnhof zu fahren, am Kiosk mit der Miene erfahrener Reisender die neuesten Wochenzeitschriften zu kaufen und sich in dem reservierten Abteil niederzulassen, in dem Mays Zofe bereits den Reisemantel und die neue Toilettentasche aus London deponiert hatte.

Die alten Tanten du Lac in Rhinebeck hatten dem Brautpaar bereitwillig ihr Haus angeboten, beflügelt von der Aussicht auf eine Woche New York bei Mrs. Archer, und Archer, froh, der üblichen »Hochzeitssuite« in einem Hotel in Philadelphia oder Baltimore zu entkommen, hatte ebenso bereitwillig angenommen.

May war entzückt von dem Gedanken, aufs Land zu fahren, und freute sich wie ein Kind über das vergebliche Bemühen der Brautjungfern, herauszufinden, wo ihr geheimnisvoller Schlupfwinkel lag. Sich ein Landhaus zu leihen, galt als »sehr englisch«, und dieser Umstand gab der Hochzeit, die allgemein als die glanzvollste des Jahres betrachtet wurde, den letzten vornehmen Schliff. Aber wo das Haus war, durfte außer den Eltern des Brautpaars niemand wissen, die, wenn man ihnen vorhielt, sie wüssten es, stets nur die Lippen schürzten und geheimnistuerisch antworteten: »Ach, das haben sie uns nicht verraten« – was tatsächlich stimmte, da es ja nicht nötig gewesen war.

Als sie schließlich in ihrem Abteil saßen, der Zug die endlosen Vorstädte mit den Holzbauten hinter sich ließ und sich in die blasse Frühlingslandschaft hinausschob, fiel Archer die Unterhaltung leichter, als er erwartet hatte. May war, was Aussehen und Tonfall betraf, dasselbe naive Mädchen wie gestern. Sie brannte darauf, alle Einzelheiten der Hochzeit zu erörtern, und sprach so unbefangen mit ihm wie eine Brautjungfer mit einem Brautführer. Anfangs hatte Archer angenommen, sie verstecke hinter dieser Gelassenheit ihre heimliche Angst, aber ihr offener Blick verriet nur seelenruhige Ahnungslosigkeit. Sie war zum ersten Mal mit ihrem Mann allein, doch ihr Mann war nur der reizende Kamerad, der er auch gestern gewesen war. Es gab niemanden, den sie so gern hatte, niemanden, dem sie so vollständig vertraute, und es war der Höhepunkt dieses ganzen spaßigen, köstlichen Abenteuers namens »Verlobung und Hochzeit«, mit ihm allein auf Reisen zu gehen wie eine Erwachsene – ja, eben wie eine Ehefrau.

Erstaunlich, dass sie bei ihrer mangelnden Vorstellungskraft zu solcher Gefühlstiefe imstande war, wie er es in dem Missionsgarten in St. Augustine erlebt hatte. Aber er erinnerte sich auch, wie überrascht er war, dass sie in nichtssagende Mädchenhaftigkeit zurückfiel, sobald ihr die Last von der Seele genommen war, und er erkannte, dass sie wahrscheinlich ihr Leben lang jedes Ereignis nach Kräften so akzeptieren würde, wie es kam, aber kein einziges auch nur durch einen verstohlenen Seitenblick vorhersehen würde.

Vielleicht war es dieses Talent zur Ahnungslosigkeit, das ihre Augen so durchsichtig machte und sie eher als Typus denn als Persönlichkeit erscheinen ließ – als sei sie dazu auserwählt, für eine bürgerliche Tugend oder griechische Gottheit Modell zu stehen. Das Blut, das so dicht unter ihrer schönen Haut floss, war wohl eher ein harmloses flüssiges als ein zerstörerisches Element. Dank ihrer unverwüstlichen Jugendlichkeit wirkte sie dennoch weder streng noch langweilig, nur ursprünglich und unschuldig. Mitten im Grübeln merkte Archer plötzlich, dass er sie mit dem staunenden Blick eines Fremden anstarrte, und so stürzte er sich kopfüber in die Erinnerungen an das Hochzeitsfrühstück und an Granny Mingotts kolossale, triumphierende Allgegenwart.

May widmete sich dem Thema mit unverhohlenem Vergnügen. »Ich war ziemlich erstaunt, dass Tante Medora gekommen ist, du nicht? Ellen schrieb, sie fühlten sich beide nicht wohl genug, um die Reise auf sich zu nehmen. Mir wäre lieber gewesen, *sie* hätte sich erholt! Hast du gesehen, was für eine kostbare alte Spitze sie mir geschickt hat?«

Er hatte gewusst, dass dieser Moment früher oder später kommen musste, sich aber eingebildet, er könne ihn durch Willenskraft fernhalten. »Ja … ich … nein. Ja, die war schön«, antwortete er, sah sie aus blinden Augen an und fragte sich, ob seine sorgsam aufgebaute Welt künftig jedes Mal, wenn er diese beiden Silben hörte, wie ein Kartenhaus in sich zusammenfallen würde.

»Bist du nicht müde? Ich würde gern Tee trinken, wenn wir ankommen. Die Tanten haben bestimmt alles sehr schön vorbereitet«, plapperte er weiter und ergriff ihre Hand, und ihre Gedanken eilten sofort zu dem prächtigen Tee- und Kaffeeservice aus Baltimoresilber, das die Beauforts geschickt hatten und das perfekt zu Onkel Lovell Mingotts Platten und Schalen passte.

Der Zug hielt in der frühlingshaften Abenddämmerung am Bahnhof Rhinebeck, und sie wanderten den Bahnsteig entlang zu der wartenden Kutsche.

»Ach, wie schrecklich nett – die van der Luydens haben ihren Kutscher aus Skuytercliff geschickt, um uns abzuholen«, rief Archer, als sich eine gesetzte Person in Livree näherte und der Zofe das Gepäck abnahm.

»Es tut mir außerordentlich leid, Sir«, sagte dieser Abgesandte, »bei den du Lacs hat es ein kleines Missgeschick gegeben, ein Leck im Wassertank. Das ist gestern passiert, und als Mr. van der Luyden heute Morgen davon erfuhr, hat er mit dem Frühzug ein Dienstmädchen flussaufwärts geschickt, um das Haus des Patroons herzurichten. Sie werden es dort bestimmt sehr bequem haben, Sir, und die Miss du Lac haben ihre Köchin geschickt, sodass es genauso sein wird, als wären Sie in Rhinebeck.«

Archer starrte den Sprecher so fassungslos an, dass dieser mit noch größerem Bedauern wiederholte: »Ich versichere Ihnen, Sir, es ist genauso gut …«, doch dann brach May das peinliche Schweigen und stieß eifrig hervor: »Genauso gut wie in Rhinebeck? Das Haus des Patroons? Aber das ist hundertmal besser, nicht wahr, Newland? Es ist ganz lieb und reizend von Mr. van der Luyden, dass er daran gedacht hat!«

Als sie losfuhren, die Zofe neben dem Kutscher und das blitzblanke Hochzeitsgepäck auf dem Sitz vor ihnen, redete sie aufgeregt weiter: »Stell dir nur vor, ich war noch nie drin. Du etwa? Die van der Luydens zeigen es nur ganz wenigen Leuten. Für Ellen haben sie es offenbar geöffnet, denn sie hat mir erzählt, was für ein liebenswertes Häuschen es ist. Sie sagt, es sei das einzige Haus in Amerika, in dem sie sich vorstellen könnte, wirklich glücklich zu sein.«

»Ja, und genau das werden wir sein, nicht wahr?«, rief ihr Mann übermütig, und sie antwortete mit ihrem jungenhaften Lächeln: »Tja, wir haben eben Glück gehabt – das Riesenglück, das wir beide von jetzt an immer haben werden!«

AGATHA CHRISTIE
Villa Nachtigall

A uf Wiedersehen, Liebling.«
»Auf Wiedersehen, Liebster.«

Alix Martin stand über den niedrigen Holzzaun gelehnt und blickte der langsam kleiner werdenden Gestalt ihres Mannes nach, der die Straße in Richtung auf das Dorf hinunterging.

Schließlich schritt er um eine Biegung und geriet außer Sicht, doch Alix blieb in der gleichen Haltung stehen und strich sich gedankenverloren eine Locke ihres vollen braunen Haares zurück, die ihr ins Gesicht geweht war. Ihre Augen blickten verträumt in die Ferne.

Alix Martin war nicht schön, genaugenommen noch nicht einmal hübsch. Aber ihr Gesicht – das Gesicht einer Frau, die ihre erste Jugend hinter sich hat – war weich geworden und strahlte eine innere Zufriedenheit aus, so daß ihre früheren Bürokolleginnen sie wohl kaum wiedererkannt haben würden. Als Miss Alix King war sie eine durchschnittliche, nette berufstätige junge Frau gewesen, anstellig, etwas brüsk in ihrer Art, nüchtern und offensichtlich tüchtig.

Alix war durch eine harte Schule gegangen. Fünfzehn Jahre lang, von ihrem achtzehnten bis zum dreiunddreißigsten Lebensjahr, hatte sie sich – und sieben Jahre davon auch die kranke Mutter – allein mit ihrer Arbeit als Stenotypistin unterhalten müssen. Der Kampf um die Existenz hatte die weichen Linien ihres mädchenhaften Gesichtes verhärtet.

Natürlich hatte es auch so etwas wie eine Romanze in ihrem Leben gegeben – Dick Windyford, ein Bürokollege. Im innersten Herzen war Alix ganz eine Frau und hatte immer gewußt, ohne es sich anmerken zu lassen, daß er sie liebte. Nach außen hin waren sie Freunde, nicht mehr. Von seinem geringen Gehalt ermöglichte Dick unter großen Entbehrungen einem jüngeren Bruder das Studium. Vorläufig konnte er daher überhaupt nicht ans Heiraten denken.

Doch plötzlich und unerwartet war für Alix die Erlösung von der täglichen Plackerei gekommen. Eine entfernte Verwandte war gestorben und hatte Alix ihr ganzes Geld hinterlassen – einige tausend Pfund, die ein paar hundert Pfund im Jahr einbrachten. Für Alix bedeutete das Freiheit, Leben, Unabhängigkeit. Jetzt brauchten sie und Dick nicht länger zu warten.

Aber Dick reagierte unvorhergesehen. Er hatte nie direkt von seiner Liebe zu Alix gesprochen, jetzt aber schien er weniger dazu geneigt denn je. Er mied sie, wurde mürrisch und verdrießlich. Alix hatte rasch den wahren Grund erkannt: sie war jetzt eine wohlhabende Frau, und Empfindlichkeit und Stolz standen Dick im Wege, ihr einen Heiratsantrag zu machen.

Sie mochte ihn darum aber nicht weniger gern und überlegte gerade ernsthaft, ob sie vielleicht den ersten Schritt machen sollte, als zum zweitenmal das Unerwartete über sie hereinbrach.

Im Hause eines Freundes begegnete sie Gerald Martin.

Er verliebte sich heftig in sie, und innerhalb einer Woche waren sie verlobt. Alix, die sich nie für den Typ gehalten hatte, der sich Hals über Kopf verliebt, war völlig hingerissen.

Unbeabsichtigt hatte sie damit den Weg gefunden, ihren ersten Verehrer aus seiner Reserve zu locken. Stammelnd vor Wut und Enttäuschung war Dick Windyford zu ihr gekommen.

»Der Mann ist völlig fremd für dich! Du weißt nichts über ihn.«

»Ich weiß, daß ich ihn liebe.«

»Wie kannst du das wissen – nach einer Woche?«

»Es braucht eben nicht jeder elf Jahre, um herauszufinden, daß er ein Mädchen liebt!« hatte Alix erregt geschrien.

Sein Gesicht wurde weiß.

»Seit ich dich kenne, habe ich immer nur an dich gedacht. Ich glaubte, daß du genauso für mich empfändest.«

Alix blieb bei der Wahrheit.

»Auch ich habe das geglaubt«, gab sie zu, »aber nur weil ich nicht wußte, was Liebe ist.«

Darauf war Dick wieder wütend geworden: Bitten, Flehen, ja sogar Drohungen – Drohungen gegen den Mann, der ihn verdrängt hatte. Alix war verblüfft, als sie den Vulkan unter dem reservierten Äußern dieses Mannes bemerkte, den sie so gut zu kennen geglaubt hatte.

Und während sie sich an diesem sonnigen Morgen über den Gartenzaun ihres kleinen Landhauses lehnte, wanderten ihre Gedanken zu jener Unterredung zurück. Vor einem Monat hatte sie geheiratet und war zufrieden und glücklich. Doch jetzt, während der Abwesenheit ihres Mannes, der ihr alles bedeutete, schlich sich eine leise Besorgnis in ihr vollkommenes Glück. Und der Grund dieser Besorgnis war Dick Windyford.

Dreimal hatte sie seit ihrer Heirat den gleichen Traum geträumt. Die Begleitumstände wichen jedesmal voneinander ab, der Kern aber blieb immer derselbe: *sie sah ihren Mann tot am Boden liegen und Dick Windyford über ihm stehen, und sie wußte ganz sicher, daß seine Hand den tödlichen Streich geführt hatte.*

Aber so schrecklich das auch war – das Erwachen empfand sie noch viel schrecklicher, denn im Traum kam ihr der ganze Vorgang völlig natürlich und unvermeidlich vor: *sie, Alix Martin, war froh, daß ihr Mann tot war! Sie streckte dem Mörder dankbar ihre Hände entgegen, manchmal dankte sie ihm sogar mit Worten.* Der Traum endete immer auf dieselbe Weise: *Dick Windyford schloß sie in seine Arme.*

Sie hatte ihrem Mann nichts von diesem Traum erzählt, aber im geheimen hatte er sie mehr verwirrt, als sie sich eingestehen wollte. War es eine Warnung – Warnung vor Dick Windyford?

Das scharfe Läuten des Telephons im Hause schreckte Alix aus ihren Gedanken. Sie ging hinein und nahm den Hörer ab. Plötzlich schwankte sie und stützte sich mit einer Hand gegen die Wand.

»*Wer* spricht dort, bitte?«

»Aber Alix, was ist denn los mit dir? Ich erkenne deine Stimme ja fast nicht wieder. Ich bin's, Dick.«

»Oh!« sagte Alix. »Oh! Wo – bist du jetzt?«

»Im *Traveller's Arms* – so heißt es doch, nicht wahr? Oder weißt du etwa nicht einmal, daß es in eurem Dorf so ein Gasthaus gibt? Ich habe gerade Urlaub – angle hier ein bißchen. Hättest du was dagegen, daß ich euch zwei liebe Leutchen heute abend nach dem Essen kurz besuche?«

»Nein!« entfuhr es Alix scharf. »Du darfst nicht kommen!«

Eine Pause trat ein, und als Dicks Stimme wiederkehrte, klang sie merklich verändert.

»Verzeih bitte«, sagte er förmlich. »Selbstverständlich möchte ich euch nicht zur Last fallen –«

Hastig unterbrach Alix ihn. Ihr Verhalten mußte ihm äußerst merkwürdig vorkommen. Und es *war* merkwürdig. Ihre Nerven schienen ihr einen schlimmen Streich zu spielen.

»Ich wollte damit nur sagen, daß wir – daß wir für heute abend schon eine Verabredung haben«, erklärte sie und versuchte, ihre Stimme möglichst natürlich klingen zu lassen. »Möchtest du – möchtest du nicht morgen zum Abendessen kommen?«

Aber Dick spürte offenbar die fehlende Herzlichkeit in ihrem Ton.

»Vielen Dank«, sagte er mit der gleichen förmlichen Stimme, »aber ich kann jederzeit wieder abreisen. Hängt davon ab, ob ein Freund von mir noch kommt oder nicht. Auf Wiedersehen, Alix.«

Er zögerte etwas und fügte dann hastig und in verändertem Ton hinzu: »Und alles Gute weiterhin, Liebes.«

Mit einem Gefühl der Erleichterung legte Alix den Hörer auf.

»Er darf nicht herkommen«, wiederholte sie noch einmal für sich. »Er darf nicht herkommen. Oh, was für eine

Närrin ich doch bin! Mich in einen solchen Zustand hinein-
zusteigern. Gleichviel, ich bin froh, daß er nicht kommt.«

Sie griff sich einen ländlichen Strohhut von einem Tisch
und ging wieder in den Garten hinaus. Vor dem Haus blieb
sie einen Moment stehen und blickte zu dem geschnitzten
Namenszug über der Veranda auf: ›Villa Nachtigall‹.

»Ist das nicht ein reichlich schwärmerischer Name?«
hatte sie einmal vor der Hochzeit gegenüber Gerald ge-
äußert. Er hatte gelacht.

»Du kleines Großstadtgeschöpf«, hatte er liebevoll gesagt. »Ich glaube, du hast noch nie eine Nachtigall gehört.
Und eigentlich bin ich froh darüber. Nachtigallen sollten
nur für Verliebte singen. Wir werden sie zusammen an
einem Sommerabend vor unserem eigenen Heim hören.«

Und bei der Erinnerung, wie sie dann tatsächlich die
Nachtigallen singen gehört hatten, fühlte Alix eine glück-
liche Wärme in sich aufsteigen, während sie jetzt vor ihrem
Heim stand.

Gerald hatte damals die Villa Nachtigall ausfindig gemacht. Fast zerspringend vor Aufregung war er zu Alix
gekommen: er habe *das* Haus für sie gefunden – einzigartig – ein Kleinod – eine einmalige Chance im Leben! Und
als Alix es gesehen hatte, war auch sie von seinem Reiz
gefangen. Sicher – es lag recht einsam – bis zum nächsten
Dorf waren es gut drei Kilometer; aber das Häuschen war
so einzigartig in seinem altmodischen Äußeren und seinem
modernen Komfort mit Badezimmern, Heißwasseranlage,
elektrischem Licht und Telephon, daß sie auf der Stelle seinem Charme erlag. Die Sache hatte nur einen Haken: der
Eigentümer, ein reicher Mann, dessen Laune das Häuschen

seine Entstehung verdankte, lehnte ab, es zu vermieten; er wollte es nur verkaufen.

Gerald Martin verfügte zwar über ein gutes Einkommen, konnte sein Vermögen aber im Moment nicht flüssigmachen. Mehr als tausend Pfund konnte er auf keinen Fall auftreiben, der Eigentümer verlangte jedoch dreitausend. Alix, die ihr Herz an diesen Ort gehängt hatte, kam zu Hilfe. Ihr Vermögen ließ sich leicht realisieren, da es in Aktien und Obligationen angelegt war. So wurde die Villa Nachtigall ihr Eigentum, und noch keinen Augenblick lang hatte Alix ihre Wahl bereut. Es stimmte schon, daß Hauspersonal die ländliche Einsamkeit nicht besonders mochte – zurzeit hatten sie überhaupt niemand –, aber Alix, die sich nach Häuslichkeit sehnte, kochte eifrig und mit viel Vergnügen kleine, schmackhafte Gerichte, und der Hausputz machte ihr Spaß.

Der prachtvolle Blumengarten wurde von einem alten Mann aus dem Dorf, der zweimal die Woche kam, in Ordnung gehalten.

Als Alix um die Hausecke trat, sah sie zu ihrer Überraschung den alten Gärtner bei den Blumenbeeten an der Arbeit. Sie war überrascht, weil seine Arbeitstage Montag und Freitag waren, und heute war Mittwoch.

»Nanu, George, was machen Sie denn hier?« fragte sie, als sie näher kam.

Schmunzelnd richtete der alte Mann sich auf und legte grüßend die Hand an seine verwitterte Kappe.

»Hab mir schon gedacht, daß Sie überrascht sein würden, Madam. Aber das ist so: der Gutsbesitzer gibt am Freitag ein Fest, und da hab ich mir gesagt, daß Mr. Martin und seine gute Frau wohl nichts dagegen haben werden, wenn ich einmal am Mittwoch statt am Freitag komme.«

»Schon recht, George«, antwortete Alix. »Hoffentlich amüsieren Sie sich bei dem Fest gut.«

»Ich glaub schon«, meinte George einfach. »Is' 'ne feine Sache, wenn man sich den Bauch so richtig vollschlagen kann und dabei weiß, daß man's nicht zu bezahlen braucht. Der Gutsbesitzer gibt seinen Pächtern immer ein ordentliches Essen. Und dann hab ich mir auch gedacht, Madam, 's wär gut, wenn ich Sie noch mal sähe, bevor Sie abreisen, damit ich weiß, wie Sie die Rabatten haben wollen. Ich nehme an, Sie wissen noch nicht, wann Sie zurückkommen werden?«

»Aber ich fahre ja gar nicht weg.«

George starrte sie an.

»Sie fahren morgen nicht nach London?«

»Nein. Wie sind Sie nur auf diese Idee gekommen?«

George deutete mit dem Kopf über seine Schulter.

»Hab Ihren Mann gestern im Dorf getroffen. Sagte mir, daß Sie beide morgen nach London fahren, und es sei unsicher, wann Sie zurückkämen.«

»Unsinn«, sagte Alix lachend. »Sie müssen ihn mißverstanden haben.«

Dennoch wunderte sie sich insgeheim. Was konnte Gerald nur gesagt haben, das den alten Mann zu einem so sonderbaren Mißverständnis geführt hatte? Ausgerechnet London? Sie spürte nicht den geringsten Wunsch, wieder nach London zu fahren.

»Ich hasse London!« sagte sie plötzlich bitter.

»Ach«, meinte George gelassen, »da muß ich ihn wohl

mißverstanden haben; und doch schien mir, daß er es deutlich genug gesagt hat. Ich bin froh, daß Sie hierbleiben. Ich halte nichts von diesem Herumvagabundieren, und schon gar nichts von London. *Ich* hab's nie nötig gefunden, dorthin zu gehen. Zu viele Autos heutzutage – das bringt eben Unruhe mit. Wenn die Leute erst ein Auto haben, verflixt noch mal, können sie's überhaupt nirgends mehr aushalten. Mr. Ames, dem dies Haus gehörte, war ein netter, ruhiger Herr, bis er eins von diesen Dingern kaufte. Hatte es noch keinen Monat, als er auch schon dieses Haus zum Verkauf ausschrieb. Eine schöne Stange Geld hatte er dafür ausgegeben – Fließwasser in allen Schlafzimmern und elektrisches Licht und so. ›Das viele Geld werden Sie nie wiedersehn‹, hab ich zu ihm gesagt. ›Und ob‹, hat er mir geantwortet, ›bis auf den letzten Penny werde ich meine zweitausend Pfund für dies Haus zurückbekommen.‹ Und das hat er auch tatsächlich geschafft.«

»Er hat dreitausend bekommen«, sagte Alix lächelnd.

»Zweitausend«, wiederholte George. »Damals wurde viel über die Summe gesprochen, die er gefordert hat.«

»Es waren wirklich dreitausend«, sagte Alix.

»Frauen verstehen nichts von Zahlen«, erwiderte George unüberzeugt. »Sie wollen mir doch nicht erzählen, daß Mr. Ames die Stirn hatte, Ihnen ins Gesicht zu sehen und dreitausend Pfund zu fordern?«

»Er hat es nicht mir gesagt«, antwortete Alix, »er sagte es meinem Mann.«

George beugte sich wieder über sein Blumenbeet.

»Der Preis war zweitausend«, entgegnete er halsstarrig.

Alix wollte sich nicht mit ihm streiten. Sie ging zu einem

der anderen Blumenbeete und begann, einen Armvoll Blumen zu pflücken.

Als sie sich mit ihrem duftenden Strauß wieder dem Haus näherte, sah Alix einen schmalen dunkelgrünen Gegenstand zwischen den Blättern aus einem Beet hervorscheinen. Während sie sich danach bückte, erkannte sie das Notizbuch ihres Mannes.

Sie öffnete es und überflog belustigt die Eintragungen. Schon fast zu Beginn ihres Ehelebens hatte sie erkannt, daß der impulsive und gefühlsbetonte Gerald die uncharakteristischen Tugenden der Ordnung und Methodik besaß. Er bestand außergewöhnlich pedantisch darauf, daß die Mahlzeiten immer pünktlich waren, und seinen Tag plante er stets mit der Genauigkeit eines Fahrplanes voraus.

Während sie die Seiten umblätterte, mußte sie unwillkürlich lächeln, als sie die Eintragung vom 14. Mai las: ›Trauung mit Alix, St. Peter 14.30.‹

»Lieber, großer Narr«, murmelte Alix leise, während sie weiterblätterte. Plötzlich stutzte sie.

»Mittwoch, 18. Juni – das ist doch heute!«

Neben dem Datum stand in Geralds ordentlicher, klarer Schrift: ›21 Uhr‹. Nichts weiter. Was hatte Gerald für 21 Uhr geplant? Alix war neugierig. Ihr fielen die Geschichten ein, die sie so oft gelesen hatte – in so einem Falle hätte das Notizbuch sie zweifellos mit einer sensationellen Enthüllung überrascht. Sie lächelte. Ganz gewiß hätte der Name einer anderen Frau darin gestanden. Müßig ließ sie die Seiten zurückflattern. Termine, Verabredungen, knappe Stichworte zu Geschäftsabschlüssen, aber nur ein Frauenname – ihr eigener.

Doch als sie das Notizbuch in die Tasche steckte und mit ihren Blumen ins Haus ging, stieg eine unbestimmbare Unruhe in ihr auf. Die Worte von Dick Windyford klangen ihr in den Ohren, als ob er neben ihr stände, und sie wiederholte: ›Der Mann ist völlig fremd für dich! Du weißt nichts über ihn.‹

Das stimmte. Was wußte sie schon über ihn? Schließlich war Gerald vierzig. In vierzig Jahren mußten Frauen in seinem Leben eine Rolle gespielt haben …

Alix schüttelte sich unwillig. Sie durfte solchen Gedanken keinen Raum geben. Im Augenblick mußte sie sich über etwas viel Dringlicheres klarwerden. Sollte sie ihrem Mann erzählen, daß Dick Windyford angeläutet hatte, oder nicht?

Es bestand zwar die Möglichkeit, daß Gerald ihm bereits zufällig im Dorf begegnet war. Aber in diesem Fall würde er es sicher unmittelbar nach seiner Rückkehr erwähnen, und sie brauchte sich weiter keine Gedanken zu machen. Wenn aber nicht – was dann? Alix spürte ein ausgeprägtes Verlangen, nichts davon zu erzählen.

Denn wenn sie es sagte, würde er bestimmt vorschlagen, Dick Windyford hierher einzuladen. Dann aber mußte sie ihm erklären, daß Dick schon selbst den Vorschlag gemacht hatte, sie zu besuchen, und daß sie sein Kommen unter einem Vorwand verhindert hatte. Und wenn Gerald sie nach dem Grund dafür fragte, was sollte sie antworten? Ihm ihren Traum erzählen? Er würde nur lachen – oder, schlimmer noch, feststellen, daß sie ihm eine Bedeutung beimaß, die dem Traum seiner Ansicht nach gar nicht zukam.

Schließlich beschloß Alix ziemlich beschämt, überhaupt nichts zu sagen. Es war das erste Mal, daß sie ihrem Mann gegenüber ein Geheimnis hatte, und dieses Bewußtsein machte sie unruhig.

Als sie Gerald kurz vor dem Mittagessen aus dem Dorf zurückkehren hörte, eilte sie in die Küche und tat sehr beschäftigt mit dem Kochen, um ihre Verwirrung zu verbergen.

Offensichtlich hatte Gerald nichts von Dick Windyford gesehen oder gehört. Alix fühlte sich gleichzeitig erleichtert und verlegen. Sie war jetzt endgültig einer Politik der Geheimhaltung ausgeliefert.

Erst nach ihrem einfachen Abendessen, als sie unter dem Eichengebälk ihres Wohnzimmers saßen und durch die weit geöffneten Fenster die warme Abendluft mit dem süßen Duft der Malven und weißen Levkojen drang, fiel Alix wieder das Notizbuch ein.

»Hier«, sagte sie und warf es ihm in den Schoß, »damit hast du die Blumen begossen.«

»Ist mir in die Rabatte gefallen, nicht wahr?«

»Ja; jetzt kenne ich alle deine Geheimnisse.«

»Nicht schuldig«, erwiderte Gerald und schüttelte den Kopf.

»Und was bedeutet deine Verabredung für heute abend neun Uhr?«

»Oh! Das –« Einen Moment lang schien er betroffen, dann aber lächelte er, als ob etwas ihn außerordentlich belustige. »Das ist ein Stelldichein mit einem ganz besonders netten Mädchen, Alix. Sie hat braune Haare und blaue Augen und ist dir sehr ähnlich.«

»Ich verstehe dich nicht«, sagte Alix mit gespielter Strenge. »Du weichst aus.«

»Aber nicht im geringsten. In Wirklichkeit ist das nur eine Erinnerung, daß ich heute abend ein paar Negative entwickeln will; und ich möchte, daß du mir dabei hilfst.«

Gerald Martin war ein begeisterter Photograph. Er besaß eine etwas altmodische Kamera mit einer ausgezeichneten Optik und er entwickelte seine Platten in einem kleinen Kellerraum, den er sich als Dunkelkammer eingerichtet hatte.

»Und das muß genau um neun Uhr getan werden?« meinte Alix neckend.

Gerald blickte etwas verärgert.

»Mein liebes Mädchen«, sagte er mit einem Anflug von Eigensinn, »man sollte die Ausführung einer Sache immer für eine bestimmte Zeit planen. Nur dann wird man nie mit seiner Arbeit ins Hintertreffen geraten.«

Alix saß ein oder zwei Minuten schweigend und beobachtete ihren Mann, wie er rauchend in seinem Sessel lag: den zurückgelehnten, dunkelhaarigen Kopf und den klaren Umriß seines glattrasierten Gesichts gegen den düsteren Hintergrund. Und plötzlich schlug aus irgendeinem unerklärlichen Grund eine Welle der Panik über ihr zusammen, so daß es aus ihr herausbrach, bevor sie sich zurückhalten konnte: »O Gerald, ich wünschte, ich wüßte mehr über dich!«

Erstaunt sah ihr Mann sie an.

»Aber meine liebe Alix, du weißt alles über mich. Ich habe dir von meiner Kindheit in Northumberland erzählt, von meinem Leben in Südafrika und von diesen letzten zehn Jahren in Kanada, die mir Erfolg gebracht haben.«

»Ach! Geschäft!« sagte Alix verächtlich.

Gerald lachte plötzlich. »Ich weiß, was du meinst – Liebesgeschichten. Ihr Frauen seid doch alle gleich. Nichts als das rein Persönliche interessiert euch.«

Alix fühlte ihre Kehle trocken werden, als sie undeutlich murmelte: »Nun, aber du mußt doch – Liebesgeschichten gehabt haben. Ich meine – wenn ich nur wüßte –«

Eine oder zwei Minuten lang herrschte wieder Schweigen. Gerald Martin runzelte wie unentschlossen die Stirn. Als er zu sprechen begann, waren sein Gesicht und seine Stimme ernst, ohne eine Spur seiner bisherigen scherzenden Art.

»Hältst du es für weise, Alix, diese – Blaubartstimmung heraufzubeschwören? Natürlich hat es Frauen in meinem Leben gegeben; das streite ich nicht ab. Und wenn ich es täte, würdest du mir nicht glauben. Doch ich kann dir wahrheitsgemäß schwören, daß keine von ihnen mir etwas bedeutet hat.«

Ein Ton von Aufrichtigkeit schwang in seiner Stimme, der die zuhörende Frau tröstete.

»Zufrieden, Alix?« fragte er lächelnd. Dann blickte er sie mit einem Anflug von Neugier an. »Was hat dich nur ausgerechnet heute abend auf all diese unangenehmen Dinge kommen lassen?«

Alix stand auf und begann, ruhelos auf und ab zu wandern.

»Ach, ich weiß nicht«, antwortete sie. »Ich bin schon den ganzen Tag lang nervös.«

»Das ist merkwürdig«, sagte Gerald leise, als spräche er mit sich selbst. »Das ist wirklich sehr merkwürdig.«

»Warum ist das merkwürdig?«

»Aber, mein liebes Mädchen, wer wird mich denn gleich so anfahren. Ich sagte nur, es sei merkwürdig, weil du in der Regel immer lieb und fröhlich bist.«

Alix zwang sich zu einem Lächeln.

»Alles hat sich heute gegen mich verschworen«, gestand sie. »Sogar der alte George hatte sich die lächerliche Idee in den Kopf gesetzt, daß wir nach London fahren wollen. Er sagte, du hättest ihm das erzählt.«

»Wo hast du ihn getroffen?« fragte Gerald scharf.

»Er kam heute zur Gartenarbeit anstatt Freitag.«

»Verdammter alter Narr!« sagte Gerald ärgerlich.

Alix blickte überrascht auf. Das Gesicht ihres Mannes war verzerrt vor Wut. Sie hatte ihn noch nie so gereizt gesehen. Als er ihr Erstaunen bemerkte, versuchte Gerald, sich zu beherrschen. »Er ist aber auch ein alter Narr«, protestierte er.

»Was kannst du denn nur gesagt haben, daß er sich so etwas gedacht hat?«

»Ich? Ich habe überhaupt nichts gesagt. Wenigstens – ach ja, jetzt erinnere ich mich: ich machte so einen lahmen Scherz über ›in aller Herrgottsfrühe nach London fahren‹, und wahrscheinlich hat er das ernst genommen. Oder er hat nicht richtig zugehört. Natürlich hast du ihm das ausgeredet?«

Unruhig wartete er auf ihre Antwort.

»Selbstverständlich; aber George ist einer von diesen alten Leuten, denen man eine Idee nicht so leicht wieder ausreden kann, wenn sie sich einmal darauf versteift haben.«

Dann erzählte sie Gerald, wie George hartnäckig auf seinem Glauben über die Kaufsumme für das Haus bestanden hatte.

Ein paar Augenblicke lang schwieg Gerald, um dann langsam zu sagen: »Ames wollte zweitausend in bar und war bereit, die restlichen tausend Pfund als Hypothek zu nehmen. Sicher ist das der Ursprung dieses Mißverständnisses, nehme ich an.«

»Sehr wahrscheinlich«, stimmte Alix zu.

Dann blickte sie zur Uhr hoch und deutete schadenfroh mit dem Zeigefinger darauf.

»Wir sollten uns an die Arbeit machen, Gerald. Schon fünf Minuten Verspätung.«

Ein sehr sonderbares Lächeln trat in Gerald Martins Gesicht.

»Ich habe es mir anders überlegt«, sagte er ruhig; »heute abend möchte ich nicht mehr entwickeln.«

Mit dem Gemüt einer Frau hat es eine merkwürdige Bewandtnis. Als sie an jenem Mittwochabend zu Bett ging, war Alix beruhigt und zufrieden. Ihr vorübergehend schwankendes Glück hatte sich wieder gefestigt, triumphierend wie eh und je.

Aber gegen Abend des folgenden Tages wurde sie sich bewußt, daß arglistige Kräfte an der Arbeit waren, es zu unterwühlen. Dick Windyford hatte nicht wieder angerufen, aber trotzdem meinte sie seinen Einfluß zu fühlen. Wieder und wieder kamen ihr seine Worte ins Gedächtnis: ›Der Mann ist völlig fremd für dich! Du weißt nichts über ihn.‹ Und mit ihnen kam die Erinnerung an das Gesicht ihres Mannes, deutlich wie eine Photographie, wie er sagte: ›Hältst du es für weise, Alix, diese – Blaubartstimmung heraufzubeschwören?‹ Warum hatte er das gesagt?

In seinen Worten hatte eine Warnung gelegen – fast eine Drohung. Genausogut hätte er sagen können: ›Du solltest lieber nicht in meinem früheren Leben spionieren, Alix! Wenn du es doch tust, könntest du einen häßlichen Schock bekommen.‹

Bis Freitagmorgen hatte Alix sich selbst überredet, *daß* es eine Frau in Geralds Leben gegeben hatte – eine Blaubartkammer, die er eifersüchtig vor ihr verschlossen halten wollte. Und ihre Eifersucht, endlich erwacht, war jetzt zügellos.

War es eine andere Frau, die er an jenem Abend um neun Uhr treffen wollte? War seine Geschichte von den Negativen, die er entwickeln wollte, eine Lüge, die ihm gerade im rechten Moment eingefallen war?

Noch vor drei Tagen hätte sie geschworen, daß sie ihren Mann durch und durch kannte. Jetzt schien er ihr ein Fremder zu sein, von dem sie nichts wußte. Sie erinnerte sich an seinen unvernünftigen Ärger über den alten George, eine Laune, die überhaupt nicht zu seiner üblichen guten Stimmung paßte. Eine Kleinigkeit vielleicht, aber der Vorfall zeigte ihr, daß sie den Mann, der ihr Gatte war, nicht wirklich kannte.

Am Freitag mußten verschiedene Dinge aus dem Dorf besorgt werden, und Alix schlug am Nachmittag vor, daß sie gehen wollte und Gerald währenddessen im Garten bliebe; aber zu ihrer Überraschung widersprach er diesem Plan heftig und bestand darauf, selbst zu gehen, während sie zu Hause bliebe. Alix sah sich gezwungen nachzugeben, aber seine Hartnäckigkeit überraschte und alarmierte sie. Warum war er so ängstlich bestrebt, sie nicht ins Dorf gehen zu lassen?

Plötzlich kam ihr eine Erklärung in den Sinn, die recht einleuchtend schien. War es nicht möglich, daß Gerald tatsächlich Dick Windyford getroffen hatte, es ihr aber nicht sagen mochte? Auch bei ihr hatte sich die Eifersucht, die zur Zeit ihrer Heirat noch völlig schlief, erst später entwickelt. Konnte nicht bei Gerald dasselbe der Fall sein? War er vielleicht nur so ängstlich bestrebt, ein mögliches Wiedersehen zwischen ihr und Dick Windyford zu verhindern? Diese Erklärung paßte so gut zu den Tatsachen und war so tröstlich für Alix' verwirrten Geisteszustand, daß sie sich freudig damit zufriedengab.

Doch als die Teezeit verstrichen war, wurde sie wieder nervös und unruhig. Sie kämpfte mit einer Versuchung, die sie schon seit Geralds Fortgehen bedrängte. Schließlich gab sie nach und stieg zum Ankleidezimmer ihres Mannes hinauf, während sie gleichzeitig ihr Gewissen mit der Versicherung beruhigte, daß das Zimmer einmal gründlich aufgeräumt werden müsse. Und um den Vorwand der Hausfrauenpflicht aufrechtzuerhalten, nahm sie einen Staublappen mit.

›Wenn ich mich nur vergewissern könnte‹, dachte sie immer wieder. ›Wenn ich nur Gewißheit hätte.‹

Vergeblich sagte ihr eine innere Stimme, daß alle möglicherweise kompromittierenden Dinge bestimmt längst vernichtet waren. Sie hielt dem entgegen, daß Männer manchmal die gefährlichsten Beweisstücke aus übertriebener Sentimentalität aufbewahrten.

Der letzte Widerstand in Alix brach zusammen. Mit vor Scham brennenden Wangen durchstöberte sie atemlos ganze Stapel von Briefen und Dokumenten, zog die Schubladen heraus und durchsuchte sogar die Taschen der Anzüge ihres Mannes. Nur zwei Schubladen ließen sich nicht öffnen: die untere der Kommode und die obere rechte des Schreibtisches waren beide verschlossen. Doch Alix hatte inzwischen jegliches Schamgefühl verloren. Sie war überzeugt, daß sie in einer dieser Schubladen den Beweis für die Existenz dieser imaginären Frau aus Geralds Vergangenheit finden würde, von der sie sich in Gedanken verfolgt fühlte.

Sie erinnerte sich, daß Gerald seine Schlüssel sorglos unten auf der Anrichte hatte liegenlassen. Sie holte sie und versuchte einen nach dem andern. Der dritte Schlüssel paßte für die Schreibtischschublade. Fiebernd vor Neugier zog Alix sie auf. Ein Scheckheft und eine gut mit Geldscheinen gefüllte Brieftasche kamen zum Vorschein, und ganz hinten lag ein Päckchen mit einem Band verschnürter Briefe.

Ihr Atem kam unregelmäßig, während Alix das Band öffnete. Doch dann breitete sich eine tiefe, brennende Röte über ihr Gesicht aus, und sie ließ die Briefe in die Schublade zurückfallen, schob sie zu und verschloß sie wieder. Es waren ihre eigenen Briefe, die sie vor ihrer Heirat an Gerald geschrieben hatte.

Sie wandte sich jetzt der Kommode zu, mehr mit dem Wunsch, nichts ungetan zu lassen, als in der Erwartung, noch irgend etwas zu finden, was sie suchte.

Zu ihrem Ärger paßte keiner von Geralds Schlüsseln in die untere Schublade. Um sich nicht geschlagen zu geben, ging Alix durch die anderen Zimmer und brachte eine Auswahl von Schlüsseln mit. Mit Genugtuung stellte sie fest, daß der Schlüssel vom Kleiderschrank des Gästezimmers auch für die Kommode paßte. Sie schloß die Schublade auf und zog sie heraus. Doch nichts als eine Rolle von Zeitungsausschnitten lag darin, vor Alter bereits verstaubt und verfärbt.

Alix stieß einen Seufzer der Erleichterung aus. Sie warf aber trotzdem einen Blick auf die Ausschnitte; denn sie war neugierig, was für ein Thema Gerald so sehr interessierte, daß er sich die Mühe gemacht hatte, die staubige Rolle aufzuheben. Fast alle stammten aus amerikanischen Zeitungen von vor ungefähr sieben Jahren und befaßten sich mit der Gerichtsverhandlung gegen den notorischen Betrüger und Bigamisten Charles Lemaitre. Lemaitre stand unter dem Verdacht, seine weiblichen Opfer beiseite geschafft zu haben. Unter dem Boden eines der Häuser, die er gemietet hatte, war ein Skelett gefunden worden, und von den meisten Frauen, die er ›geheiratet‹ hatte, wurde nie wieder etwas gehört.

Mit großartigem Geschick hatte er sich gegen die Anklage verteidigt, und einer der talentiertesten Anwälte der Vereinigten Staaten hatte ihm dabei geholfen. Das Urteil ›Freispruch wegen Mangels an Beweisen‹ hätte den Fall vielleicht am besten charakterisiert. Da es das in den Vereinigten Staaten jedoch nicht gab, wurde er in der Hauptanklage als ›nicht schuldig‹ befunden, jedoch wegen erwiesener Schuld in anderen Dingen zu einer langen Haftstrafe verurteilt.

Alix erinnerte sich an das Aufsehen, das dieser Fall seinerzeit erregt hatte, und ebenso an die Sensation bei der Flucht Lemaitres etwa drei Jahre später. Er war nie wieder gefaßt worden. Die Persönlichkeit des Mannes und seine außerordentliche Macht über Frauen waren damals lang und breit in den englischen Zeitungen diskutiert worden, und gleichzeitig wurde über seine Erregbarkeit vor Gericht, seine leidenschaftlichen Proteste und seine gelegentlichen plötzlichen physischen Zusammenbrüche berichtet, die man seinem schwachen Herzen zuschrieb, wenn auch die Unwissenden sie für Schauspielerei hielten.

Auf einem der Ausschnitte, den Alix gerade in der Hand hielt, war ein Bild von ihm, und sie studierte es interessiert – ein langbärtiger, gelehrt aussehender Herr.

An wen erinnerte sie dieses Gesicht nur? Plötzlich und mit einem Schock erkannte sie die Ähnlichkeit mit Gerald. In der Augenpartie glichen die beiden sich sehr. Vielleicht hatte er deshalb die Ausschnitte gesammelt. Ihr Blick wanderte zu dem Abschnitt unter dem Bild. Gewisse Daten, stand da, hatte man im Notizbuch des Angeklagten gefunden und behauptet, zu diesen Zeiten hätte er seine Opfer beseitigt. Dann wurde die Aussage einer Frau wiedergegeben, die den Häftling mit Sicherheit an einem Muttermal an seinem linken Handgelenk, dicht unter der Handfläche, wiedererkannte.

Alix ließ die Papiere fallen und begann zu schwanken. *An seinem linken Handgelenk, dicht unter der Handfläche, hatte ihr Mann eine kleine Narbe ...*

Das Zimmer drehte sich um sie. Hinterher kam es ihr sonderbar vor, wie sie sofort und mit so absoluter Gewißheit überzeugt sein konnte: Gerald Martin war Charles

Lemaitre! Sie wußte es und akzeptierte dieses Wissen augenblicklich. Unzusammenhängende Bruchstücke wirbelten durch ihr Gehirn und reihten sich aneinander wie Teile eines Puzzlespiels.

Der für das Haus gezahlte Preis – ihr Geld – einzig und allein ihr Geld; die Aktien und Obligationen, die sie ihm zur Verwaltung anvertraut hatte. Sogar ihr Traum erschien ihr jetzt in seiner wahren Bedeutung. Tief in ihrem Innern, in ihrem Unterbewußtsein, hatte sie Gerald Martin stets gefürchtet und ihm zu entrinnen gewünscht. Und es war Dick Windyford, dessen Hilfe ihr zweites Ich herbeigesehnt hatte. Auch das war ein Grund dafür, daß sie die Wahrheit so leicht, ohne zu zweifeln oder zu zögern, akzeptieren konnte. Sie sollte das nächste Opfer von Lemaitre werden. Vielleicht schon sehr bald …

Ein unterdrückter Aufschrei entfuhr ihr, als sie sich an die Eintragung in seinem Notizbuch erinnerte: *Mittwoch, 21 Uhr.* Der Keller mit den Steinplatten, die sich so leicht aufheben ließen! Schon einmal hatte er eines seiner Opfer im Keller vergraben. Alles war bereits für Mittwochnacht geplant gewesen. Aber daß er es vorher auf so methodische Weise niederschrieb – Wahnsinn! Nein, es war logisch. Gerald machte sich für alle seine Vorhaben im voraus Notizen zur Erinnerung: Mord war für ihn ein Geschäft wie jedes andere.

Doch was hatte sie gerettet? Was konnte sie möglicherweise gerettet haben? War er in letzter Minute weichherzig geworden? Nein. Wie ein Blitz kam ihr die Antwort – *der alte George.*

Sie verstand jetzt die scheinbar unmotivierte Wut ihres

Mannes. Zweifellos hatte er sich schon den Weg bereitet, indem er jedermann erzählte, sie führen am Donnerstag nach London. Dann war George unerwartet am Mittwoch zur Arbeit gekommen, hatte London ihr gegenüber erwähnt, und sie hatte der Behauptung widersprochen. Zu riskant, sie in jener Nacht zu beseitigen, wenn der alte George womöglich ihre Unterhaltung weitererzählte. Doch was für ein Entrinnen! Wenn sie nicht zufällig diese unbedeutende Sache erwähnt hätte – Alix schauderte.

Doch sie durfte keine Zeit verlieren. Sie mußte sofort fliehen – bevor er zurückkehrte. Hastig legte sie die Rolle mit den Zeitungsausschnitten wieder in die Schublade, schob sie zu und verschloß sie. Und dann blieb sie regungslos stehen, wie zu Stein erstarrt. Sie hörte die Gartenpforte zur Straße knarren. *Ihr Mann war zurückgekehrt.*

Einen Augenblick blieb Alix noch steif vor Schreck stehen, dann schlich sie auf Zehenspitzen zum Fenster und spähte hinter dem Vorhang hinaus.

Ja, es war ihr Mann. Er lächelte vor sich hin und summte eine kleine Melodie. In der Hand hielt er einen Gegenstand, bei dessen Anblick das Herz der jungen Frau vor Entsetzen fast zu schlagen aufhörte. Es war ein nagelneuer Spaten.

Blitzartig kam ihr die instinktive Erkenntnis: *Heute abend sollte es geschehen …*

Doch sie hatte noch eine Chance. Seine kleine Melodie summend, ging Gerald um die Ecke und hinter das Haus.

Ohne einen Augenblick zu zögern lief sie die Treppen hinunter und aus der Tür. Doch sie war kaum aus dem Haus, als ihr Mann von der anderen Seite her um die Ecke trat.

»Hallo«, sagte er, »wohin willst du denn so eilig?«

Alix kämpfte verzweifelt mit sich, ruhig und wie gewöhnlich auszusehen. Für den Moment war ihre Chance vereitelt, aber wenn sie umsichtig darauf achtete, seinen Argwohn nicht zu wecken, würde sie später wiederkommen. Vielleicht sogar gleich …

»Ich wollte nur einmal bis zum Ende des Weges und zurück gehen«, sagte sie in einem Ton, der ihr selbst schwach und unsicher vorkam.

»Gut«, erwiderte Gerald, »ich werde dich begleiten.«

»Bitte nicht, Gerald – ich bin nur nervös – Kopfschmerzen – ich möchte lieber allein gehen.«

Er musterte sie aufmerksam. Einen Moment lang meinte sie Verdacht in seinen Augen aufblitzen zu sehen.

»Was ist denn los mit dir, Alix? Du bist ja blaß – und zitterst.«

»Nichts.« Sie zwang sich, brüsk zu sein – und zu lächeln. »Ich habe lediglich Kopfschmerzen. Ein Spaziergang wird mir guttun.«

»Schön, aber es nützt dir gar nichts, daß du mich nicht mithaben willst«, erklärte Gerald mit seinem unbeschwerten Lachen. »Ich komme, ob du's magst oder nicht.«

Sie wagte nicht, weiter zu protestieren. Wenn er Verdacht schöpfen würde, daß sie *wußte* …

Mit einer Willensanstrengung brachte sie es fertig, ihre normale Art teilweise zurückzugewinnen. Doch sie hatte das unangenehme Empfinden, daß er sie ab und zu von der Seite ansah, als sei er noch nicht ganz beruhigt. Sie fühlte, daß sein Argwohn noch nicht völlig eingeschlafen war.

Als sie ins Haus zurückkamen, bestand er darauf, daß

sie sich hinlegte, und brachte Eau de Cologne, um ihre Schläfen damit zu betupfen. Er war, wie immer, der zärtlich liebende Ehemann. Alix fühlte sich so hilflos, als läge sie an Händen und Füßen gebunden in einer Fallgrube.

Nicht eine Minute lang wollte er sie allein lassen. Er ging mit ihr in die Küche und half ihr, die einfachen kalten Gerichte, die sie schon vorbereitet hatte, ins Zimmer zu tragen. Das Abendessen brachte sie fast zum Ersticken, aber sie zwang sich, zu essen und sogar fröhlich und natürlich zu erscheinen. Sie wußte jetzt, daß sie um ihr Leben kämpfte. Sie war allein mit diesem Mann, meilenweit von jeder Hilfe, völlig in seiner Gewalt. Ihre einzige Chance bestand darin, seinen Verdacht soweit einzuschläfern, daß er sie ein paar Augenblicke lang allein ließ – lang genug, daß sie in die Diele zum Telephon gehen und Hilfe herbeirufen konnte. Das blieb jetzt ihre einzige Hoffnung.

Ein weiterer Hoffnungsschimmer flackerte in ihr auf, als sie sich daran erinnerte, wie er schon einmal seinen Plan verschoben hatte. Angenommen, sie erzählte ihm, daß Dick Windyford sie heute abend besuchen käme?

Die Worte standen schon auf ihren Lippen – als sie sie hastig wieder zurücknahm. Dieser Mann würde sich nicht ein zweites Mal zurückhalten lassen. In seiner gehobenen Stimmung lag unter seinem ruhigen Äußeren eine Entschlossenheit, daß ihr fast übel wurde. Damit würde sie das Verbrechen nur vorzeitig herausfordern. Er würde sie auf der Stelle umbringen und hinterher ruhig Dick Windyford anläuten, um ihm zu erzählen, daß sie plötzlich zu jemand anders hätten gehen müssen. Oh! Wenn nur Dick Windyford heute abend hierher käme! Wenn Dick …

Plötzlich zuckte ihr ein Einfall durch den Kopf. Sie blickte ihren Mann scharf von der Seite an, als fürchtete sie, er könnte ihre Gedanken lesen. Mit dem Plan kehrte auch ihr Mut zurück. Alix wurde wieder so ungezwungen und natürlich, daß sie sich selbst bewundern mußte.

Sie bereitete den Kaffee und trug ihn auf die Veranda, wo sie oft an schönen Abenden saßen.

»Übrigens«, sagte Gerald plötzlich, »wir wollen später noch die Negative entwickeln.«

Ein Schauder rann Alix über den Rücken, aber sie erwiderte gleichgültig: »Kannst du nicht allein damit fertig werden? Ich bin heute ziemlich müde.«

»Es wird nicht lange dauern.« Er lächelte. »Und ich kann dir versprechen, daß du hinterher nicht müde sein wirst.«

Die Worte schienen ihn zu amüsieren. Alix schauderte. Jetzt oder nie mußte sie ihren Plan ausführen.

Sie erhob sich. »Ich will nur eben mal den Schlachter anrufen«, sagte sie gleichmütig. »Bleib nur ruhig sitzen.«

»Den Schlachter? So spät noch?«

»Sein Laden ist natürlich geschlossen, Dummchen. Aber ich kann ihn zu Hause erreichen. Morgen ist Sonnabend, und ich möchte, daß er mir gleich früh ein paar Kalbskoteletts bringt, bevor jemand anders sie mir wegschnappt. Der Gute tut alles für mich.«

Alix ging rasch ins Haus hinein und schloß die Tür hinter sich. Sie hörte Gerald rufen: »Laß die Tür offen«, und hatte schnell die ungezwungene Antwort zur Hand: »Dann kommen nur Nachtfalter herein. Ich ekle mich so vor ihnen. Hast du Angst, daß ich dem Schlachter eine Liebeserklärung machen will, Dummchen?«

Sie nahm hastig den Telephonhörer ab und verlangte die Nummer des *Traveller's Arms.* Alix wurde sofort verbunden.

»Bitte Mr. Windyford! Ist er noch da? Kann ich ihn sprechen?«

Doch dann setzte einen Augenblick lang ihr Herzschlag aus. Die Tür ging auf, und ihr Mann trat in die Diele.

»Geh bitte fort, Gerald«, sagte sie, als ob sie sich zierte. »Ich mag es gar nicht, wenn mir jemand beim Telephonieren zuhört.«

Er lachte nur und ließ sich in einen Sessel fallen.

»Ist es auch wirklich der Schlachter, den du da anrufst?« zog er sie auf.

Alix war verzweifelt. Ihr Plan war fehlgeschlagen. In einer Minute würde Dick Windyford an den Apparat kommen. Sollte sie es riskieren und ihn unumwunden zu Hilfe rufen?

Doch während sie nervös die kleine Taste im Hörer drückte und wieder losließ, welche die Stimme des Anrufenden am anderen Ende der Leitung hören läßt oder unterbricht, fiel ihr blitzartig ein neuer Plan ein.

›Es wird nicht einfach sein, dachte sie. ›Ich muß unbedingt einen klaren Kopf behalten und die richtigen Worte wählen. Ich darf keinen Augenblick unsicher werden; doch ich glaube, ich kann es schaffen. Ich *muß* es schaffen.‹

Und im selben Moment hörte sie die Stimme von Dick Windyford im Hörer.

Alix sog einen tiefen Luftzug ein. Dann drückte sie entschlossen die Taste und begann zu sprechen.

»Hier ist Mrs. Martin – Villa Nachtigall. Bitte, kommen

Sie (sie ließ die Taste los) morgen früh mit sechs schönen Kalbskoteletts. (Sie drückte wieder die Taste.) *Es handelt sich bei mir um Leben und Tod* (sie ließ die Taste los), daß die Kalbskoteletts schön zart sind, denn mein Mann ist sehr wählerisch. *Bitte* (sie drückte die Taste) *kommen* (sie ließ die Taste los) Sie (sie drückte die Taste) *so früh wie möglich.* (Sie ließ die Taste los.) Vielen Dank, Mr. Hexworthy, und entschuldigen Sie, daß ich so spät noch angerufen habe. – Bis morgen früh also.«

Sie legte den Hörer wieder auf die Gabel und drehte sich zu ihrem Mann um; ihr Atem ging rasch.

»So also pflegst du mit deinem Schlachter zu reden!« sagte Gerald.

»Das ist eben Frauenart«, meinte Alix leichthin.

Innerlich fieberte sie vor Erregung. Er hatte keinen Verdacht geschöpft. Dick würde kommen, selbst wenn er es nicht verstanden hatte.

»Du scheinst ja auf einmal äußerst gutgelaunt zu sein«, bemerkte er, sie neugierig musternd.

»Allerdings«, erwiderte Alix. »Meine Kopfschmerzen sind fort.«

Sie setzte sich wieder auf ihren Platz und lächelte ihren Mann an, als er sich in seinen Sessel ihr gegenüber sinken ließ. Sie war gerettet. Die Zeiger der Uhr wiesen erst auf fünfundzwanzig Minuten nach acht. Lange vor neun würde Dick hier sein.

»Der Kaffee vorhin gefiel mir überhaupt nicht«, klagte Gerald. »Er schmeckte sehr bitter.«

»Ich hab eine neue Sorte ausprobiert. Wir werden sie nicht wieder trinken, wenn du sie nicht magst, Liebling.«

Alix nahm sich ihre Handarbeit vor und begann zu sticken. Gerald las ein paar Seiten in seinem Buch. Dann blickte er zur Uhr hoch und warf das Buch beiseite.

»Halb neun. Zeit in den Keller zu gehn und mit der Arbeit zu beginnen.«

Die Handarbeit entglitt Alix.

»Oh, doch nicht so früh. Warten wir bis neun!«

»Nein, meine Liebe – halb neun. Für die Zeit habe ich es festgesetzt. Um so eher wirst du zur Ruhe kommen.«

»Aber ich würde lieber noch bis neun Uhr warten.«

»Du weißt doch, wenn ich einmal eine Zeit festgesetzt habe, bleibt es dabei. Komm mit, Alix. Ich warte keine Minute länger!«

Alix blickte zu ihm hoch, und trotz aller Selbstbeherrschung überkam sie ein Grauen. Die Maske war gefallen. Geralds Hände zuckten, seine Augen glänzten vor Erregung, und mit der Zunge fuhr er sich fortwährend über die trockenen Lippen. Er gab sich keine Mühe mehr, seine wahren Gefühle zu verbergen.

›Wie ein Wahnsinniger‹, dachte Alix, ›*er kann einfach nicht mehr warten.*‹

Mit langen Schritten kam er zu ihr herüber, packte sie bei der Schulter und riß sie auf die Füße.

»Komm mit, Mädchen – oder ich trage dich dorthin.«

Die Worte sollten fröhlich klingen, aber in ihrem Ton schwang eine kaum verborgene wilde Grausamkeit mit, die sie entsetzte. Mit äußerster Anstrengung riß sie sich los und preßte sich mit dem Rücken gegen die Wand. Sie war machtlos. Sie konnte nicht entkommen – sie war ihm ausgeliefert – und er kam auf sie zu.

»Also, Alix – «

»Nein – nein!« schrie sie und streckte ohnmächtig die Hände aus, um ihn abzuwehren.

»Gerald – bleib stehn – ich muß dir etwas sagen – etwas gestehen – «

Er blieb stehen. »Gestehen?« fragte er neugierig.

»Ja, gestehen.« Die Worte waren ihr ohne jeden Grund eingefallen, aber sie wiederholte sie verzweifelt, um seine einmal geweckte Aufmerksamkeit festzuhalten.

Ein verächtlicher Ausdruck trat in sein Gesicht.

»Ein früherer Liebhaber, nehme ich an«, sagte er höhnisch.

»Nein«, erwiderte Alix. »Etwas anderes. Man könnte es wohl – ja, man könnte es ein Verbrechen nennen.«

Augenblicklich erkannte sie, daß sie den richtigen Ton getroffen hatte. Seine Aufmerksamkeit war erneut geweckt, gefangen. Als sie das sah, kehrte ihre Beherrschung zurück. Sie fühlte sich wieder als Herrin der Situation.

»Du solltest dich lieber wieder setzen«, sagte sie ruhig.

Sie durchquerte das Zimmer zu ihrem alten Platz und setzte sich ebenfalls. Sie bückte sich sogar und hob ihre Handarbeit auf. Doch hinter ihrer äußerlichen Ruhe war sie fieberhaft dabei, eine Geschichte zu erfinden; denn was sie sich jetzt ausdachte, mußte seine Neugier wachhalten, bis Hilfe eintraf.

»Ich habe dir erzählt«, begann sie langsam, »daß ich fünfzehn Jahre lang als Stenotypistin gearbeitet habe. Das entsprach nicht ganz der Wahrheit. Dazwischen lagen zwei Unterbrechungen. Die erste ereignete sich, als ich zweiundzwanzig war. Ich begegnete einem Mann, einem älteren

Mann mit einem kleinen Vermögen. Er verliebte sich in mich und hielt um meine Hand an. Ich sagte ja, und wir heirateten.« Sie machte eine Pause. »Ich brachte ihn dazu, sein Leben zu meinen Gunsten zu versichern.«

Sie sah, daß plötzlich ein brennendes Interesse im Gesicht ihres Mannes geschrieben stand, und fuhr mit gestärktem Selbstvertrauen fort.

»Während des Krieges arbeitete ich eine Zeitlang in der Apotheke eines Krankenhauses. Dort mußte ich mit allen möglichen seltenen Arzneimitteln und Giften hantieren.«

Überlegend hielt sie inne. Es gab keinen Zweifel mehr, er war jetzt brennend interessiert. Ein Mörder kann nicht anders, er muß an einem Mord Interesse finden. Darauf hatte sie mit Erfolg gesetzt. Verstohlen blickte sie auf die Uhr. Es war fünfundzwanzig Minuten vor neun.

»Es gibt ein Gift – ein feines weißes Pulver – eine winzige Prise davon bedeutet Tod. Aber vielleicht verstehst du ja etwas von Giften?«

Sie stellte diese Frage etwas ängstlich. Wenn er sie bejahte, mußte sie vorsichtig sein.

»Nein«, sagte Gerald; »so gut wie nichts.«

Erleichtert atmete sie auf.

»Aber bestimmt hast du schon von Hyoscin gehört? Das ist ein Arzneimittel, das, richtig dosiert, *todsicher* wirkt, jedoch absolut nicht nachweisbar ist. Ich stahl eine kleine Portion davon und verwahrte sie gut.«

Sie schaltete eine Pause ein, alle ihre Kräfte zusammennehmend.

»Weiter«, sagte Gerald.

»Nein. Ich habe Angst, es dir zu erzählen. Ein andermal.«

»Jetzt«, forderte er sie ungeduldig auf. »Ich will es jetzt hören.«

»Unsere Ehe dauerte einen Monat. Ich war sehr gut zu meinem ältlichen Mann, sehr freundlich und hingebend. Allen Nachbarn gegenüber lobte er mich. Jedermann wußte, was für eine liebende Frau ich war. Und jeden Abend bereitete ich eigenhändig unseren Kaffee. Eines Abends, als wir beide allein im Hause waren, tat ich eine Prise des tödlichen Alkaloids in seine Tasse –«

Alix machte wieder eine Pause und fädelte umständlich ihre Nadel ein. Sie, die niemals in ihrem Leben geschauspielert hatte, nahm es in diesem Augenblick mit der größten Schauspielerin der Welt auf. Sie ging förmlich auf in der Rolle der kaltblütigen Giftmischerin.

»Es ging äußerst friedlich vor sich. Ich saß da und beobachtete ihn. Einmal keuchte er ein wenig und verlangte nach Luft. Ich öffnete das Fenster. Dann sagte er, er könne sich nicht mehr von seinem Stuhl erheben. *Kurz darauf starb er.*«

Sie hörte auf zu lächeln. Es war Viertel vor neun. Bestimmt würde Dick bald kommen.

»Wie hoch«, fragte Gerald, »war die Versicherungssumme?«

»Ungefähr zweitausend Pfund. Ich habe damit spekuliert und fast alles verloren. Darauf nahm ich wieder Büroarbeit an. Aber ich hatte nie die Absicht, lange dabei zu bleiben. Etwas später lernte ich einen anderen Mann kennen. Da ich im Büro wieder unter meinem Mädchennamen arbeitete, wußte er nicht, daß ich schon einmal verheiratet war. Es war ein jüngerer Mann, recht gut aussehend und ziemlich vermögend. Wir heirateten in aller Stille in Sussex. Er wollte keine Lebensversicherung abschließen, aber natürlich machte er ein Testament zu meinen Gunsten. Genau wie mein erster Mann sah er es gern, wenn ich eigenhändig seinen Kaffee bereitete.«

Alix lächelte beziehungsvoll und fügte lächelnd hinzu: »Ich mache sehr guten Kaffee.«

Dann fuhr sie fort: »In dem kleinen Ort, in dem wir wohnten, hatte ich eine Anzahl Freunde. Sie waren sehr um mich besorgt, als mein Mann eines Abends nach dem Essen plötzlich an einem Herzschlag starb. Nur der Arzt war mir nicht sehr gewogen. Ich glaube zwar nicht, daß er mich verdächtigte, auf jeden Fall aber überraschte ihn der plötzliche Tod meines Mannes sehr. Ich weiß nicht recht, warum ich eigentlich wieder ins Büro ging. Wahrscheinlich war es die Macht der Gewohnheit. Mein zweiter Mann hinterließ mir etwa viertausend Pfund. Diesmal spekulierte ich nicht damit, sondern investierte es. Und dann, wie du ja weißt –«

Doch sie wurde unterbrochen. Gerald Martin, dessen Gesicht blutrot angelaufen war, deutete mit zitterndem Zeigefinger auf sie.

»Der Kaffee – mein Gott, der Kaffee!« keuchte er halb erstickt.

Sie starrte ihn an.

»Jetzt verstehe ich, warum er so bitter war. Du Teufelin hast es jetzt auf mich abgesehen!«

Seine Hände umklammerten die Sessellehnen. Er machte Anstalten, sich auf sie zu stürzen.

»Du hast mich vergiftet!«

Alix war vor ihm bis zum Kamin zurückgewichen. Von

Furcht gepackt, öffnete sie die Lippen, um nein zu sagen – hielt jedoch inne. Im nächsten Augenblick würde er sie anspringen. Sie nahm all ihren Mut zusammen. Ihre Augen hielten ihn fest, bannten ihn an seinen Platz.

»Ja«, sagte sie. »Ich habe dich vergiftet. Das Gift arbeitet bereits in deinem Körper. Du kannst dich nicht mehr von deinem Stuhl erheben – du kannst dich nicht mehr bewegen –«

Wenn sie ihn nur an seinem Platz halten konnte – nur ein paar Minuten …

Ah! Was war das? Schritte auf der Straße. Die Pforte knarrte. Die Schritte kamen den Gartenweg herauf – die Haustür öffnete sich –

»*Du kannst dich nicht bewegen!*« wiederholte sie.

Dann schlüpfte sie an ihm vorbei und floh Hals über Kopf aus dem Zimmer, um ohnmächtig in Dick Windyfords Arme zu fallen.

»Mein Gott, Alix!« rief er aus.

Dann wandte er sich an seinen Begleiter, einen großen, kräftigen Mann in Polizeiuniform.

»Sehen Sie doch bitte mal nach, was im Zimmer nebenan vor sich geht.«

Dick legte Alix sorgsam auf eine Couch und beugte sich über sie.

»Mein kleines Mädchen«, murmelte er. »Mein armes kleines Mädchen. Was hat man dir nur angetan?«

Ihre Augenlider flatterten, und ihre Lippen hauchten seinen Namen.

Dick wurde von dem Polizisten aufgestört, der ihn am Arm berührte.

»Im Nebenzimmer sitzt lediglich ein Mann im Sessel, Sir. Er sieht aus, als hätte ihm etwas einen gewaltigen Schreck eingejagt, und –«

»Ja?«

»Nun, Sir – er ist – tot.«

Der Klang von Alix' Stimme ließ sie zusammenfahren. Sie sprach mit geschlossenen Augen, als ob sie träumte.

»*Und kurz darauf*«, sagte sie, fast als zitiere sie etwas aus dem Gedächtnis, »*starb er* –«

ANTHONY MCCARTEN

Die Ehefrau auf Zeit

Eine großformatige Landkarte des Iran prangte jetzt an der Wand von Tracys Zimmer. An einem Marktstand in Camden hatte sie außerdem einen kleinen Keramikelefanten erstanden, in dessen perforierten Körper sich sechs Räucherstäbchen stecken ließen.

Sie nahm ihre Bücher mit ins Badezimmer. Bis zum Kinn eingetaucht, genoss sie lange, verschwenderische Bäder, bei denen sie den Wasserhahn mit den Zehen öffnete und versuchte, sich die Wüstenlandschaften vorzustellen, von denen Sam gesprochen hatte. In ihrer Sozialwohnung im dreiundzwanzigsten Stock, die Teetasse auf dem Wannenrand, die Buchseiten nur knapp über der Wasseroberfläche, beschwor sie beim Lesen die endlosen Salzwüsten des zentralen Hochlands herauf, die alte Stadt Schiraz, eine der Wiegen der Menschheit, und die »von Luchsen geplagten Marschen« an der Küste des Kaspischen Meeres.

Da sie jetzt öfter im Park spazieren gingen, hatten sie stets ein Gesprächsthema parat; sie überraschte Sam mit ihrem Wissen über seine Heimat, das sein eigenes bei weitem übertraf. »Wirklich? Das wusste ich nicht«, war seine häufigste Antwort. So gut es ging, mimte er den Gelehrten, doch oft konnte er ihre Fragen nicht beantworten. Dass man in einem Land und einer Kultur zu Hause war, machte einen noch lange nicht zum Experten, erklärte er ihr. »Genau genommen ist man dann blind wie ein Maulwurf.«

In diesen Phasen des »geistigen Austauschs«, wie er es nannte, bereitete es Sam immer mehr Mühe, ihr zu versichern, dass es »gestohlene Augenblicke« seien und dass es so nicht weitergehen könne. »Eigentlich sollte das unser letztes Treffen sein.« Trotz aller Ermutigung durch Yvette und Firouzeh, die offenbar nichts dagegen hatten, dass sie so viel Zeit miteinander verbrachten, wie sie wollten – »es ist gut für sein Herz, sorg dafür, dass er sich bewegt« –, konnte er nicht unbegrenzt so weitermachen.

Aber jedes Mal, wenn sie sich nachmittags vor der Arbeit trafen und auf einsamen Parkwegen Hand in Hand dahinschlenderten, eisern entschlossen, dass dies ihr letzter gemeinsamer Spaziergang sein sollte, stellten sie fest, dass die Beteuerungen, sie müssten damit aufhören, das reinste Aphrodisiakum waren.

Sie trafen sich immer nur, um Abschied zu nehmen, die Sache zu beenden, aber ihre Gefühle gerieten durch die ständigen Versuche, sie im Zaum zu halten, so sehr außer Kontrolle, dass sie das Stadium der romantischen Verliebtheit im Eilschritt durchliefen und geradewegs in das der Leidenschaft gelangten. Alle vernünftigen und nüchternen Gespräche über die Unmöglichkeit einer gemeinsamen Zukunft machten sie so niedergeschlagen, dass ihnen keine andere Wahl blieb, als sich erneut zu verabreden, und so trafen sie sich unweigerlich zu einem weiteren Spaziergang, immer in der vergeblichen Hoffnung, eine Art Ordnung in ihre Gefühle zu bringen, die sie wieder auf den Boden der Tatsachen holen würde.

Aber weder der letzte noch der allerletzte, noch der *unwiderruflich letzte* Spaziergang verlief wie vorgesehen, und in diesem Labyrinth aus vorletzten Spaziergängen bemerkten sie gar nicht, dass sie sich immer weiter von ihrem Ziel entfernten, bis sie schließlich keinerlei Aussicht mehr hatten, es je zu erreichen.

Sam sprach als Erster von seiner Erschöpfung. »Wenn wir wirklich wieder normal werden wollen«, sagte er schließlich, »dann dürfen wir nicht so tun, als sähen wir uns zum letzten Mal. Das bewirkt offenbar das Gegenteil.«

Einmal versuchte Tracy, diesen Teufelskreis zu durchbrechen, und ließ sich von drei Freundinnen zu einem Besuch in der Disco überreden: Sie hatte schon lange nicht mehr bei ihnen zurückgerufen.

Am Freitagabend verabschiedete sie sich nach der Arbeit und sagte Sam nichts davon; dann versuchte sie umgeben von rotierenden Lichtern zu tanzen, lachte eine Stunde lang über Nichtigkeiten, trank drei regenbogenfarbene Cocktails, und schließlich sah sie gedankenverloren, niedergeschlagen und ungläubig zu, wie ihre Freundinnen wie Derwische über die brodelnde Tanzfläche wirbelten.

Als jemand sie an der Schulter berührte, fuhr sie so zusammen, dass ihr Drink überschwappte.

»Hat er inzwischen mit dir gesprochen?« Eine Überdosis Gel ließ seine Haare glänzen wie gelackt.

»Wer?«

»Na, dein Boss. Hat er mit dir gesprochen?«

»Mein Boss?«

»Dieser Araberscheich.«

»Verpiss dich, Ricky.« Sie kramte in ihrem Portemonnaie

nach einer Münze, flüchtete zum Telefon neben der Toilette und wählte eine Nummer, die sie auswendig kannte.

Zwanzig Minuten später eilte sie über die Straße zu einem langsam vorfahrenden Mercedes, sprang auf den Beifahrersitz und verschwand.

Ricky Innes blieb allein zurück; seine Haare trotzten dem Regen, und er konnte ihr nur nachsehen und überlegen, was er nun machen sollte mit diesem doppelten Verrat.

Als Sam drei Tage später vor seinem eigenen unbeleuchteten Restaurant vorfuhr, hielt Tracy es zunächst für einen Scherz. Sie hatte viel Geld für ihre Frisur ausgegeben und außerdem ein neues Kleid gekauft. »Da sind wir«, verkündete er. »Heute haben wir es ganz für uns! Und heute Abend koche ich für dich.«

Unglücklich saß sie auf einem hohen Hocker in der Küche und sah missmutig zu, wie er mit einem Dutzend Töpfen hantierte und ihr den Ursprung jedes einzelnen Gerichts erläuterte. Er hatte am Vormittag allerlei Spezialitäten eingekauft: peruanische Kumquats, Paprikaschoten von einem Biobauern in Oxfordshire, tagesfrische Kräuter, winzige Pilze, die ein Freund von ihm am Fuß eines vom Blitz gespaltenen Baumes gesammelt hatte – Zutaten zu einem ländlichen Bankett, das sie niemals vergessen würde. Besondere Freude bereitete es ihm, zum Abschluss jeder seiner ungeliebten Anekdoten zwei Topfdeckel scheppernd aneinanderzuschlagen.

Er musste einiges an Überzeugungskraft aufwenden. Keine seiner Gemüsekreationen konnte ihre Enttäuschung wettmachen. Sie war wütend. Mit einem Schlag war ihre Liebe wie ein umgestürztes Gefäß, und was darin gewesen war, versickerte im Erdboden. Was sollte sie überhaupt mit so einem Mann? Einem Mann mit so vielen Problemen? *Ich mache einen furchtbaren Fehler.* Hundert Vorbehalte traten aus dem Schatten ins Licht.

Das fertige Bankett versöhnte sie wieder ein wenig mit ihm. Sie musste zugeben, dass er sich sehr, sehr viel Mühe gemacht hatte. Und der gedeckte Tisch, eine Oase aus Licht, verfehlte nicht seine verführerische Wirkung. »Probier mal!«, sagte er, als er die Vorspeise aufgetragen hatte: gebratene Aubergine mit Mandarinen-Sesam-Soße. »Probier!«

Sie tat, wie ihr geheißen. Und schmolz dahin. Es war wunderbar.

»Essen, das ist einer der letzten fliegenden Teppiche, die wir noch haben«, sagte er mit vollem Mund. »Wenn es gut ist, dann muss es sein, als ob man schwebt!«

Als der Hauptgang kam, war die alte Begeisterung für Sam schon fast wieder da, und beim Dessert – marinierte Pisang-Banane, begraben unter einem Berg aus Rosenblättern – hatte sie mit einem Mal große Lust auf den Schritt zur nächsten Stufe ihrer Beziehung.

»So!«, sagte er, legte einen goldenen Löffel mit zufriedenem Klirren auf den Porzellanteller und sah sie über die Reste seines kulinarischen Triumphs hinweg an.

»Was machen wir als Nächstes?« Es klang wie eine Herausforderung. Jetzt war sie an der Reihe.

Sie staunte über ihre eigene Antwort: »Bett.«

Er starrte sie an. Nichts an seiner Reaktion ließ darauf schließen, dass er auf so etwas vorbereitet war.

»Es sei denn, du hältst das für voreilig.«

»Nein.« Er bemühte sich, nicht zu stottern. »Natürlich nicht. Nein. Ich überlege nur ... Nein, ich dachte nur gerade ... die uralte Frage.«

»Was für eine Frage meinst du?« Sie war bereit.

»Die älteste aller Fragen. Natürlich. Zu dir oder zu mir?«

Kurz nach elf betraten Sam und Tracy die Marilyn-Suite des Hilton Metropole in Paddington.

Sie hängten ihre Mäntel auf, setzten sich auf das Bett mit den straff gespannten Laken und ließen den Blick durch das leere Hotelzimmer schweifen: eine chromblitzende Spielwiese, gänzlich ungeeignet, um ein Feuer der Leidenschaft zu entfachen. Von allen Wänden starrte Warhols Marilyn auf ein Bett, das deutlich breiter als lang war, und sie fühlten sich von allen Seiten beobachtet.

»Grauenvoll«, murmelte Sam. »Überhaupt nicht wie in der Beschreibung. Eigentlich müsste es einen Balkon haben. Wir sollten anderswohin gehen.«

»Ich glaube nicht, dass wir einen Balkon brauchen.«

»Trotzdem.«

Aber Tracy war wild entschlossen. Während er mit zittrigen Fingern die Krawatte lockerte und sein Jackett auszog, hängte sie ein paar von den Bildern ab und schlug den wie Silberfolie glitzernden Bettüberwurf zurück. In der nun weniger anstoßerregenden Umgebung ließ er sich erneut auf dem Bett nieder – es federte wie ein Trampolin – und überlegte den nächsten Schritt.

»Mir ist da gerade noch etwas eingefallen. Und ich glaube, es wäre eine gute Idee«, sagte Sam. »Ein bisschen altmodisch, aber ich könnte mir vorstellen, dass es dir gefällt.«

»Es ist doch nichts Abartiges, oder?«

»Abartig? Nein, es ist eine alte Tradition. Unglücklicherweise habe ich keine Vorbereitungen getroffen. Mir fehlt etwas Wichtiges.«

»Dir fehlt etwas Wichtiges?«, fragte sie ein wenig besorgt.

Doch dann erklärte er ihr, im Iran gebe es einen alten Brauch für Anlässe wie diesen. »Ich muss dir einen kurzen arabischen Text rezitieren, aber ich kann ihn nicht auswendig, deshalb muss ich mal schnell telefonieren.«

Sie sah zu, wie er zum Telefon ging, wählte und wartete. So hatte sie sich den Abend nicht vorgestellt. Ihre Nerven waren zum Zerreißen gespannt.

Schließlich meldete sich eine Stimme am anderen Ende.

»Firouzeh? Ich bin's, Sam.«

Er hatte Firouzeh angerufen! Tracy wurde rot.

»Hör mal, meine Liebe. Ich rufe aus einem Hotel an. Ja, aus einem Hotel. Natürlich mit Tracy, jetzt hör mir mal zu. Was? Ja, in Ordnung. Mache ich.« Er hielt die Hand über die Sprechmuschel und sah Tracy an. »Schöne Grüße von Firouzeh.«

Tracy versuchte zu lächeln. »Hi.«

»Sie lässt dich auch grüßen. Sonst noch etwas? Also gut, hör mir zu. Ich möchte, dass du die *Sighe*-Passage findest ... Ja, der muss doch da irgendwo liegen ... Du weißt schon, welche Stelle ich meine ... Ja natürlich will ich sie deswegen. Komm, nicht übertreiben. Geh einfach und hol sie. Gut? Danke, meine Liebe.« Er blickte wieder zu Tracy hinüber. »Sie hat ihn gefunden. Sie sucht nur noch nach der Stelle. Es ist wirklich ein schöner Brauch. Früher mussten die Männer diese Passage rezitieren, bevor sie zu einer Hure gingen.«

»Einer Hure?!«

»Eine schöne Stelle. Ich schreibe sie mir auf, und dann frage ich dich, was du davon hältst. Wir müssen es nicht machen, aber du interessierst dich doch so für alles Persische, deshalb wollte ich dir einen Gefallen tun.«

Tracy nickte nervös. »Toll.«

Er sprach ins Telefon: »Hast du die Stelle gefunden? Ja. Lies die erste Zeile … Ja. Ja. Genau, das ist sie. Okay, ich schreibe mir das auf.«

Während Tracy geduldig wartete, saß er auf dem Bett und notierte den Text auf dem nikotingelben Hotelbriefpapier. »So, ich hab's«, sagte er schließlich, dann dankte er seiner Frau, legte den Hörer auf und wandte sich seiner Geliebten zu.

»Es macht ihr nichts aus?«

»Nein, ich glaube, sie haben beide damit gerechnet. Ja, sogar gehofft, dass es so kommen würde.« Tracy war so verblüfft, dass er weiterreden musste. »Ich weiß. Das ist alles ziemlich merkwürdig. Alles. Ich weiß. Ein Außenstehender würde das nicht für möglich halten. Aber wir sind schließlich keine Außenstehenden, nicht wahr?«

Allerdings, dachte Tracy. »Nein, das sind wir nicht.« Man musste mindestens so viel wissen wie sie, wenn man auch nur annähernd verstehen wollte, wie solche Tabus auf diese Weise überschritten werden konnten, und selbst dann …

»Es ist auch für Insider ziemlich merkwürdig«, sagte sie.

Er kehrte mit dem Text zum Bett zurück und setzte sich neben Tracy.

»Und wie geht es jetzt weiter?« Sie hoffte auf etwas Romantisches.

Er zog die Schultern hoch und ließ sie wieder sinken, um seine Anspannung zu lockern. »Also, erst muss ich dir diese … diese Passage vorlesen, und dann musst du offiziell dein Einverständnis erklären. Das kommt ganz zum Schluss. Danach können wir anfangen.«

»Anfangen?«

»Mit der Liebe. Wie findest du das?«

»Okay. Einverstanden. War das richtig so?«

»Nein. Es muss offizieller klingen. Und du bist erst später an der Reihe.«

»Okay, ich werde versuchen, es offizieller zu machen, wenn es so weit ist.«

»Gut. Und danach muss ich ein paar Herztabletten schlucken.« Er räusperte sich. »Okay. Es geht los. Also dann. Erst der Text.«

»Und dadurch werde ich … was?«

»Wodurch? Ach so, es macht aus dir eine *Sighe*.«

»Eine *Sig-he*.«

»Ja, *Sighe*.«

Tracy legte es in der Abteilung Schöne Wörter ab.

»Eine Ehefrau auf Zeit. Also gut, hör mir zu.«

Ehrfürchtig las er den handgeschriebenen Text auf seinem Zettel. Sie lauschte andächtig dem weichen Klang der fremdländischen Worte. Das Zuhören beruhigte sie: Immerhin konnte er die Passage nicht auswendig hersagen. Sie wollte sich die Illusion bewahren, dass dies der erste Anlass war, bei dem er sie rezitierte. Als er fertig war, blickte er von seinem Blatt auf; er wirkte gelassener.

»So, das hätten wir.«

Tracy Pringle war jetzt seine Ehefrau auf Zeit. Und er für die entsprechende Zeit ihr Ehemann. Die Situation hatte jeden Hauch von Anrüchigkeit verloren.

»War das gut?«, fragte er.

»Es klang wunderbar.«

»Und wie ist es nun? Bist du einverstanden, Tracy?«

»Bin ich jetzt dran?«

»Ja. Jetzt. Habe ich dein Einverständnis?«

»Ja«, sagte sie ernsthaft. »Das hast du.« Und dann fügte sie hinzu: »Ich bin einverstanden, dass du weitermachst.« Sie lächelte liebevoll, kam aber zu dem Schluss, dass sie nicht offiziell genug geklungen hatte, und nahm einen neuen Anlauf: »Du hast meine uneingeschränkte Zustimmung.«

»Bitte mach dich nicht lustig.«

»Tue ich doch gar nicht. Wirklich nicht. Ich finde es wunderbar.«

»Also dann.« Er schwitzte jetzt heftig. Schweißtropfen perlten auf seiner Stirn. »Habe ich dein Einverständnis?«

»Ja.«

Sie versanken ohne weiteres in der Umarmung. Über seine Schulter hinweg sah Tracy, dass sie zwei Porträts im Badezimmer vergessen hatte, so dass sie nun von den beiden verbleibenden Marilyns beobachtet wurden, die eine in Rosa, die andere in Gelb. Man brauchte nicht viel Phantasie, dann sah man Yvette und Firouzeh.

Wisset, dass das Leben in dieser Welt nur ein Spiel und ein Tand ist.

Sie begannen, sich zu lieben: behutsam, wortlos, zart, langsam und bei ausgeschaltetem Licht, das körperliche Vergnügen besänftigt durch ein unermesslich reiches Reservoir an Zärtlichkeit. Er ließ sich Zeit – für sie eine angenehme Abwechslung – und gab ihr so viele Küsse auf jeden Teil ihres Körpers, dass sie ihn ermahnen musste, er solle das Ziel nicht aus den Augen verlieren. Schließlich drang er in sie ein, und als es vorbei war, nach etwa zwanzig Minuten, weinte Tracy, aber warum, das konnte sie ihm nicht sagen. Eigentlich hatte sie irgendwann »Ich liebe dich« flüstern wollen, aber dann hatte sie es vollkommen vergessen.

Sam fuhr sie nach Hause.

»Das war unglaublich«, sagte sie.

»Übertreib mal nicht. Ich bin kein Hengst.«

Sie erinnerte sich unwillkürlich an die Augenblicke der Gefangenschaft in der Umarmung des pneumatischen, fluoreszierenden Ricky. »Gott sei Dank«, antwortete sie.

Später, im Foyer des Melksham Tower, küssten sie sich vor der Aufzugstür.

»Wir sollten die Zeremonie jetzt zum Abschluss bringen. Alles, was du sagen musst, um nicht mehr meine Ehefrau auf Zeit zu sein, ist dreimal ›Wir sind geschiedene Leute, wir sind geschiedene Leute, wir sind geschiedene Leute.‹«

»Okay.«

»Wann immer du willst.«

»Wir sind geschiedene Leute.« Sie blickte in sein von

Küssen erhitztes Gesicht. »Wir sind geschiedene Leute.«
Er wartete, doch sie verstummte und fing stattdessen an zu lachen. Er lächelte zurück. Und noch ehe er ein Wort sagen konnte, verschwand sie im Aufzug und schwebte nach oben.

»Ein brillantes Mädchen«, murmelte er.

Er ging noch nicht weg, weil er sich vergewissern wollte, dass der Aufzug nicht wieder im siebten Stock steckenblieb. Und er hatte recht. Er zählte laut mit bis zur Sieben, und als die Acht nicht aufleuchtete, stürmte er die Treppe hinauf, immer zwei Stufen auf einmal, bis er zwei Minuten darauf keuchend, mit letzter Kraft, im siebten Stock eintraf und sah, wie die Leuchtziffern für die einzelnen Stockwerke wieder brav nacheinander aufleuchteten, als wäre nichts geschehen. Er trat den Rückweg nach unten an, ein kranker Mann, der die Hand auf sein rasendes Herz drückte. Dieses Mädchen würde ihn noch umbringen!

Zu Hause angekommen, zog Sam die Tür leise ins Schloss, um niemanden zu stören, aber er war nicht sonderlich überrascht, als er beide Ehefrauen noch wach fand; sie saßen im Morgenrock auf der Couch und tranken Tee.

»Gut«, sagte er und setzte sich dazu.

Flitterwochen

Und als sie aus dem Spitzenladen kamen, standen da der Kutscher und der Wagen, den sie ›ihren‹ Wagen nannten, und warteten unter einer Platane auf sie. Was für ein Glück! War es etwa kein Glück? Fanny drückte den Arm ihres Mannes. Derartige Dinge schienen sie immer wieder zu erleben, seit sie – im Ausland waren. Fand er das nicht auch? Aber George stand bloß auf der Bordschwelle, hob seinen Stock und stieß ein lautes »Heda!« aus. Fanny war die Art, wie George die Mietwagen herbeirief, manchmal ein bißchen peinlich, aber den Kutschern schien es nichts auszumachen, also war es wohl in Ordnung. Dick, gutmütig und lächelnd stopften sie das Blättchen weg, das sie gerade lasen, rissen die Baumwolldecke vom Pferd und waren bereit, zu gehorchen.

»Hör mal«, sagte George und half Fanny beim Einsteigen, »wie wär's, wenn wir unsern Tee dort tränken, wo die Hummer wachsen? Möchtest du das?«

»Furchtbar gern«, sagte Fanny begeistert, lehnte sich an und fragte sich, warum die Art, wie George etwas vorschlug, alles so besonders nett klingen ließ.

»Also gut – *bien*!« Er setzte sich neben sie. »*Allez!*« rief er forsch, und sie fuhren los.

Sie fuhren los und sausten flott im grüngoldenen Schatten

der Platanen dahin, durch kleine Gassen, die nach Zitronen und frischem Kaffee rochen, am Brunnenplatz vorbei, wo Frauen mit hochgestemmten Wassereimern zu schwatzen aufhörten und ihnen nachblickten, um die Ecke und am Café mit seinen roten und weißen Sonnenschirmen, den grünen Tischen und den blauen Siphonflaschen vorbei und schließlich auf die Strandpromenade. Dort kam ein leichter, warmer Wind über das endlos weite Meer hergezogen. Er streifte George, und vor Fanny schien er zu zögern, während sie beide auf das glitzernde Wasser hinausblickten. Und George sagte: »Famos, was?« Und Fanny sah träumerisch drein und sagte, was sie mindestens zwanzigmal täglich gesagt hatte, seit sie – im Ausland waren: »Ist es nicht erstaunlich, wenn man bedenkt, daß wir hier ganz allein sind, weit weg von allen Leuten, wo niemand uns sagen kann, nach Hause zu gehen, oder uns herumkommandieren kann – ausgenommen wir selber?«

George hatte es längst aufgegeben, ›ja, erstaunlich‹ zu antworten. Meistens küßte er sie nur. Doch jetzt nahm er ihre Hand, steckte sie in die Tasche, drückte ihre Finger und sagte: »Als kleiner Junge habe ich immer eine weiße Maus in meiner Tasche herumgetragen.«

»Nein, wirklich?« rief Fanny, die sich wahnsinnig für alles interessierte, was George jemals getan hatte. »Hast du weiße Mäuse so gern gehabt?«

»So ziemlich«, sagte George etwas lahm. Er beobachtete etwas, was jenseits der Badetreppen auf und ab hüpfte. Plötzlich sprang er fast vom Sitz hoch. »Fanny«, schrie er, »da draußen ist jemand im Wasser! Siehst du ihn? Ich hatte keine Ahnung, daß die Leute hier schon mit dem Baden angefangen haben. Es ist mir all die Tage einfach entgangen!« George starrte auf das gerötete Gesicht und die geröteten Arme, als könne er sich von dem Anblick nicht losreißen. »Jedenfalls«, brummte er vor sich hin, »sollen mich keine zehn Pferde davon abhalten, morgen früh ins Wasser zu gehen.« Fanny sank das Herz. Seit Jahren hatte sie von den furchtbaren Gefahren des Mittelmeers gehört. Es war die reinste Todesfalle. Das schöne, heimtückische Mittelmeer! Da lag es behaglich vor ihnen hingestreckt, berührte mit seinen weißen Seidenpfoten die Steine und zog sich wieder zurück … Doch sie hatte schon lange vor ihrer Heirat den festen Entschluß gefaßt, nicht zu der Sorte Frauen zu gehören, die sich in ihres Mannes Vergnügungen einmischten, deshalb sagte sie nur leichthin: »Vermutlich muß man über die Strömungen sehr gut Bescheid wissen, ja?«

»Ach, ich weiß nicht«, antwortete George, »die Leute reden einen Haufen Blödsinn über die Gefahren.«

Doch jetzt fuhren sie auf der Landseite an einer hohen Mauer entlang, die mit blühendem Heliotrop überzogen war, und Fanny hob ihre kleine Nase. »Oh, George«, hauchte sie, »dieser Duft! Die köstliche …«

»Erstklassige Villa!« sagte George. »Sieh mal hin – zwischen den Palmen kannst du sie erkennen!«

»Ist sie nicht ziemlich groß?« sagte Fanny, die jede Villa nur als möglicherweise in Frage kommenden Wohnsitz für sich und George betrachtete.

»Na ja, wenn man lange dort wohnen wollte, bräuchte man einen Haufen Gäste«, erwiderte George. »Sonst wär's mordslangweilig. Aber sie ist wirklich glatt! Möcht' mal wissen, wem sie gehört!« Und er stach dem Kutscher mit dem Stock in den Rücken.

Der faule Kutscher, der keine Ahnung hatte, antwortete lächelnd – und wie immer auf solche Fragen –, es sei der Besitz einer reichen spanischen Familie.

»Scheint hier an der Küste 'ne Masse Spanier zu geben«, sagte George und lehnte sich wieder an, und sie schwiegen, bis sie um die Biegung kamen und das große, blendend weiße Hotel-Restaurant vor ihnen auftauchte. Davor war eine kleine, ins Meer hinausgebaute Terrasse mit Schirm-palmen und Tischen, und als sie sich näherten, eilten von der Terrasse und vom Hotel Kellner herbei, Fanny und George zu begrüßen und willkommen zu heißen und ihnen jeden erdenklichen Fluchtweg abzuschneiden.

»Draußen?«

Oh, natürlich wollten sie draußen sitzen! Der aalglatte Ober, der einem Fisch im Gehrock lächerlich ähnlich sah, glitt näher.

»Bitte, hier, mein Herr! Bitte hier entlang! Hier habe ich einen sehr netten kleinen Tisch!« schnaufte er. »Genau der richtige Tisch für Sie, Sir. Gleich hier in der Ecke! Hier, bitte!« George folgte ihm also und sah äußerst gelangweilt aus, während Fanny sich bemühte, ein Gesicht zu machen, als hätte sie endlose Jahre ihres Lebens damit zugebracht, sich im Ausland zwischen Tischen hindurchzuwinden.

»Hier, mein Herr! Hier sitzen Sie sehr gut!« schmei-chelte der Ober, nahm die Vase vom Tisch und stellte sie wieder hin, als wäre es ein aus der Luft herbeigezaubertes frisches Bouquet.

George weigerte sich, sofort Platz zu nehmen. Er durchschaute diese Burschen – ihn konnte man nicht hereinlegen. Diese Kerls waren drauf erpicht, einen zu hetzen. Daher steckte er die Hände in die Tasche und sagte sehr gelassen zu Fanny: »Ist's dir hier recht oder würdest du lieber anderswo sitzen? Wie wär's dort drüben?« Und er deutete auf einen Tisch auf der entgegengesetzten Seite.

Wie gut es war, ein Mann von Welt zu sein! Fanny bewunderte ihn von Herzen, doch sie wollte nichts weiter, als sich hinzusetzen und wie alle andern auszusehen.

»Nein – ich – der hier gefällt mir«, sagte sie.

»Gut!« entgegnete George hastig, nahm beinah schneller als Fanny Platz und bestellte rasch: »Zweimal Tee und Schokoladeneclair!«

»Sehr wohl, Sir!« sagte der Ober, und sein Fischmund öffnete und schloß sich, als wollte er in der nächsten Minute wieder ins Wasser tauchen. »Also keinen Toast vorher? Wir haben sehr guten Toast!«

»Nein«, sagte George schroff. »Du willst doch keinen Toast, was, Fanny?«

»O nein, danke, George«, antwortete Fanny und betete im stillen, daß der Ober wegginge.

»Oder vielleicht möchte die Dame gern die lebendigen Hummer im Bassin dort anschauen, bis der Tee bereit ist?« Und er griente und verzog das Gesicht und schwenkte seine Serviette wie eine Fischflosse.

Georges Blick wurde steinern. Wieder sagte er: »Nein!«, und Fanny senkte den Kopf über den Tisch und knöpfte ihre Handschuhe auf. Als sie wieder hochblickte, war der Mensch weg. George nahm den Hut ab, warf ihn auf einen Stuhl und strich sich das Haar glatt.

»Gott sei Dank, daß der Bursche weg ist«, sagte er. »Diese Ausländer sind so furchtbar lästig. Die einzige Möglichkeit, um sie loszuwerden, ist einfach, nicht mehr zu reagieren, wie du es eben bei mir beobachten konntest. Gott sei Dank!« seufzte George noch einmal und so inbrünstig, daß Fanny – aber das wäre zu unsinnig gewesen – sich hätte einbilden können, der Ober habe ihn genauso eingeschüchtert wie sie. Statt dessen war sie aufs neue von ihrer Liebe zu George überwältigt. Seine Hände lagen auf dem Tisch, große braune Hände, die sie so gut kannte. Sie sehnte sich, eine seiner Hände zu nehmen und innig zu drücken. Doch zu ihrem Erstaunen tat George genau dasselbe. Er beugte sich über den Tisch, legte seine Hand über die ihre und sagte, ohne sie anzublicken: »Fanny, liebste Fanny!«

»Oh, George!« Und in diesem himmlischen Augenblick hörte Fanny ›tring-tring-dudelü‹ und ein leichtes Gitarrenklimpern. Also gibt's gleich Musik, dachte sie, aber gerade jetzt war ihr die Musik nicht wichtig. Nichts war wichtig außer ihrer Liebe. Leise lächelnd blickte sie in das leise lächelnde Gesicht, und es war ein so beseligendes Gefühl, daß sie George am liebsten gesagt hätte: »Laß uns hierbleiben – hier, wo wir sind – an diesem Tischchen. Es ist unübertrefflich, und das Meer ist auch unübertrefflich. Laß uns bleiben!« Doch statt dessen wurden ihre Augen ernst.

»Liebster«, sagte Fanny, »ich muß dich etwas furchtbar Wichtiges fragen. Versprich mir, daß du antworten wirst! Versprich es!«

»Ich verspreche es!« erklärte George – ein wenig zu feierlich, um ebenso ernst zu sein wie sie.

»Es geht mir nämlich darum« – Fanny unterbrach sich eine Sekunde, senkte den Blick und sah wieder auf –, »findest du, daß du mich jetzt wirklich kennst?« fragte sie leise. »*Mich* kennst, wie ich wirklich bin?«

Das war zuviel für George. Seine Fanny kennen? Ein nachsichtiges, kindliches Grinsen flackerte auf. »Das sollt' ich wohl meinen!« beteuerte er. »Aber warum? Was ist los?«

Fanny spürte, daß er sie nicht ganz verstanden hatte. Rasch fuhr sie fort: »Ich meine Folgendes: es kommt so oft vor, daß Menschen, selbst wenn sie einander lieben, sich doch nicht – es ist schwer auszudrücken – sich gegenseitig doch nicht völlig kennen. Anscheinend wollen sie's auch gar nicht. In den allerwichtigsten Dingen mißverstehen sie einander!«

Fanny blickte erschrocken auf. »George, bei uns kann das doch nicht vorkommen, nicht wahr? Niemals?«

»Bestimmt nicht«, lachte George und wollte ihr gerade erklären, wie sehr er ihre kleine Nase liebe, als der Kellner mit dem Tee kam und die Musik zu spielen begann. Es waren eine Flöte, eine Gitarre und eine Geige, und sie spielten so fröhlich, daß Fanny meinte, wenn sie nicht achtgäbe, würden sogar die Tassen und Untertassen kleine Flügel bekommen und davonfliegen. George vertilgte drei Schokoladeneclairs und Fanny zwei. Der Tee schmeckte zwar merkwürdig – »Hummer im Teekessel!« überschrie George die Musik –, aber er war doch ganz gut, und als sie das Tablett beiseite geschoben hatten und George rauchte, fühlte Fanny sich so weit gestärkt, daß sie auch die andern Leute anschauen konnte. Was sie jedoch am meisten interessierte, das waren die Musikanten unter einem der dunklen Bäume. Der Dicke, der die Gitarre zupfte, war wie ein Bild. Der dunkelhaarige Flötenspieler zog ständig die Brauen in die Höhe, als wundere er sich selber über die Töne, die aus seiner Flöte kamen. Der Geiger stand im Schatten.

Die Musik hörte ebenso unvermittelt auf, wie sie begonnen hatte. Da erst fiel ihr ein hochgewachsener alter Mann mit weißem Haar auf, der neben den Musikanten stand. Seltsam, daß sie ihn nicht gleich bemerkt hatte. Er trug einen sehr hohen, blanken Kragen, einen Rock, der an den Säumen schon grünlich schimmerte, und beschämend armselige Knöpfstiefel. War auch er ein Kellner? Er sah nicht wie einer aus, und doch stand er da und blickte über die Tische hin, als denke er an etwas anderes, Fernliegendes, das nichts mit alledem hier zu tun hatte. Wer mochte er sein?

Und noch während Fanny ihn beobachtete, faßte er an seine Kragenspitzen, hüstelte leicht und drehte sich zu den Musikanten um. Sie begannen wieder zu spielen. Etwas Stürmisches, Übermütiges, voller Feuer und Leidenschaft wurde in die Luft geschleudert, wurde der stillen Gestalt zugeschleudert, die die Hände umklammerte und – noch immer mit dem in die Ferne schweifenden Blick – zu singen begann.

»Allmächtiger!« sagte George. Und alle andern waren anscheinend ebenso erstaunt. Sogar die kleinen Kinder, die ihr Eis vor sich hatten, starrten hin und hielten den Löffel hoch … Es war nichts zu hören als eine feine, schwache Stimme, die Erinnerung an eine Stimme, die etwas Spanisches sang. Sie zitterte, schwang sich zu den hohen Tönen auf, sank wieder und schien zu flehen, zu bitten, um etwas zu betteln – und dann wechselte der Ausdruck, und nun klang die Stimme ergeben, sie fügte sich, sie wußte, es war ihr versagt.

Kurz vor dem Schluß stieß ein kleines Kind ein quietschendes Lachen aus, doch jedermann lächelte – mit Ausnahme von Fanny und George. Ist das Leben denn auch *so*? dachte Fanny. Solche Menschen gibt es also. Und Leid gibt es! Wieder blickte sie auf das herrliche Meer, das die Ufer liebkoste wie ein Liebender, und auf den Himmel, der im Abendglanz erstrahlte. Hatten sie und George das Recht, so glücklich zu sein? War es nicht grausam? Es mußte noch etwas anderes im Leben geben, wodurch solche Dinge möglich wurden. Was war es? Fragend wandte sie sich zu George um.

Doch George hatte nicht dasselbe wie Fanny empfunden. Die Stimme des armen alten Knaben war in ihrer Art komisch, aber herrje!, brachte sie einem nicht zu Bewußtsein, wie großartig es war, so wie er und Fanny am Anfang von allem zu stehen? Auch George blickte auf das glitzernde, atmende Meer, und seine Lippen öffneten sich, als könnte er es trinken. Wie prachtvoll es war! Nichts als das Meer konnte einem das Gefühl einflößen, daß man auf der Höhe war. Und dort saß Fanny, seine Fanny, neigte sich vor und atmete so sanft.

»Fanny!« rief George sie an.

Als sie sich ihm zuwandte und er ihren weichen, verwunderten Ausdruck sah, war er so überwältigt, daß er um ein Haar über den Tisch gesprungen wäre und sie davongetragen hätte.

»Hör mal«, sagte er hastig, »laß uns gehen, ja? Laß uns ins Hotel zurückkehren. Komm! Komm, Schatz! Jetzt gleich!« Die Musikanten begannen zu spielen. »O Gott«, ächzte er beinah. »Laß uns gehen, ehe der alte Knacker wieder zu krächzen anfängt!«

Und einen Augenblick drauf waren sie weg.

UWE PREUSS
Ich lass mich scheiden

Ganz schön heiß draußen. Die innerdeutsche Mauer steht seit fünf Jahren. Kommt man nicht durch oder drüber. »Ich such mir meinen Bräutigam alleine« ist der Hit im Osten. Kosmonaut Leonow auf jeder Titelseite. Im Frühjahr hat er als erster Mensch einen Spaziergang im Weltraum unternommen.

Claus kommt nach Hause. Erzählt, er könne nach Südamerika. Wohin? Er soll ein Büro in Brasilien eröffnen. Im- und Export. Wenn es länger dauert, kommt deine Familie nach, hat sein Chef gesagt. Unter einer Bedingung: Ihr müsst verheiratet sein. Bisher war Hochzeit kein Thema. Seit acht Jahren sind sie ein Paar. Haben die Tochter und den Sohn. Claus hatte die beiden Scheidungen seiner Eltern vor Augen, ihr war es nicht wichtig. Wenn das mit der Hochzeit alles ist? Nichts einfacher als das.

Anne sieht sich im Spiegel. Vor drei Tagen hing das Brautkleid noch bei ihrer Schwester. Ärmellos, aus Spitze, perlenbesetzter Kragen. Gestern Abend hat sie es geändert. Jetzt sitzt es genau auf Figur. Sie nimmt den Schleier, schaut auf ihre Hand. Gleich würde dort der goldene Ring auf ihrem Finger sitzen. Anne ist sechsundzwanzig, steht in ihrer Wohnung, zum letzten Mal als ledige Frau. Claus kommt, meint, das Kleid steht ihr sehr gut. Nimmt dann den Brautstrauß und läuft schon mal los. Seine Mutter abholen.

Zum Standesamt ist es nicht weit. Anne geht auch zu Fuß. Unter den Eisenbahnbrücken durch, die Lößnitzstraße lang. Hier wurde, mit ihrer jüngsten Schwester im Kinderwagen, in den Dresdner Bombennächten zum Bunker gerannt. Immer in der Angst, dass die schon glühenden Metallpfeiler der Brücke schmelzen und auf einmal alles über ihnen einstürzen würde. Heute sieht sie aus den Ruinen kleine Bäume wachsen. Vom Albertplatz geht es weiter die Königstraße entlang Richtung Palaisgarten.

Ihre Schwiegermutter, ihre Schwestern und ihr zukünftiger Mann stehen schon vor dem Standesamt, die Kinder sind im Kindergarten. Dann geht alles ganz schnell: Ringtausch, Unterschrift, Augenzwinkern. Zur Feier raus aus der Stadt. Adams Gasthof in Moritzburg: Russisch Ei, Wildbraten mit Rotkohl und ein guter Wein. Sogar eine Schale Kaviar gibt es. Ihre Schwester fragt, ob sie die Marmelade auch mal haben kann. Wie bitte? Alle lachen.

Claus sieht gut aus in seinem Anzug mit der weißen Fliege. Am Abend tanzen sie in der Wohnung. Ihre Schwester Ilona sucht die besten Sender. Die Tickets liegen auf der Anrichte im Flur. Kaum war die Eheurkunde eingereicht, haben die alles genehmigt. In Lichtgeschwindigkeit. Claus trägt seine Koffer. Gemeinsam gehen sie zum Neustädter Bahnhof, steigen die Treppen zu den Gleisen hoch. Er soll mit dem Zug bis Prag fahren. Dort auf dem brasilianischen Konsulat sein Visum abholen. Dann über Zürich und Madrid nach Brasilien fliegen. Ein letzter Kuss. Anne denkt, weiter als das All kann Südamerika auch nicht entfernt sein.

An den Wochentagen sind die Kinder im Betriebskindergarten. Sie arbeitet ihren neuen Chef ein, deshalb ist sie abends noch später dran als sonst. Läuft mit den beiden nach Hause. Die zwei sind vor Müdigkeit oft ganz blass, der Kleine bleibt ständig am Spielwarenladen stehen, das nervt. Biggi hat Hunger und will schnell weiter.

Die Tage sind kürzer geworden, aber die Halbstarken aus der Nachbarschaft sitzen immer noch auf der Stange vor dem Schaufenster. Vor dem Kurzwarenladen Ecke Rudolfberg. Das Fenster im Erdgeschoss vom Nebenhaus steht wieder offen, aus dem Röhrenradio dröhnt Rockmusik. Herbert trägt Tolle und bringt immer noch seine Sprüche aus den Fünfzigern. Und ruft ihr hinterher, wann es denn endlich losgeht. Mit der Reise. Ob sie vorher nicht mal mit ihm … tanzen gehen wolle?

Drei Monate ist Claus inzwischen weg. Zwei Luftpostkarten sind angekommen. Wochenlang unterwegs, kostbare Lebenszeichen aus Pappe. Anne nimmt die exotischen Ansichten immer wieder in die Hand. Sieht die fremden Stempel, die Briefmarken. Schaut sich das Foto von der Copacabana an. Zum wievielten Mal eigentlich. Auch ein Brief ist gekommen. Oben links auf dem Papier ist ein Wappen. In einem Grandhotel wohnt er. Er schreibt in Schönschrift. Von der tropischen Hitze, die ihn in manchen Nächten kaum einschlafen lässt. Vom Blick aus seinem Fenster, wenn die Sonne im Meer aufgeht. Und von der Dämmerung, die hier so nah am Äquator keine halbe Stunde dauert. Nachts schaut sie auf den Mond. Bei ihrem Liebsten ist er schon zur Sonne geworden.

Bald ist es nicht mehr auszuhalten. Anne geht zur Abteilungsleiterin. Fragt, wann sie denn endlich mit den Kindern zu ihrem Mann kann. Die zuckt nur mit den Achseln. Das Ministerium entscheidet, sagt die Frau. Aber man könne natürlich mal nachhaken.

Am Wochenende mit den Kindern im Schönfelder Hochland. Zum Obstschütteln. Zu Hause dann Apfelmus eingekocht und Kuchen gebacken. Die beiden fragen nicht mehr, wann es endlich losgeht. Abends näht und strickt und häkelt sie. Reisekleidung.

Claus hat wieder geschrieben. Von einem Ausflug zu haushohen Wasserfällen, und wie heiß es ist. Hier wird es immer kälter. Draußen hockt nur noch der Herbert. Allein in der Mitte der Stange vor dem Laden, die vom vielen Sitzen ganz blank poliert ist. Er pfeift ihr hinterher, sie dreht sich nicht um.

Am nächsten Tag zum Bahnhof, eine Fahrkarte nach Berlin. Im Zugabteil holt sie den Zettel aus der Handtasche. Da steht noch mal drauf, was sie später sagen wird. Es gibt keine zweite Chance, ahnt sie.

Ostbahnhof. Sie fragt sich durch, nimmt die S-Bahn zur Friedrichstraße. Läuft dann Richtung Brandenburger Tor, den Fernsehturm im Rücken. Sieht die Mauer. Dahinter ist West-Berlin, dann der Ozean, irgendwann Brasilien. Sie bleibt stehen. Unter den Linden, Hausnummer 50, Ministerium für Außenhandel der DDR.

Der Pförtner ist total überfordert. Wohin mit der Frau? Sie lässt sich nicht abweisen. Er telefoniert Mitarbeiter ab. Einer erklärt sich zuständig. Im Lift nach oben sind ihre Hände klamm, der Magen flau. Aber so ist das eben, wenn man alles auf eine Karte setzt.

Dritte Etage, dann links. Es riecht nach alten Akten und abgestandenem Rauch. Das richtige Türschild. Sie hat noch nicht angeklopft, da reißt von innen einer die Tür auf. Ja bitte?

Herr Hansche?, ist ihre erste Frage an ihn. Er habe nicht viel Zeit, was es denn so Wichtiges gebe. Sie will ihm erzählen, wie ihre Kinder den Vater vermissen, wie dringend Tochter und Sohn zu ihm müssten.

Anne schaut in sein Gesicht. Er verbissen auf seine Uhr. Sehnsucht kennt der nicht, denkt sie. Ihr lasst mich nicht fahren, dann lass ich mich scheiden, platzt es aus ihr heraus. Herr Hansche ist irritiert, aber sie meint es ernst. Sehr sogar.

Auf der Rückfahrt nach Dresden holt es sie ein. Monatelang ist sie tapfer gewesen, hatte von dem gelebt, was Claus nicht auf die Karten geschrieben, aber ungesagt mitgeschickt hatte. Sie schaut aus dem vergilbten Zugfenster. Tränen funkeln vor ihren Augen. Ein älterer Herr gibt ihr ein Taschentuch. Das wird schon wieder, Kind.

Da haben Sie uns ja was Schönes eingebrockt, meint ihre Abteilungsleiterin. Was denken Sie sich eigentlich? Wie sollen wir denn so schnell Ersatz finden? Heute Morgen hat das Ministerium hier angerufen. In fünf Tagen ist Abreise. Glauben Sie bloß nicht, dass es deswegen Sonderurlaub gibt. Und so steht sie tagsüber als technische Zeichnerin am Reißbrett und packt in der Nacht. Nur zwei Koffer sind erlaubt, jeder darf höchstens zwanzig Kilo wiegen. Aber was einpacken für die Tropen? Sommerkleidung, Regensachen und auch noch etwas für kältere Tage. Schleppt dann die beiden Koffer die vier Stockwerke runter. Läuft damit bis zum Gemüseladen an der Hansastraße, die haben eine Kartoffelwaage. Zu schwer. Alle beide. Also wieder zurück in die Wohnung. Ein paar Dinge raus und noch mal zum Gemüseladen.

Herbert sitzt auch heute auf der Stange. Ach, schon wieder zu Hause? Das ging ja schnell. Bloß nicht antworten, denkt Anne. Wie soll das nur alles zu schaffen sein, in der kurzen Zeit? Dazwischen Momente der Vorfreude. Darauf, wie es sein wird, wieder mit Claus aufzuwachen.

Am letzten Arbeitstag kommt der Umschlag mit Handgeld für die Reise. Dollar, Franken, Cruzeiros. Am Abend werfen sie Laken über die Möbel und ziehen Stromstecker. Schlafen ohne Bettbezüge, nur in den Inletts, gemeinsam im großen Bett. Endlich, in jeder Hand einen Koffer. Die Kinder hüpfen vorweg. Im Morgengrauen in den Zug nach Prag, dort geht es mit dem Taxi zum Konsulat. Dann weiter zum Flughafen. Zwischen Zürich und Madrid spuckt Biggi einem Schweizer auf die Anzughose. Er zeigt ihr die Kotztüte.

Sie fliegen stundenlang über den Atlantik. Durch die Nacht. Die Kinder schlafen, sie ist wach. Unten das Meer und die Lichter der Schiffe. Oben der Mond.

Landung in Rio. Endlich draußen. Es ist so heiß und feucht, die Luft erdrückt sie fast auf dem Weg über das Rollfeld. Jetzt noch Zoll und Passkontrolle. Und da steht er dann.

NICHOLAS SPARKS

Ein Tag wie ein Leben

Kann ein Mensch sich wirklich ändern? Oder sind uns durch unseren Charakter und die Macht der Gewohnheit unverrückbare Grenzen gesetzt, die unser Leben bestimmen?

Solche Fragen gehen mir durch den Sinn, während ich beobachte, wie eine Motte aufgeregt das Windlicht umschwirrt. Es ist Mitte Oktober 2003, und ich sitze allein hier draußen auf der Veranda. Jane, meine Frau, schläft oben in unserem Schlafzimmer, und als ich vorhin aus dem Bett geschlüpft bin, hat sie sich nicht gerührt. Es ist spät. Mitternacht ist längst vorüber, und in der Luft liegt bereits diese fröstelige Kühle, die den nahenden Winter ahnen lässt. Ich habe meinen flauschigen Bademantel übergezogen. Eigentlich müsste er warm genug sein, um die Kälte abzuhalten, aber schließlich fange ich doch an zu zittern, und ich vergrabe meine Hände tief in den Taschen.

Über mir wölbt sich der Nachthimmel mit seinen unzähligen Sternen, die wie silberne Lichttupfer auf einer pechschwarzen Leinwand aussehen. Ich erkenne den Orion und die Plejaden, den Großen Wagen und die Corona Borealis, die Nördliche Krone. Dieser Anblick sollte mich inspirieren – schließlich blicke ich nicht nur zu den Sternen empor, sondern gleichzeitig weit zurück in die Vergangenheit: Die Helligkeit, die von diesen Himmelskörpern ausgeht, wurde schon vor vielen Lichtjahren entsandt. Ich warte auf eine poetische Eingebung, auf die bewegenden Worte, mit denen ein Dichter die Mysterien des Lebens beschreiben würde. Aber ich warte vergebens.

Das wundert mich nicht. Ich bin kein besonders sentimentaler Mensch, finde ich, und in diesem Punkt würde mir meine Frau sicher zustimmen. Weder im Kino noch im Theater bin ich je richtig gerührt, ich bin kein Träumer, und wenn es etwas gibt, was mir wirklich wichtig ist und mich zu Höchstleistungen anspornt, hat es garantiert mit der Steuergesetzgebung und ähnlichen juristischen Problemen zu tun. Als Anwalt für Erbschaftsfragen komme ich häufig mit Menschen in Berührung, die sich auf den Tod vorbereiten. Ich glaube, manche Leute finden diese Art von Arbeit eher befremdlich. Aber selbst wenn sie recht haben – was soll ich tun? Ich will mich nicht rechtfertigen, nichts läge mir ferner, und ich hoffe, dass Sie am Ende der Geschichte, die ich jetzt erzählen möchte, diese Seite meines Charakters mit mehr Nachsicht und Verständnis betrachten.

Bitte, verstehen Sie mich nicht falsch! Ich bin zwar nicht sentimental, aber das heißt noch lange nicht, dass ich keine Gefühle habe, im Gegenteil – es gibt Augenblicke, in denen ich tief ergriffen bin. Meistens sind es kleine Dinge, die diese Ergriffenheit auslösen: Ich brauche zum Beispiel nur zwischen den riesigen Mammutbäumen der Sierra Nevada zu stehen ... Die Ergriffenheit kommt auch, wenn ich zuschaue, wie sich in der einsamen Dünenlandschaft von Cape Hatteras, dieser halbmondförmigen Insel vor der Küste North Carolinas, die Wellen des Ozeans brechen und salzige Gischt aufspritzt. Letzte Woche hatte ich einen Kloß in der Kehle, nur weil ich beobachtet habe, wie ein kleiner Junge Schutz suchend nach der Hand seines Vaters tastete, während sie den Gehweg entlanggingen. Ich könnte noch andere Situationen beschreiben: Zum Beispiel verliere ich jedes Zeitgefühl, wenn ich den Wolken nachschaue, die der Wind vor sich hertreibt. Und sobald ich Donnergrollen höre, renne ich ans Fenster, weil ich unbedingt mitbekommen will, wie der nächste Blitz den Himmel erhellt – und dann erfasst mich immer eine unbeschreibliche Sehnsucht, ein heftiges Verlangen, von dem ich gar nicht sagen kann, wonach.

Ich heiße Wilson Lewis, und dieses Buch ist die Geschichte einer Hochzeit. Und die Geschichte einer Ehe. Obwohl Jane und ich seit dreißig Jahren zusammenleben, gibt es bestimmt viele Leute, die wesentlich mehr von der Ehe verstehen als ich. In dieser Beziehung kann von mir niemand etwas lernen, und ich vermag keine guten Ratschläge zu erteilen. Ich habe mich schon oft egoistisch und eigensinnig verhalten, und gelegentlich bin ich ahnungslos wie ein Goldfisch im Aquarium – und diese Selbsterkenntnis macht mir sehr zu schaffen. Rückblickend würde ich allerdings sagen, dass ich *eine* Sache richtig gemacht habe: Ich habe meine Frau immer geliebt, und ich liebe sie bis heute. Viele würden jetzt vielleicht einwenden, das sei doch eine Selbstverständlichkeit und deswegen nicht weiter erwähnenswert. Aber es ist noch gar nicht so lange her, da war ich fest davon überzeugt, dass meine Frau diese Gefühle nicht mehr erwidert.

In jeder Ehe gibt es Höhen und Tiefen, das ist klar, und

ich glaube, bei Paaren, die lange zusammen sind, gehört dieses Auf und Ab einfach dazu. Wie vieles haben meine Frau und ich gemeinsam durchgestanden! Den Tod meiner Eltern, den Tod ihrer Mutter, die Krankheit ihres Vaters. Wir sind vier Mal umgezogen, und bei allem beruflichen Erfolg meinerseits mussten wir doch auch zahlreiche Opfer bringen, um unseren Lebensstandard zu sichern. Wir haben drei Kinder, und die Erfahrung, Kinder großzuziehen, würden wir gegen nichts auf der Welt eintauschen, auch nicht gegen die Schätze eines Tutenchamun – aber die schlaflosen Nächte, die unzähligen Fahrten zum Arzt und ins Krankenhaus, als die Kinder noch kleiner waren, haben doch sehr an unseren Kräften gezehrt und uns oft regelrecht überfordert. Dass ich die Pubertätsjahre nicht unbedingt noch einmal durchmachen möchte, brauche ich vermutlich nicht weiter zu begründen.

Diese Dinge bringen alle ihre spezifischen Probleme mit sich, und wenn zwei Menschen zusammenleben, teilen sie Tag für Tag den Stress. Meiner Meinung nach liegt darin sowohl der Segen als auch der Fluch einer Ehe. Es ist ein Segen, weil man immer ein Ventil hat, um Dampf abzulassen und die Alltagssorgen loszuwerden. Es ist ein Fluch, weil das Ventil ausgerechnet die Person ist, die man am liebsten mag.

Warum erwähne ich das? Weil ich unterstreichen möchte, dass mir trotz allem während der ganzen Zeit niemals Zweifel an meinen Gefühlen für meine Frau gekommen sind. Natürlich gab es Tage, an denen wir uns am Frühstückstisch gegenübersaßen und uns angeschwiegen haben, doch selbst in den Momenten habe ich uns als Paar nicht infrage gestellt. Ich will nicht so tun, als hätte ich mir nie ausgemalt, wie mein Leben verlaufen wäre, wenn ich eine andere Frau geheiratet hätte, aber ich habe nie bedauert, dass ich mich für Jane entschied – und sie sich für mich. In meinen Augen war unsere Beziehung immer unverhandelbar und absolut stabil. Doch dann musste ich auf einmal erkennen, dass ich mich geirrt hatte. Darauf war ich nicht vorbereitet. Diese schmerzhafte Erkenntnis liegt jetzt ein gutes Jahr zurück – vierzehn Monate, genauer gesagt –, und sie hat einen Prozess in Gang gesetzt, der vieles andere nach sich zog.

Was damals passiert ist, fragen Sie?

Wenn man bedenkt, dass ich mich in den so genannten besten Mannesjahren befinde, könnte man auf die Idee kommen, dass alles nur mit meiner Midlifecrisis zusammenhing. Hat mich womöglich plötzlich der Wunsch gepackt, mein Leben radikal umzukrempeln? Oder habe ich mich zu einem Seitensprung verführen lassen? Nein, nein, nichts dergleichen. Es hätten viele Katastrophen eintreten können, um unsere Ehe aus dem Lot zu bringen, doch in Wirklichkeit war es eine Bagatelle, die man unter anderen Umständen ein paar Jahre später als lustige Anekdote zum Besten gegeben hätte. Aber das, was ich getan habe, war für Jane sehr schlimm, es war für uns beide schlimm, und deshalb beginnt hier meine Geschichte.

Es war der 23. August 2002. Ich war aufgestanden, hatte gefrühstückt und, wie meistens, den größten Teil des Tages in der Kanzlei verbracht. Was sich während meines Arbeitstages ereignete, hat für den weiteren Gang der Ereignisse keine Bedeutung, und ich muss zugeben, dass ich mich an nichts erinnern kann – außer, dass es keine außergewöhnlichen Vorkommnisse gab. Ich kam zur üblichen Zeit nach Hause und stellte erfreut fest, dass Jane dabei war, mein Lieblingsessen zuzubereiten. Bei der Begrüßung fiel mir auf, dass ihr Blick nach unten wanderte, als wolle sie überprüfen, ob ich außer meiner Aktentasche noch etwas anderes in der Hand hielt. Warum sie das tat, begriff ich erst viel später. Aber außer meinen Unterlagen und Akten hatte ich nichts dabei. Eine Stunde später saßen wir beim Abendessen, und während Jane anschließend den Tisch abdeckte, holte ich schon die Papiere aus meiner Tasche, die ich noch durchgehen wollte. Ich saß in meinem Arbeitszimmer und überflog gerade die erste Seite, als Jane in der Tür erschien. Sie stand einfach nur da und trocknete sich die Hände am Geschirrtuch ab – mit einer Miene, die tiefe Enttäuschung ausdrückte. Diese Enttäuschung habe ich im Laufe der Jahre zu identifizieren gelernt, auch wenn ich sie nicht immer zuordnen kann.

»Möchtest du mir irgendetwas sagen?«, fragte sie nach einer Weile.

Ich zögerte. Dass hinter dieser scheinbar harmlosen Frage etwas anderes steckte, wusste ich natürlich sofort. Hatte sie vielleicht eine neue Frisur? Nein, ihre Haare waren nicht anders als sonst, sagte mir ein prüfender Blick. Ich hatte mir längst angewöhnt, auf solche Kleinigkeiten zu achten. Was sonst konnte es sein? Ich durfte nicht zu lange schweigen, aber ich wusste beim besten Willen nicht weiter.

»Wie war dein Tag?«, erkundigte ich mich schließlich.

Mit einem eigenartigen Lächeln wandte sie sich ab und ging, ohne etwas zu antworten.

Inzwischen weiß ich natürlich, was sie erwartet hat, aber in dem Moment zuckte ich nur ratlos die Achseln und vertiefte mich wieder in meine Arbeit. Vielleicht, so dachte ich, sollte ich den Vorfall am besten in dem Ordner »Frauen sind ein Rätsel« abheften.

Ich ging ziemlich spät schlafen, doch als ich es mir gerade unter der Bettdecke bequem machen wollte, hörte ich von der anderen Seite des Betts ein eigenartiges Geräusch, das wie ein Schluchzen klang. Jane wandte mir den Rücken zu, aber als ich ihre zuckenden Schultern sah, wusste ich, dass sie tatsächlich weinte. Erschrocken flehte ich sie an, mir doch bitte zu sagen, was los sei, doch als Antwort erhielt ich nur ein röchelndes Schniefen. Ich bekam es mit der Angst zu tun, versuchte aber, die Panik zu unterdrücken und nicht gleich daran zu denken, was ihrem Vater oder den Kindern Schreckliches zugestoßen sein könnte. Oder hatte Jane vielleicht von ihrem Arzt eine bedrückende Neuigkeit erfahren? Probleme, die ich nicht lösen kann, machen mich immer völlig fertig, ich möchte sie am liebsten ganz weit weg schieben. Ich legte Jane die Hand auf die Schulter, in der Hoffnung, sie auf diese Weise ein bisschen beruhigen zu können.

»Was ist los?«

Es dauerte eine ganze Weile, bis sie reagierte. Mit einem tiefen Seufzer zog sie sich die Bettdecke über die Schultern und flüsterte:

»Alles Gute zum Hochzeitstag.«

Neunundzwanzig Jahre! In dem Moment fiel es mir wie Schuppen von den Augen, aber es war zu spät. Jetzt erst entdeckte ich auf der Kommode die Geschenke, die sie für mich gekauft hatte, wunderschön verpackt und säuberlich gestapelt.

Ich hatte unseren Hochzeitstag einfach vergessen.

Ich will mich nicht verteidigen, selbst wenn ich es könnte. Was würde es nutzen? Selbstverständlich habe ich mich sofort bei Jane entschuldigt, am nächsten Morgen noch einmal, und als wir abends auf dem Sofa saßen und sie das Parfum auspackte, das ich mit Unterstützung einer jungen Dame bei *Belk's* für sie ausgewählt hatte, lächelte sie, bedankte sich und tätschelte mein Bein.

In diesem Moment spürte ich mit fast schmerzlicher Klarheit, dass ich sie noch genauso liebte wie am Tag unserer Hochzeit. Doch als ich sie anschaute, fiel mir zum ersten Mal auf, dass sie meinem Blick auswich und traurig den Kopf zur Seite neigte – und plötzlich stellte ich fest, dass ich nicht mehr mit derselben Sicherheit sagen konnte, ob sie *mich* noch liebte.

GRAHAM SWIFT

Vergiss dies nie

Jetzt waren sie verheiratet, und man hatte ihnen gesagt, sie sollten ihr Testament machen, als wäre das der nächste Schritt im Leben, und deshalb gingen sie eines Tages zu einem Notar, einem Mr. Reeves. Er war anders, als sie erwartet hatten. Er hatte eine leise Stimme, Silberhaar und eine gütige Art. Er lächelte sie an, als hätte er nie zuvor ein so reizendes frisch verheiratetes Paar gesehen, das ganz offensichtlich verliebt war und doch so vernünftig, diese Vorkehrung zu treffen. Er kam ihnen eher wie ein Pfarrer vor, gar nicht wie ein Jurist, und später gestanden Nick und Lisa sich gegenseitig, dass sie sich gewünscht hatten, Mr. Reeves hätte sie getraut. Ihn aufzusuchen war tatsächlich ein bisschen wie Heiraten. Es ging einher mit der gleichen Mischung aus Feierlichkeit und aufgeregter Verwunderung – machen wir das wirklich?, dem gleichen Gefühl, ein Kind in Erwachsenenkleidern zu sein

Sie hatten geglaubt, es könnte ein bedrückendes Vorhaben sein. Ein Testament konnte man nicht aufsetzen, ohne an den Tod zu denken, auch wenn man vierundzwanzig und fünfundzwanzig war. Sie hatten sich vorgestellt, Mr. Reeves könnte schwierig im Umgang sein. Aber er war richtig nett. Er steuerte sie sanft durch die heikle Angelegenheit, Vorsorge zu treffen, falls sie zusammen starben oder mit nur einem winzigen Abstand zwischen ihnen beiden. »Bei einem Autounfall«, sagte er mit einem entschuldigenden Lächeln. Das brachte den Gedanken an den Tod ganz nah, das war, als würde man sagen, sie konnten morgen sterben.

Aber sie brachten es hinter sich. Und insgesamt war die Tatsache, dass sie ihren letzten Willen bekundet und alle ihre irdischen Besitztümer – von Kindern abgesehen – einander vermacht hatten, mindestens ebenso bedeutsam und von Dauer wie die Verpflichtung, die sie bei der Heirat eingegangen waren. Vielleicht sogar noch mehr.

Und da war noch etwas ... etwas anderes.

Obwohl ihr Termin um zwölf Uhr war und nicht lange dauern würde, hatten sie sich beide für den Tag freigenommen und, ohne sich abzusprechen, förmlich angezogen, als gingen sie zu einem Vorstellungsgespräch. Nick trug einen Anzug mit Krawatte. Lisa eine kurze schwarze Jacke, eine dunkelrote Bluse und einen schwarzen Rock, der sowohl förmlich als auch aufsehenerregend eng war. Sie wussten beide, dass sie auch in Jeans und T-Shirt in Mr. Reeves' Büro hätten erscheinen können, es hätte keine besondere Rolle gespielt, schließlich war er nur ein gewöhnlicher Notar. Andererseits war es nicht gerade ein alltägliches Ereignis, wenigstens nicht für sie. Beide hatten das Gefühl, dass bestimmte Anlässe einer kleinen Zeremonie bedurften, ja, des Zelebrierens. Doch konnte man das Aufsetzen eines Testaments zelebrieren?

Jedenfalls hatten sie sich, auch wenn es nur für sie selbst war, ein bisschen schick gemacht, und vielleicht war

Mr. Reeves von ihrem Auftreten ein wenig beeindruckt gewesen. Zumindest hatte er sie angelächelt, als wollte er, so kam es ihnen vor, ihre Ehe noch einmal mit dem heiligen Sakrament versehen.

Es war ein schöner, milder Morgen im Mai, und sie gingen quer durch den Park. Das Auto zu nehmen hatte keinen Sinn (und als Mr. Reeves das mit dem Autounfall sagte, waren sie froh, dass sie nicht gefahren waren). Im Grunde brauchten sie an niemanden sonst zu denken, außer an sich selbst und an ihren Notar, dessen Bekanntschaft sie zu dem Zeitpunkt noch nicht gemacht hatten. Beim Gehen hakten sie sich ein oder hielten sich an den Händen, oder Nicks Hand strich über Lisas Po in dem engen schwarzen Rock. Die großen Bäume im Park standen in ihrem ersten frischen Grün und waren voller Vogelgesang.

Zwar waren sie frisch vermählt, aber eigentlich bedeutete das keinen wesentlichen Unterschied zu vorher. Es war eine »Formalität«, so wie der heutige Tag eine Formalität war. Formalität war ein hübsches Wort, da es die Existenz von »Informalität« beinhaltete und eine solche sogar auf seltsame Weise guthieß. Nick ließ seine Hand wandern und überlegte, ob das frohe Freiheitsgefühl, das zu tun, in irgendeiner Weise verändert oder gar gesteigert war, jetzt, da Lisa seine Frau war und nicht einfach Lisa.

Ob verheiratet oder nicht, sie waren immer noch in der Phase, wo sie sich ständig anfassen wollten, sogar in der Öffentlichkeit. Als sie durch den Park zu Mr. Reeves' Büro gingen, ließ Nick den Gedanken zu, dass dies vielleicht nur eine Phase war – eine Phase, die schwächer werden oder eines Tages ganz aufhören würde. Sie würden älter werden und sich aneinander gewöhnen. Sie würden nicht nur älter werden, sie würden *alt* werden und *sterben.* Deshalb taten sie an diesem Tag das, was sie taten. Das alles gehörte zu einer Ehe dazu.

Es schien nötig, diesen mit dem Ende befassten Gedanken nachzuhängen, während sie im Sonnenschein gingen. Trotzdem ließ er seine Hand wandern.

Und als sie in Mr. Reeves' Büro über die verschiedenen Umstände sprachen, unter denen sie sterben konnten – wobei es guttat, dass Mr. Reeves so nett war –, half es Nick, an Lisas Po zu denken und das kleine Rascheln des Rocks zu hören, wenn sie sich auf dem Stuhl bewegte.

Es war ein wunderschöner Morgen, aber Nick hatte von wechselhaftem Wetter gehört, deshalb hatte er den Regenschirm mitgenommen. Ein Testament zu machen war, allgemein gesprochen, dasselbe, wie an den Schirm zu denken.

Als sie wieder auf die Straße kamen – es hatte keine halbe Stunde gedauert –, hatten sich die Wolken zusammengeballt, sodass die hellen Himmelflecken dazwischen umso heller wirkten. »Na, das ist erledigt«, sagte Nick zu Lisa, als verdiente die Sache nicht mehr als ein erleichtertes Schulterzucken, obwohl sie beide das seltsam erhebende Gefühl hatten, etwas vollbracht zu haben. Lisa sagte: »War er nicht *süß*«, und Nick stimmte ihr sofort zu, und sie beide spürten, als sie wieder an die Frühlingsluft traten, eine große sinnliche Lebendigkeit.

Eine Frische umgab sie, und vielleicht war Mr. Reeves nicht unempfänglich dafür gewesen.

Sie machten sich auf den Rückweg, jedoch mit einem

Schlenker zum White Lion, das am Rande des Parks lag. Es schien angemessen, wenn auch völlig unlogisch, nach ihrer Tat miteinander anzustoßen. Ja, zu feiern. Lunch, eine Flasche Wein, warum nicht? Da sie aber wussten, dass es sie vor allem nacheinander dürstete und gelüstete, bestellten sie zwei Krabben-Sandwiches und zwei Gläser Sauvignon, was sie nicht lange aufhalten würde. Der Himmel, den sie vom Fenster aus sahen, wurde immer düsterer.

Nachdem sie den Park durchquert hatten, fing es an zu regnen, aber Nick hatte den Schirm, unter dem sie sich eng aneinanderdrängen mussten.

Als Nick den Schirm aufspannte, streifte ihn der Gedanke, dass der gestraffte schwarze Stoff engen schwarzen Frauenröcken nicht unähnlich war. Diesen Gedanken über Schirme hatte er noch nie gehabt, sondern nur die üblichen Gedanken – dass sie wie Fledermausflügel aussahen oder an eine Beerdigung erinnerten –, und er war wie andere Gedanken und Wörter, die ihm an dem Tag in den Kopf kamen, nämlich so, als wären sie frisch erfunden. So wie das Wort »gütig«, das sich auf einmal als die exakte Beschreibung für Mr. Reeves anbot.

Als sie in ihre Straße einbogen, fing es an zu schütten, und sie rannten das letzte Stück. Im Flur blieben sie keuchend stehen. Es war dunkel und klamm, und mit dem prasselnden Regen draußen war es ein bisschen wie in einer Trommel. Sie stiegen die Treppe zu ihrer Wohnung hinauf, Lisa voran. Nick hatte eine Erektion, und das Wort »Schirmständer« kam ihm in den Sinn.

Es war gerade zwei Uhr, die untere der zwei Wohnungen war leer. Nick dachte – allerdings sehr schnell, denn seine

Gedanken waren bereits woanders –, welches Glück sie hatten, dass sie die waren, die sie waren, und eine eigene Wohnung hatten, in der sie an einem regnerischen Nachmittag sein konnten. Es war sozusagen eine Immobilie für »Erstkäufer«, die sie in erster Linie Lisas Dad zu verdanken hatten. Es war für die Anfangsphase. Wieder dachte er an Phasen, wenn auch weniger düster als zuvor. Alles im Leben konnte als Phase betrachtet werden, wobei eine Phase zur nächsten führte und zum Erwerb von Dingen, die man vorher nicht gehabt hatte. Doch in diesem Moment hatte er das Gefühl, dass sie alles hatten, das Beste, was das Leben bereithielt. Was mehr konnte man wollen? Und jetzt hatten sie sogar schon ihr Testament gemacht.

Kaum hatte er den triefenden Regenschirm ins Spülbecken gelegt, da bewegten sie sich in unvermeidlichen Schritten vorwärts, ins Schlafzimmer, und kaum hatte er sein Jackett aus- und die Vorhänge zugezogen, da knöpfte Lisa sich schon die rote Bluse auf. Sie ließ ihn den Reißverschluss an ihrem Rock herunterziehen, weil sie wusste, dass er das gern machte.

Es regnete den ganzen Nachmittag und regnete weiter, den ganzen Abend lang, wenn auch weniger stark. Sie schliefen ein wenig, dann standen sie auf, sammelten die Kleidungsstücke, die sie so hastig abgeworfen hatten, vom Boden auf und erwogen, eine Pizza essen zu gehen. Aber draußen war es nass, und sie wollten die besondere Stimmung des Tages nicht durchbrechen, wollten das Gefühl, das sie beim Nachhausekommen am frühen Nachmittag gehabt hatten, bewahren. Außerdem schien es ihnen, sie könnten die Stimmung zerstören, wenn sie weniger förmlich gekleidet als am Morgen aus dem Haus gingen. Aber um eine Pizza zu essen?

So – von einem Extrem ins andere wechselnd – nahmen sie zusammen ein Bad, zogen sich Bademäntel an und machten Käsetoast. Sie öffneten die einzige Flasche Wein im Haus, einen Rioja, den Freunde mitgebracht hatten. Sie fanden eine rote, gezwirbelte Kerze, die von Weihnachten übrig war. Sie legten ihre Lieblings-CD auf. Draußen regnete es beharrlich, und die Dunkelheit kam früh, obwohl es Mai war. Die Flamme der Kerze und ihre weißen Bademäntel schimmerten hell im Küchenfenster.

Warum dieser Tag etwas so Besonderes angenommen hatte, warum er ein Tag der Feier geworden war, der Förmlichkeit mit ihrem krassen Gegenteil vermischte, konnten sie beide nicht genau sagen. Es war einfach so. Nachdem sie gegessen und nur die Hälfte der Flasche geleert hatten, schien es ganz natürlich, dass sie sich wieder ins Bett begaben, diesmal weniger überstürzt, und noch einmal miteinander schliefen, jedoch bedächtiger.

Dann lagen sie lange wach und hielten sich in den Armen, sie sprachen und lauschten dem Regen in den Regenrinnen und den gelegentlichen Reifengeräuschen eines Autos auf nasser Straße. Sie sprachen über Mr. Reeves. Sie wussten nicht genau, woran es lag, dass sie ihn so süß fanden. Sie überlegten, ob er glücklich verheiratet sei und eine Familie habe, eine Familie mit erwachsenen Kindern. Bestimmt hatte er das. Sie überlegten, wie er Mrs. Reeves kennengelernt hatte – ihr Name war Sylvia, beschlossen sie – und was für ein Mensch sie war. Sie fragten sich, ob er angesichts ihrer beider Jugend ein wenig neidisch gewesen war oder ob er sich in seiner gütigen Art daran erfreut hatte.

Sie überlegten, ob er das Aufsetzen eines Testaments als reine Routine betrachtete oder ob ihn allein die Vorstellung von zwei unglaublich jungen Menschen, die sich Gedanken über den Tod machten, innehalten ließ. Er musste sein eigenes Testament gemacht haben. Bestimmt – und ein gutes. Sie sprachen darüber, ob der einfache Wunsch, so zu werden wie Mr. Reeves – sanft, höflich, gütig –, ein gutes Lebensziel war. Das konnte eigentlich nur für Nick gelten, versteht sich, nicht für Lisa.

Dann schlief Lisa ein, und Nick blieb wach und hielt sie im Arm. Er dachte: Was macht Mr. Reeves jetzt? Liegt er im Bett mit Mrs. Reeves – Sylvia? Er fragte sich, ob Mr. Reeves bei ihrem Gespräch in seinem Büro eine Vorstellung davon gehabt hatte, wie sie, seine Klienten (was für ein seltsames Wort, und seltsam zudem, Klient zu sein), den Rest des Tages verbringen würden. Er hoffte, Mr. Reeves hatte eine leise Ahnung gehabt.

Er fragte sich, ob er so wie Mr. Reeves werden konnte, wenn er älter war. Ob er dann auch (volles, schönes) Silberhaar hätte.

Dann hörte er auf, an Mr. Reeves zu denken, und dachte diesen überwältigenden Gedanken: Vergiss dies nie, vergiss dies nie. Was auch geschieht, vergiss es nicht.

Er war so ergriffen von der Notwendigkeit, diesen Gedanken zu würdigen und voll zu erfassen, dass ihm, während er Lisa in den Armen hielt, die Brust eng wurde und seine Augen sich unwillkürlich mit Tränen füllten. Im Schlaf schmiegte Lisa sich manchmal unbewusst an ihn, wie ein kleines Tier, das sich an seine Mutter drückt. Das tat sie jetzt auch, und fast war es, als würde sie ihm mit der Zunge rasch über den Hals fahren.

Er war hellwach. Vergiss dies nie. Er konnte und wollte auch gar nicht schlafen. Der groteske Gedanke ging ihm durch den Kopf, dass er gerade sein Testament gemacht hatte, er konnte jetzt also ruhig sterben, zu sterben war ganz in Ordnung. Dies hier konnte sein Sterbelager sein, mit Lisa in seinen Armen, und man konnte sagen, er stürbe glücklich – das konnte man doch ein glückliches Sterben nennen –, genau das, was kein letzter Wille und kein Testament, wie umsichtig immer die Vorkehrungen, versprechen konnten.

Aber nein, natürlich nicht! Er drückte Lisa an sich und hätte sie am liebsten geweckt, weil sein Gedanke ihn ängstigte.

Natürlich nicht! Er war lebendig und glücklich, er war über die Maßen lebendig und glücklich. Dann stieg der Gedanke in ihm auf, dass er zwar sein Testament gemacht hatte, dass es aber kein Vermächtnis im eigentlichen Sinne war, es war nicht einmal *sein* Vermächtnis. Es behandelte lediglich die unwesentlichen Dinge seines Besitzes – was damit geschehen sollte, wenn er nicht mehr da war. Aber das war nicht das eigentliche Testament oder Vermächtnis seines Lebens, des Stoffes und der Geschichte seines Lebens. Es war kein Testament seiner Gefühlslage *in ebendiesem Moment.*

War es nicht seltsam, dass Menschen diese wichtigen Dokumente aufsetzten und unterschrieben, die sich mit ihrer Nicht-Existenz befassten, und nichts verfassten – dafür gab es nicht einmal ein Wort –, das Zeugnis von ihrer Existenz ablegte.

Dann wurde ihm bewusst, dass er der Frau, die in seinen Armen schlief, Lisa, in der ganzen Zeit, seit er sie kannte, nicht einen einzigen Liebesbrief geschrieben hatte. Dabei liebte er sie inniglich, mehr, als Worte ausdrücken konnten – und vielleicht war das der einfache Grund, warum er nie einen solchen Brief geschrieben hatte. Liebesbriefe schrieb man traditionell, um jemanden zu umwerben und zu gewinnen, sie waren eine Möglichkeit, das zu bekommen, was man nicht hatte. Was hatte er denn nicht? Vielleicht drückte man einfach wortreich sein Verlangen aus. Er schrieb nur selten Briefe, geschweige denn Liebesbriefe, ja, er *schrieb* äußerst selten. Er war nicht sehr gut im Schreiben.

Und dennoch. Dennoch war er überkommen von dem innigen Wunsch, seiner Frau einen Liebesbrief zu schreiben. Nicht irgendeinen Brief, der theoretisch einer von vielen sein konnte, sondern *den einen* Brief, der ein für alle Mal erklärte, wie sehr er sie liebte und warum. Der immer vorhanden wäre, so dauerhaft wie das Testament. Das Testament seiner Liebe und folglich das seines Lebens. Das Testament seines vollen Herzens an einem regnerischen Abend im Mai, als er fünfundzwanzig war. Danach brauchte er keinen weiteren Brief zu schreiben.

Der Gedanke bemächtigte sich seiner so stark, dass er sich langsam aus der Umarmung löste und aufstand. Er zog sich den Bademantel über und ging in die Küche. Der Geruch von geschmolzenem Käse hing noch in der Luft, die halbvolle Weinflasche stand auf dem Tisch. Sie besaßen kein Briefpapier von guter Qualität, es sei denn, Lisa hatte ihr eigenes, aber beim Computer in dem kleinen Zimmer stand ein Karton mit DIN-A4-Papier, und er nahm zwei Bögen und fand außerdem einen blauen Tintenschreiber. Er hatte nie einen Füller besessen oder mit Tinte geschrieben, aber er war überzeugt, dass dieser Brief mit der Hand geschrieben werden musste, sonst wäre er nicht das, was er sein sollte. Ihm war aufgefallen, dass Mr. Reeves einen eleganten Füller besaß. Schwarz mit Gold. Zweifellos ein Geschenk von Sylvia.

Er ging wieder in die Küche, goss sich einen Schluck Wein ein und schrieb sehr rasch, sodass es unmittelbar aus seiner zugeschnürten Brust zu fließen schien:

Meine liebste Lisa!

Du bist eines Tages in mein Leben gekommen, und ich hätte nie geglaubt, dass mir etwas so Wunderbares je widerfahren könnte. Du bist die Liebe meines Lebens ...

Die Worte kamen so rasch und bereitwillig aus seiner Feder, dass er, dem Schreiben eigentlich nicht gegeben war, ganz überrascht war von seiner plötzlichen Fähigkeit. Die Worte waren so richtig und umfassend, und er wollte kein einziges davon ändern. Dabei war dies erst der Anfang.

Doch mehr Worte kamen nicht. Oder vielmehr schien ihm, dass er in verschiedene Richtungen gehen konnte, und in jeder würden bestimme Worte folgen, aber er wusste nicht, welche er wählen sollte, außerdem wollte er mit seiner Wahl die anderen nicht ausschließen. Er wollte in alle Richtungen gehen, er wollte Vollständigkeit. Er wollte alles erwähnen, was er an seiner Frau liebte, jeden Moment, den er gern mit ihr erlebt hatte – und das waren fast alle Momente –, insbesondere natürlich jeden Moment dieses Tages, der gerade vergangen war: Der Gang durch den Park, der Regen, die rote Bluse, der schwarze Rock, das leise Rascheln des Rocks, als sie sich im Büro des Notars setzte – natürlich waren das die Geräusche, die jede Frau machte, wenn sie sich in einem engen Rock bewegte, aber das Wichtige war ja, dass *sie* diese Geräusche machte. Sie machte sie, als sie dabei war, ihr Testament aufzusetzen, vielmehr, als sie beide dabei waren, *ihrer beider* Testamente aufzusetzen, im Grunde Testamente, in denen sie sich gegenseitig begünstigten.

Aber ihm wurde klar, dass der Brief viele Seiten lang werden würde, wenn er alle diese Details erwähnte. Vielleicht wäre es besser, einfach zu schreiben: »Ich liebe alles an Dir. Ich liebe Dich ganz und gar. Ich liebe jeden Moment, den ich mit Dir zusammen bin.« Doch diese Sätze, so wahr sie auch waren, schienen flach. Jeder könnte sie über jeden schreiben.

Andererseits, wenn er wirklich ins Detail gehen wollte, konnte der Brief kaum jetzt geschrieben werden. Er müsste in Phasen entstehen – Phasen! –, die ihr fortwährendes gemeinsames Leben beschrieben und all die Dinge enthielten, die er für erinnernswert hielt. Das hieße, es sprach nichts dagegen, wenn er jetzt aufhörte zu schreiben und zu einem späteren Zeitpunkt weiterschrieb. Das Wichtigste hatte er ja schon geschrieben, nämlich den Anfang. Wenn er den Brief später wiederaufnahm, konnte es riesige Mühen bedeuten – wahrhaftige Liebesmühen – über Jahre hinweg. Dann stellte er sich die Frage: Wo sollte er aufhören, wann würde er einen Schlussstrich ziehen und den Brief übergeben?

Ein Liebesbrief war nutzlos, wenn er nicht übergeben wurde.

Er hatte kaum angefangen, und schon taten sich vor ihm diese Fallen und Schwierigkeiten auf, Gründe, warum dieses leidenschaftliche Unternehmen scheitern konnte. Und jetzt fiel ihm nicht einmal ein, was er als Nächstes sagen wollte. Doch dann kamen ihm wieder die Worte in den Kopf, die er leise gesagt hatte, als er Lisa in den Armen gehalten hatte, und sie schienen ihm die besten Worte, die er ihr jetzt schreiben sollte, es schien die beste Möglichkeit fortzufahren:

»... und ich hätte nie geglaubt, dass mir etwas so Wunderbares je widerfahren könnte. Du bist die Liebe meines Lebens. Vergiss dies nie. Was auch geschieht, vergiss dies nie ...«

Als er die Worte schrieb, wurde seine Brust wieder eng, und seine Augen brannten. Und er fragte sich, ob das nicht schon genug sei. Es drückte seine Gefühle in ebendiesem Moment vollständig aus. Er sollte einfach das Datum draufschreiben und unterschreiben – irgendwie – und Lisa den Brief am nächsten Morgen geben. Ja, mehr brauchte er jetzt nicht zu tun.

Und obwohl das Gefühl ihm wieder die Kehle zuschnürte, schien ihm das Ganze plötzlich fehl am Platz – eine so große, wenn auch kurze Erklärung, die vor ihm auf dem Küchentisch lag, der Geruch von geschmolzenem

Käse darüber. Angenommen, die Stimmung am Morgen war eine ganz andere, angenommen, er zauderte plötzlich. Andererseits, das »was auch geschieht« schien unheilvoll, als würde man das Schicksal herausfordern, es schien, wenn man es zu Ende dachte, von Katastrophe und Tod zu sprechen. Vielleicht sollte es da nicht stehen. Aber es schien das Wesentliche des Ganzen zu sein. »Was auch geschieht, vergiss dies nie.« Das war das Wesentliche.

Dann kam ihm der Gedanke, dass das Wesentliche von Liebesbriefen die Trennung war. Deshalb mussten sie überhaupt geschrieben werden. Sie handelten von Sehnsucht und Verlangen und Entfernung. Aber er war von Lisa nicht getrennt – es sei denn, die Wand zwischen ihnen bedeutete bereits eine Trennung. Er konnte bei ihr sein, wann immer er wollte, konnte ihr so nah wie möglich sein, zweimal hatte er an dem Tag mit ihr geschlafen. Aber als er die Worte hinzugefügt hatte – »was auch geschieht« –, war es ihm vorgekommen, als wäre er durch eine große Entfernung von ihr getrennt, wie ein Mann im Exil oder am Abend vor einer Schlacht. Das war es, was ihm die Tränen in die Augen getrieben hatte.

Jedenfalls, hier war der Brief. Er hatte ihn geschrieben. Und was sollte er jetzt damit tun? Ihn behalten? Behalten und ihn zu der Kopie – der »Ausfertigung« – seines Testaments legen, damit Lisa ihn nach seinem Tod las? Sie würde das lesen, was er am Abend des Tages, an dem sie ihr Testament gemacht hatten, geschrieben hatte. Wollte er es so?

Und woher wusste er, dass er zuerst sterben würde? Auf die Idee war er nur gekommen, damit Lisa den Brief lesen würde. Aber wie konnte er wissen, dass nicht sie zuerst sterben würde? Er wollte nicht daran denken, dass sie beide sterben konnten. Er wollte überhaupt nicht ans Sterben denken. Und selbst wenn Lisa diese Worte las – ebendiese Worte vor ihm auf ebendiesem Blatt Papier! –, nach seinem Tod, kämen sie dann nicht in einem unstreitigen und unabwendbaren Sinne zu spät? Und doch, wäre dieser Moment, der Moment nach seinem Tod, in einem anderen Sinne nicht genau der richtige?

Liebesbriefe wurden aus Anlass der Trennung geschrieben.

Er wusste nicht, was er tun sollte. Er hatte einen Liebesbrief geschrieben, und das hatte diese Lähmung bewirkt. Aber er konnte das, was er geschrieben hatte, nicht auslöschen. Er faltete das Blatt, ging in das kleine Zimmer und nahm einen Umschlag, auf den er Lisas Namen schrieb, nur den Namen: Lisa. Ohne den Umschlag zuzukleben, legte er den Brief an einen sicheren und ziemlich geheimen Platz. In der Wohnung gab es keine wirklich geheimen Orte, und er hätte ohne Weiteres erklärt, dass er und Lisa keine Geheimnisse voreinander hatten. Vielleicht sogar gegenüber Mr. Reeves, wäre das Gespräch darauf gekommen. Aber jetzt – fast war es wie eine Missetat – gab es dieses Geheimnis.

Doch er konnte es nicht auslöschen. Manches kann man nicht auslöschen, es bleibt für immer da. Die Worte hatten nichts von einem Experiment, sie waren nicht schwach oder unzureichend. Sein übervolles Herz hatte sich in ihnen ausgedrückt.

Er ging wieder ins Bett. Er legte sich eng an Lisa. Sie hatte sich auf die andere Seite gedreht und kehrte ihm den

Rücken zu, aber sie schlief tief und fest. Er küsste ihren Nacken. Er wollte sie halten und beschützen. Ihm fielen Dinge ein, die er dem Brief hinzufügen konnte, falls er etwas hinzufügen wollte. Aber eigentlich war der Brief vollständig.

Sein Penis schwoll an, zufrieden und ohne Verlangen, in der Berührung mit seiner Frau. Sie wusste nichts davon, wusste nichts von seinen mitternächtlichen Umtrieben mit Tintenschreiber und Papier. Wieder wandten sich seine Gedanken Mr. Reeves und dem Testament und letzten Willen zu. Dem Füller und der peniblen Schrift. Penibel. Penis. Es war komisch, an Penis und Testament im gleichen Atemzug zu denken. Wörter waren seltsam. Er dachte an das Wort Testikel.

Draußen pladderte der Regen unablässig, und ob es zu regnen aufhörte, bevor er einschlief, oder ob er erst einschlief, wusste er nicht mehr.

Fest steht, dass er am nächsten Morgen nichts mit dem Brief anstellte. Er hätte ihn, nachdem er den Umschlag zugeklebt hatte, deutlich sichtbar auf dem Küchentisch platzieren können, aber er wollte die zarte Atmosphäre nicht zerstören, die vom Tag zuvor geblieben war, obwohl genau diese Zartheit ihm die Rechtfertigung gegeben hätte. Würde der Brief sie nicht eher bekräftigen? Er kam sich ein bisschen feige vor, aber weshalb? Wegen der Worte, die er geschrieben hatte?

Er sah Lisa bewundernd an, vielleicht sogar etwas flehentlich, als könnte sie ihm in seinen Nöten helfen. Sie wirkte leicht verwirrt, sah aber auch glücklich aus. Sie würde wohl kaum sagen: »Komm schon, gib mir den Brief!«

Er fand auch jetzt noch, dass der Brief unvollendet war. Ja, er würde ihn später ergänzen. Zu diesem Zeitpunkt wäre es verfrüht, ihn ihr zu geben. Andererseits wusste er, dass es keinen besseren Moment gab. Und dieser Moment verstrich.

Es war ein Samstagmorgen. Der Regen hatte aufgehört, aber ein wabernder Dunst hing in der Luft, und über ihnen hing merkwürdig greifbar die besänftigende Tatsache, dass sie zwei Menschen waren, die ihr Testament gemacht hatten.

Fest steht, dass er den Brief weder behalten noch übergeben noch vernichten noch weiterschreiben konnte. Der Brief war einfach da. Er behielt ihn, einfach weil er nichts anderes damit machte. Sein Zögern, ihn zu übergeben, anfangs eine Sache von Minuten, dann Stunden, wurde zu einer ausgedehnten, jährlich wiederkehrenden Wirklichkeit, so wie seine Ausrede, dass er noch etwas hinzufügen würde.

Und dann kam ein Tag, ein schlechter Tag, an dem er ihn beinahe vernichtet hätte. Es war viele Jahre später, aber der Brief war immer noch da, so wie an dem regennassen Abend im Mai, immer noch in dem Umschlag, mit dem Wort »Lisa« beschriftet, aber jetzt wie ein Stück Geschichte.

Und sein Testament musste auf jeden Fall geändert werden. Nicht gleich. Nicht jetzt. Er erwog, den Brief zu vernichten. Er war ihm plötzlich und fast wie eine Anschuldigung wieder in den Sinn gekommen – der Brief da! Aber der Gedanke, einen Liebesbrief zu vernichten, schien fast so melodramatisch und sentimental, wie einen zu schreiben.

Wie konnte man einen Liebesbrief vernichten? Einzig verbrennen kam infrage. Der Geruch geschmolzenen Käses stieg ihm wieder in die Nase. Man nahm eine Schale, die sich für diese Zeremonie zu eignen schien, steckte den Brief in Brand und sah zu, wie er zu Asche zerfiel. Aber eigentlich verbrannte man einen Liebesbrief, indem man ihn in ein loderndes Feuer warf und noch den Schürhaken hindurchsteckte. Und dazu musste man am Kamin sitzen, bei prasselndem Regen, und einen langen, eleganten Steppmorgenmantel tragen …

Da schnürte sich seine Brust zu, und seine Augen brannten, wie damals, als er den Brief geschrieben hatte.

Fest steht, dass sie sich trennten. Sie brauchten Anwälte, jeder einen, die eine Einigung herbeiführten und klärten, wie die beiden Kinder versorgt werden sollten. Und die, wenn es so weit war, neue Testamente aufsetzen würden. Er vernichtete den Brief nicht, und er schickte ihn auch nicht, am Ende, an diejenige, für die er gedacht war, in einem allerletzten Versuch, eine Klärung herbeizuführen und die Vergangenheit zurückzuholen, oder in einem verzweifelten Akt, Schuldgefühle zu wecken, in einem verdrehten Racheakt. Das hätte die ursprüngliche Absicht verraten, und was für eine hoffnungslose Geste wäre es, so oder so. Lisa hätte denken können, es sei ein Schachzug, und er habe den Brief nicht an jenem 10. Mai vor all den Jahren geschrieben – wenn doch, warum hatte er ihn ihr damals nicht gegeben? –, sondern ihn erst gestern zu Papier gebracht. Auch das sei ein Beispiel, ein leuchtendes dazu, seiner allgemeinen Unbeständigkeit.

Er vernichtete ihn nicht, er hob ihn auf. Aber nicht so,

wie er ihn zögernd und zweifelnd all die Jahre lang aufgehoben hatte. Er behielt ihn einfach für sich. Wer sonst
würde ihn lesen?

Manchmal holte er ihn hervor und las ihn. Die Worte
kannte er natürlich auswendig, aber manchmal war es
wichtig, und besonders an jedem 10. Mai, sie auf dem Blatt
Papier vor sich zu sehen. Und wenn er sie sah, war es, als
würde er sein eigenes Gesicht im Spiegel sehen, aber nicht
ein Gesicht, das willig und tröstlich das zurückwarf, was er
selbst tat – die Nase krausziehen, die Zähne zeigen. Es war
vielmehr ein Gesicht, das unabhängig von ihm die Kraft
gefunden hatte, ihm ironisch zuzulächeln, wenn er selbst
nicht lächelte, und einen Ausdruck in die Augen zu legen,
den seine eigenen Augen nicht zustande brachten und der
sagte: »Du Dummkopf. Du armer, trauriger Dummkopf.«

JOJO MOYES
Liebe am Nachmittag

Punkt zwei Uhr dürfen sie in das Zimmer. Nicht früher. »So lautet die Vorschrift«, erklärt die Rezeptionistin. »Eigentlich ist es schon seit elf frei, aber die Geschäftsführung sagt, wenn wir einmal eine Ausnahme machen …« Sie tippt sich wissend an die Nase.

Sara nickt. Das Warten hat ihr nichts ausgemacht. Es hat ihr Zeit gegeben, um sich zu akklimatisieren. Sie hat nicht damit gerechnet, heute hier zu sein, in einem hochherrschaftlichen Viersternehotel im tiefsten Suffolk, mit weitläufigen, perfekt getrimmten Rasenflächen und Kleidervorschriften. Sie hat damit gerechnet, zu Hause zu sein, Schuluniformen auf Flecken durchzusehen, Pausenbrotdosen und Turnbeutel auszupacken, vielleicht noch schnell beim Supermarkt vorbeizufahren. Das übliche Wochenendprogramm eben.

Doch kurz nach dem Frühstück ist Doug in die Küche gerauscht, die Kinder im Gefolge, und hat theatralisch verkündet, sie solle die Spülhandschuhe ausziehen und sich schön machen.

»Warum?«, antwortete sie abwesend. Sie hatte versucht, einer Radiosendung zuzuhören.

»Weil wir die Kinder bei meiner Mutter absetzen und ich dich dann für eine Nacht entführe.«

Sie starrte ihn an.

»Zu eurem Hochzeitstag«, fügte ihre Tochter hinzu.

»Wir wussten über alles Bescheid«, sagte Seth, ihr Jüngster. »Dad wollte dich überraschen.«

Sie zog ihre Gummihandschuhe aus. »Aber ... unser Hochzeitstag war schon vor Wochen.«

»Tja ... einen schönen verspäteten Hochzeitstag!« Er küsste sie. Hinter ihm machte Seth würgende Geräusche.

»Aber ... wer kümmert sich um den Hund?«, fragte sie.

Er wirkte einen Augenblick lang gereizt. »Wir stellen ihm Futter hin. Es geht ja nur um vierundzwanzig Stunden.«

»Aber er wird einsam sein. Und er wird irgendwo hinmachen.«

»Dann bringen wir ihn zu meiner Mutter.«

Seine Mutter hasste Hunde. Sara nahm sich vor, Janice als Entschuldigung einen Blumenstrauß zu bestellen. *Ich will nicht wegfahren*, dachte sie plötzlich. *Ich will das Haus in Ordnung bringen. Ich will, dass du den Lichtschalter im Bad reparierst, wie du es schon seit zwei Monaten versprichst.* Doch sie zwang sich dazu, freundlich zu lächeln, während ihre Tochter auf eine kleine Reisetasche deutete.

»Ich habe dein blaues Kleid eingepackt«, sagte Tamsin. »Und die Satinpumps.«

»Also dann, los geht's!« Doug klatschte in die Hände wie der Leiter einer Reisegruppe. Im Auto legte er ihr die Hand aufs Knie. »Okay?«, sagte er.

»Wer bist du?«, sagte sie. »Und was hast du mit meinem Ehemann gemacht?« Die Kinder lachten. Bei ihren Großeltern würden sie sich durch die unzähligen Programme des Satellitenfernsehens zappen und sich vor dem Abendessen heimlich am Sherry ihrer Großmutter bedienen.

Das Zimmer geht auf einen See hinaus. Es wird von dem größten Bett dominiert, das sie je gesehen hat. Abwesend denkt sie, die Kinder und der Hund hätten auch mitkommen können und es wäre immer noch Platz für einen mehr gewesen. Tee und Kaffee stehen bereit und sogar hausgemachte Kekse in einer kleinen Dose. Das erwähnt er gleich zweimal, als müsse er nochmals bekräftigen, was für ein großartiges Hotel das ist. Er gibt dem Mann, der ihr Gepäck nach oben bringt, ein Trinkgeld, nachdem er seine Taschen nach Kleingeld abgeklopft hat, und dann, als sich die Tür schließt, sind sie allein miteinander. Ihre Blicke begegnen sich in der Stille.

»So«, sagt er.

»So.«

»Was sollen wir jetzt machen?«

Sie sind seit vierzehn Jahren verheiratet. Früher einmal wäre diese Frage ungestellt geblieben. Früher einmal, vielleicht vor dreizehn Jahren, verschwanden sie nachmittags im Bett, stellten sich Teller mit Sandwiches bereit, die unberührt auf dem Boden vertrockneten. Es hatte etwas herrlich Dekadentes gehabt, sich tagsüber davonzustehlen, wenn der Rest der Welt arbeitete.

Jetzt dagegen fragt sie sich, ob ihre Tochter die Kontaktlinsen eingepackt hat und wann sie die Zeit dazu finden wird, die Schuluniformen zu waschen.

Sie betrachtet ihn, diesen Mann, der im Zimmer auf und

ab geht, während er seine Sachen auspackt, Hosen sorgfältig auf den Kleiderbügeln glatt zieht. Es ist fünf Wochen und zwei Tage her, seit sie zuletzt miteinander geschlafen haben. Dieses Ereignis endete vorzeitig, weil Seth sich erbrochen hatte und durch den Flur brüllte, dass sein Bettbezug gewechselt werden müsse. Sie weiß noch, dass sie sich in diesem Moment irgendwie erleichtert gefühlt hatte, so als wäre sie als Schülerin vom Sportunterricht befreit worden.

»Möchtest du einen Spaziergang machen?«, fragt er. Er späht durch die Balkontür. »Der Park sieht hübsch aus.«

Er hat sich all diese Umstände gemacht, hat gezeigt, dass er nach all dieser Zeit auch noch großzügig, spontan und überraschend sein kann. Sollte sie sich da nicht auch ein bisschen Mühe geben?

Sie lässt sich auf dem Bett nieder, lehnt sich zurück, in einer Pose, die vielleicht als verführerisch durchgehen könnte, und versucht, nicht verlegen zu sein.

»Wir könnten … auch einfach hierbleiben«, sagt sie und streckt ein Bein aus. Sie spürt, dass sie rot wird.

Er dreht sich zu ihr um. »Super Idee. Wir schauen uns einen Film an«, sagt er. »Vielleicht *Snakes on a Plane*. Den wollte ich schon seit Ewigkeiten sehen.«

Es ist Viertel nach vier, und sie liegt auf dem übergroßen Bett und schaut einen Film über Schlangen in einem Flugzeug. Ihr Mann liegt neben ihr, seine Füße zucken in den Socken, wenn er lacht. Sie starrt durch das Fenster in den blauen Himmel. Wann sind sie so geworden? Nicht nach der Geburt ihres ersten Kindes. Sie erinnert sich daran, dass ihnen die Hebamme bei der Nachsorge unverblümt gesagt hatte, sie sollten so bald wie möglich wieder intim werden. »Gehen Sie miteinander ins Bett, wenn das Baby schläft«, hatte die Hebamme ihnen geraten, während sie sie mit bleichen Gesichtern anstarrten, vollkommen fertig von den ersten Wochen ihres neuen Elterndaseins. »Während seines Nachmittagsschläfchens. *Vergnügen* Sie sich miteinander!« Sie hatten erst diese Frau angesehen und dann einander, wie um sich zu bestätigen, dass sie eindeutig verrückt war. Miteinander schlafen? Während die Wohnung vor Windelpaketen und schmutzigen Babystramplern überquoll? Während ihr Körper immer noch und ohne Vorwarnung Flüssigkeiten aus unaussprechlichen Stellen absonderte? Aber sie hatten es trotzdem gemacht, und jetzt wird ihr bewusst, wie grandios das gewesen ist. Sie hatten darüber gekichert, wie schamlos sie waren, berauscht von der Existenz ihres Kindes und ihrer Rolle bei seiner Erschaffung.

»Um wie viel Uhr fahren wir morgen nach Hause?«

»Was?« Er wendet seine Aufmerksamkeit vom Bildschirm ab.

»Mir ist nur gerade eingefallen … wir müssen Seths Geige bei Familie Thomas abholen. Er hat sie am Freitag dort gelassen. Und sein Geigenunterricht ist am Montagvormittag.«

»Müssen wir darüber denn ausgerechnet jetzt nachdenken?«, sagt er leicht verärgert.

»Immer noch besser, als über Pythons nachzudenken.« Sie hat sich weder die Beine noch die Achseln rasiert. Ihr wird klar, dass sie Überraschungen in Wahrheit hasst.

»Gefällt dir der Film nicht?«

»Er ist okay.«

Er mustert sie. »Ich wusste es. *Du* wolltest den mit Kate Winslet sehen.«

»Nein … ich muss nur einfach alles geregelt haben, bevor ich mich entspannen kann.«

Er redet mit übertriebener Geduld. »Jetzt … vergiss … doch … mal … für … fünf … Minuten … die … Kinder.«

»Du kannst mich nicht einfach aus unserem Leben herausreißen und erwarten, dass ich so tue, als gäbe es nichts zu erledigen.«

Er stellt den Film auf Pause und schiebt sich auf einen Ellbogen hoch.

»Warum?«, fragt er. »Warum kannst du nicht abschalten?«

»Weil irgendjemand an diese Sachen denken muss, Doug, und das bist gewöhnlich nicht du.«

Er zieht ein Gesicht. »Oh. Das ist ja nett.«

»Ich stelle nur die Tatsachen fest.«

»Was willst du denn nun eigentlich?«, fragt er. »Du klagst, dass ich dich nicht angemessen würdige, und wenn ich dann das mache, was du sagst, dass du willst, wenn ich für ein bisschen Romantik sorge, redest du von Musikunterricht und putzt mich herunter.«

»Romantik? Einen Film über Schlangen anzusehen nennst du *Romantik*? Echt, Doug. Ich möchte nicht wissen, was dir einfällt, wenn du *nicht* in romantischer Stimmung bist.«

Er starrt sie an, lässt erste Anzeichen von betretener Hilflosigkeit erkennen. »Okay. Also, was willst *du* denn machen?«

»Ich dachte …«, fängt sie an. Sie seufzt, zupft an dem seidigen Bettüberwurf. »Ich dachte …«

Er sieht sie durchdringend an. »Oh. *Du* dachtest, dass wir …«

Sie fährt auf. »Bei dir klingt das so, als hätte ich etwas vollkommen Abwegiges erwartet.«

»Du willst mit mir schlafen? In Ordnung.« Er zuckt mit den Schultern. »Wir können uns das Ende des Films ja später ansehen.«

»Oh, der letzte echte Romantiker.«

»Verdammt, Sara. Was soll ich denn sagen?«

»Nichts«, sagt sie wütend. »*Überhaupt nichts.*«

»Ja, ganz genau. Weil ich nämlich eh *nichts sagen* kann, was dir recht ist. Und auch nichts richtig *machen* kann.«

Er schaltet den Fernseher aus wie unter Protest, und dann sitzen sie schweigend da, nehmen die entfernten Geräusche aus dem Hotel wahr, die gelegentlichen Schritte im Korridor, das gedämpfte Klirren eines Tabletts, das vom Zimmerservice abgeholt wird. Sie mustert verstohlen, wie sein Bauch gegen seinen Hosenbund drückt. Er will sich seine Hosen nicht in der nächsthöheren Größe kaufen, obwohl ganz klar ist, dass er sie bräuchte. Die Kinder nennen ihn hinter seinem Rücken »Rettungsring«.

»Wir haben für acht Uhr einen Tisch zum Abendessen«, sagt er schließlich. »Das Essen hier soll phantastisch sein.«

»Gut.«

»Ich habe Tamsin gebeten, dieses blaue Kleid von dir einzupacken. Das mir so gut gefällt.«

»Eigentlich passt es mir nicht besonders gut«, sagt sie zögernd. »Weißt du, ob sie noch etwas anderes eingepackt hat?« Sie vermutet, dass sie in diesem Kleid keinen Bissen essen kann, wenn sie nicht die Nähte sprengen will.

»Keine Ahnung. Wir könnten zum Teetrinken nach unten gehen«, sagt er. »Ich glaube, die machen einen hervorragenden Tee. Wir könnten ihn auf der Terrasse trinken.«

Sie schüttelt den Kopf, stellt sich die Kalorienbomben aus Kuchen und Eclairs auf Papierspitzendeckchen vor.

Zum Zerreißen gespannte Kleidernähte.

»Nicht, wenn wir später groß essen gehen.«

»Dann …« Er klopft aufs Bett, lächelt zögernd. »Willst du …?«

Es folgt ein langes Schweigen.

Sie umschlingt ihre Knie. »Ehrlich gesagt, eigentlich nicht. Nicht jetzt.«

Er verdreht die Augen. »Also, was willst du denn dann?«

»Mach nicht dieses Gesicht«, sagt sie.

»Welches Gesicht?«

»Doug, du hast jahrelang meinen Geburtstag vergessen. Unseren Hochzeitstag. Und den Valentinstag. Und jetzt machst du einmal eine große Geste, und damit soll dann alles okay sein? Ein einziger Film auf einem Kingsize-Bett, und ich soll alles vergessen?«

Er setzt sich jetzt richtig auf und schwingt seine Beine vom Bett, sodass er ihr den Rücken zukehrt. »Du hast immer etwas zu meckern, nie kann ich es dir recht machen. Ich komme jeden Abend nach Hause, ich verdiene gut, ich helfe mit den Kindern. Ich buche uns ein romantisches Wochenende. Aber nein. Es genügt immer noch nicht.«

»Das weiß ich doch auch alles zu schätzen«, protestiert sie. »Aber es ist mitten am Tag. Es kommt mir einfach …

seltsam vor. Es kommt mir vor wie … von null auf hundert.«

»Aber wir haben nun mal keine zwei Wochen Ferien! Was zum Teufel soll ich noch machen, Sara? Ich habe das Gefühl, dir ist nichts genug.«

»Schieb mir nicht die ganze Verantwortung zu«, fährt sie ihn an. »Mir kannst du es nicht vorwerfen, wenn ich meine Verführungskünste vergessen habe. Es gehören immer noch zwei dazu, es *nicht* zu tun, weißt du.«

»Schon gut!«, brüllt er. »Vergessen wir's. Lass uns einfach unser verdammtes Zeug packen und nach Hause fahren. Ich muss auf die Toilette«, sagt er und schlägt die Badezimmertür hinter sich zu.

»Du hast dein Kreuzworträtsel vergessen!«, kontert sie und schleudert ihm die Zeitung nach.

Stille.

Sie starrt ihr Spiegelbild an, diese schlechtgelaunte, müde wirkende Frau in einer hellblauen Bluse. Und während sie starrt, stellt sie sich allmählich eine andere Frau vor: mit zerzaustem Haar, unersättlich, bereit, sich jederzeit auf ihren Liebsten zu stürzen, wenn sich die kleinste Gelegenheit für ein bisschen Erotik ergibt. Ihre Nachbarin Kath hat ihr einmal anvertraut, dass sie und ihr Mann oft einen »Quickie« hätten, sobald die Kinder auf dem Weg zur Schule wären. »Wir haben es auf sechs Minuten beschränkt«, sagte sie. »Dann kriegt er noch den Zug um acht Uhr vierzig.«

Sara starrt und starrt, dann zieht sie probeweise einen Schmollmund und kommt sich sofort lächerlich vor. Kurz darauf zuckt sie zusammen, als es an der Tür klopft.

»Zimmerservice.«

Doug bekommt es nicht mit, weil die Lüftung im Bad zu laut ist. Sie öffnet die Tür, und ein Mann rollt einen Wagen mit einem Champagnerkübel und Gläsern herein.

»Mr. und Mrs. Nicholls?«, sagt er.

»Oh«, sagt sie, als der Mann vor sich hin summend anfängt, die Flasche zu öffnen. »Meine Güte. Das ist … sehr nett.« Sie weiß nicht genau, was sie tun soll. Sie schaut aus der verglasten Balkontür, wie Doug vorhin. Sie hat Schuldgefühle und fühlt sich schrecklich.

»Großartig, diese Firmenprämien, nicht wahr?«, sagt der Mann gutgelaunt.

»Wie bitte?«

»Die kostenlosen Reisen. Sie sind diese Woche schon unsere vierten Gäste auf Kosten von Trethick Johnson. Ihr Mann ist im Management, stimmt's? Die vom Management bekommen auch noch Champagner. Schätze, ein paar von ihnen hätten trotzdem lieber eine Barvergütung gehabt.«

Sie starrt ihn einen Moment lang an, dann nimmt sie das Glas, das er ihr anbietet.

»Ja«, sagt sie, den Blick auf das Glas gerichtet. »Ja, ich vermute, das hätten sie.«

»Andererseits, Champagner ist Champagner, stimmt's?« Er salutiert locker zum Abschied, als er das Zimmer verlässt. »Viel Vergnügen.«

Sie sitzt auf dem Bett, als Doug schließlich wieder auftaucht. Er wirft einen Blick auf den Champagnerkübel und dann auf sie. Er wirkt erschöpft, abgekämpft. Sie denkt daran, wie schwer er die letzten paar Monate gearbeitet hat.

»Was ist das?«

Sie denkt einen Moment nach. »Sonderleistung«, sagt sie dann. »Ich glaube, das ist im Zimmer inbegriffen.«

Er nickt, akzeptiert die Erklärung, dann sieht er sie an. »Tut mir leid«, murmelt er.

Sie hält ihm ein Glas hin. »Mir auch«, sagt sie.

»Du hast recht. Es ist alles ein bisschen …«

Da sind neue, strenge Falten, die von seinen Nasenflügeln bis beinahe zum Kinn verlaufen.

»Nicht, Doug.« Sie lächelt ihn an. »Champagner ist Champagner, stimmt's?«

Sie sitzen nebeneinander auf dem Bett. Langsam bewegen sie ihre Füße aufeinander zu, bis sie sich berühren. Er stößt mit ihr an. Die Bläschen sind wie kleine Bleikügelchen, die in ihrer Kehle verschwinden, Munition.

»Ich habe mir gedacht, wenn wir wieder zu Hause sind, repariere ich den Lichtschalter im Bad«, sagt er. »Dürfte nicht lange dauern.«

Sie trinkt noch einen großen Schluck von ihrem Champagner und schließt die Augen.

Draußen hört sie Gäste, die ihren Tee auf der Terrasse trinken, das Knirschen von Reifen auf der Kieszufahrt. Lachen brandet unter ihrem Fenster auf. Sie schlägt die Augen auf und lehnt ihren Kopf sanft an seine Schulter.

Es ist zwanzig vor fünf am Nachmittag.

»Weißt du«, sagt sie, »bis zum Abendessen haben wir immer noch ein paar Stunden Zeit …«

Nachweis

Harris, Eve (*1973, London)
Die Hochzeit der Chani Kaufman. Auszug aus dem gleichnamigen Roman. Copyright © 2013 by Eve Harris. Copyright der deutschsprachigen Ausgabe © 2015, Diogenes Verlag AG Zürich. Aus dem Englischen von Kathrin Bielfeldt.

Eduard von Keyserling (1855, Hasenpoth–1918, München)
Die Verlobung. Erstmals erschienen 1907 in Neue Freie Presse, Wien.

Lenz, Siegfried (1926, Lyck–2014, Hamburg)
Hintergründe einer Hochzeit. Aus: ders., *Der Geist der Mirabelle. Geschichten aus Bollerup.* Copyright © 1975 by Hoffmann & Campe Verlag, Hamburg.

Mansfield, Katherine (1888, Wellington–1923, Fontainebleau).
Flitterwochen. Aus: dies., *Sämtliche Erzählungen in zwei Bänden.* Band 2. Erschienen beim Diogenes Verlag, Zürich, 2012. Copyright der deutschsprachigen Übersetzung © 1980 Büchergilde Gutenberg, Frankfurt am Main. Aus dem Englischen von Elisabeth Schnack.

McCarten, Anthony (1961, New Plymouth, Neuseeland)
Die Ehefrau auf Zeit. Auszug aus: ders., *Englischer Harem.* Copyright © Anthony McCarten 2008. Reproduced by arrangement with Alma Books Ltd. Copyright der deutschsprachigen Ausgabe © 2008, Diogenes Verlag AG Zürich. Aus dem Englischen von Manfred Allié und Gabriele Kempf-Allié.

Mohn, Anneke
Der Brautstrauß. Aus: Gabriella Engelmann (Hrsg.), *Sommerfunkeln. Geschichten in Sonnengelb und Meeresblau.* Copyright © 2017 Knaur Verlag. Ein Imprint der Verlagsgruppe Droemer Knaur GmbH & Co. KG, München.

Moyes, Jojo (*1969, London)
Liebe am Nachmittag. Aus: dies., *Kleine Fluchten. Geschichten von Hoffen und Wünschen.* Copyright © 2017, Rowohlt

F. Scott Fitzgerald
im Diogenes Verlag

Er war Ernest Hemingways Vorbild. Dashiell Hammett, Raymond Chandler, Gertrude Stein und T.S. Eliot lasen ihn mit Begeisterung. Und heute ist er der Lieblingsautor so unterschiedlicher Persönlichkeiten wie Doris Dörrie, Joey Goebel und Haruki Murakami.

»Die Texte Fitzgeralds überzeugen heute vielleicht noch mehr als zu seinen Lebzeiten, da sie nicht mehr als Zeit- und Narrenspiegel, sondern als großartige Literatur gelesen werden können.«
General-Anzeiger, Bonn

»F. Scott Fitzgerald ist ein Schriftsteller, wie er uns heute fehlt. Man kann ihn wieder und wieder lesen.«
Frankfurter Allgemeine Zeitung

»Engel sind die eleganteren Menschen. Aber wer hoch steigt, wird tief fallen. Niemand zeigte beides so schön wie F. Scott Fitzgerald.« *Frankfurter Rundschau*

»F. Scott Fitzgerald war der Größte unter uns allen.«
Ernest Hemingway

Diesseits vom Paradies
Roman. Aus dem Amerikanischen von Bettina Blumenberg und Martina Tichy. Mit einem Nachwort von Manfred Papst
Auch als Diogenes Hörbuch erschienen, gelesen von Burghart Klaußner

*Die Schönen
und Verdammten*
Roman. Deutsch von Hans-Christian Oeser. Mit einem Nachwort von Manfred Papst
Auch als Diogenes Hörbuch erschienen, gelesen von Gert Heidenreich

Der große Gatsby
Roman. Deutsch von Bettina Abarbanell. Mit einem Nachwort von Paul Ingendaay

Auch als Diogenes Hörbuch erschienen, gelesen von Gert Heidenreich

Zärtlich ist die Nacht
Roman. Deutsch von Renate Orth-Guttmann. Mit einem Nachwort von Heinrich Detering
Auch als Diogenes Hörbuch erschienen, gelesen von Burghart Klaußner

*Die Liebe des
letzten Tycoon*
Roman. Deutsch von Renate Orth-Guttmann. Mit einem Nachwort von Verena Lueken
Auch als Diogenes Hörbuch erschienen, gelesen von Anna Thalbach

Doris Dörrie
im Diogenes Verlag

»Es ist vollkommen gleichgültig, ob Sie Doris Dörrie in der Badewanne, im Intercity-Großraumwagen, im Lehnstuhl oder in der Straßenbahn lesen, nur: Lesen Sie sie!« *Deutschlandfunk, Köln*

Liebe, Schmerz und das ganze verdammte Zeug
Vier Geschichten
Daraus die Geschichte *Männer* auch als Diogenes Hörbuch erschienen, gelesen von Anna König

»Was wollen Sie von mir?«
Erzählungen. Mit Fotos von Helge Weindler

Der Mann meiner Träume
Erzählung
Auch als Diogenes Hörbuch erschienen, gelesen von Heike Makatsch

Für immer und ewig
Eine Art Reigen

Bin ich schön?
Erzählungen

Samsara
Erzählungen

Was machen wir jetzt?
Roman

Happy
Ein Drama

Das blaue Kleid
Roman

Mitten ins Herz
und andere Geschichten. Ausgewählt von Daniel Keel. Mit einem Nachwort der Autorin

Und was wird aus mir?
Roman
Auch als Diogenes Hörbuch erschienen, gelesen von Doris Dörrie

Kirschblüten – Hanami
Ein Filmbuch

Alles inklusive
Roman
Auch als Diogenes Hörbuch erschienen, gelesen von Maria Schrader, Petra Zieser, Maren Kroymann und Pierre Sanoussi-Bliss

Diebe und Vampire
Roman
Auch als Diogenes Hörbuch erschienen, gelesen von Doris Dörrie

Leben, Schreiben, Atmen
Eine Einladung zum Schreiben
Auch als Diogenes Hörbuch erschienen, gelesen von Doris Dörrie

Die Welt auf dem Teller
Inspirationen aus der Küche
Mit Ilustrationen von Zenji Funabashi

Kinderbücher:
Mimi
Mit Bildern von Julia Kaergel

Mimi und Mozart
Mit Bildern von Julia Kaergel

Anthony McCarten
im Diogenes Verlag

»Anthony McCarten hat die unglaubliche Gabe, Geschichten so aufzuschreiben, dass es einem das Herz zerreißt, während man über seine Einfälle, Sprüche und seinen unbesiegbaren Humor lacht.«
Hamburger Abendblatt

»McCarten pflegt den satirischen Ton, ohne waschechte Satiren zu schreiben. Er ist, wie man so sagt, ein geborener Erzähler.« *Die Welt, Berlin*

»Anthony McCarten ist unter den literarischen Exporten aus Neuseeland einer der aufregendsten.«
International Herald Tribune, London

How to enjoy your
Gartenglück
Ein Ratgeber in Geschichten

Ausgewählt von Anna von Planta
und Silvia Zanovello
Mit einer Anleitung von
Martin Walker

Gärtnern tut Körper und Seele gut. Ob Familien auf dem Land, Urban Gardeners in der Stadt, Multikulti in den Schrebergärten – wer kann, bestellt irgendwo ein grünes Fleckchen und fühlt sich dabei wie in den Ferien.

Vom Glück des Bückens, Harkens, Jätens, Säens und Erntens wissen auch Donna Leon, Meir Shalev, Charles Lewinsky und Wladimir Kaminer zu berichten, und Martin Walkers Einführung zeigt, wie man's richtig macht.

»Außer einer neuen Liebe gibt es wohl kaum etwas, das unsere Sinne so anregt wie ein Garten.«
Martin Walker